股市操作强化训练系列丛书

股市操练大全

—天—练短视频第一集

主　　编	黎　航	
执行主编 （上篇）	勤　天	小　彤
执行主编 （下篇）	理　应	任　惠

上海三联书店

N 个只要…… 让你对

《股市操练大全》一天一练短视频

★只要你打开一天一练短视频，就会眼睛一亮，因为现在市场上无此同类产品，你或许从未见过这种形式的股市培训。

★只要你打开一天一练短视频，你的情绪很快就会处于紧张状态，因为它模拟的是一场股市实战场景，是做多还是做空，是买进还是卖出，一念定输赢。面对这种特殊的股市实战演练，参与者的思维必定会出现激烈碰撞。

★只要你打开一天一练短视频，你对自己的炒股水平就会有一个正确评价，因为你所掌握的炒股知识，究竟能不能在炒股时真正派上用场，在回答一天一练短视频问题时，一试就见分晓。

★只要你打开一天一练短视频，你马上就会兴奋起来，因为你不会感觉自己在听枯燥无味的炒股理论课，而是在观看一场紧张激烈，类似侦探破案的电视连续剧。

★只要你打开一天一练短视频，"股市第一信号""股市丰年、荒年""股市三峡大坝"……这些被高手秘藏的炒股知识，炒股绝技，会让你一览无余，相见恨晚。学好、用好这些炒股重磅利器，就能打好股市翻身仗，成为股市赢家。

★只要你打开一天一练短视频，你才能真正感觉它的价值所在。现在线下股市培训班的学费动辄数万元，而一天一练短视频的股市培训，除了购买新书（定价：88元），整个股市实战培训，近百个短视频教学片的观看都是免费的。性价比之高，让人啧啧称赞。

《股市操练大全》一天一练短视频
免费观看方法与步骤

步骤1:扫描书中视频二维码,输入"兑换码"

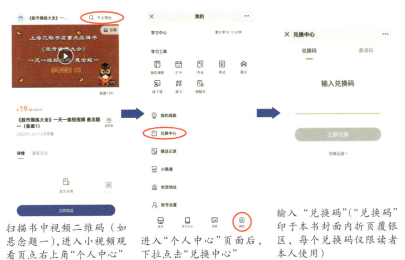

扫描书中视频二维码(如悬念题一),进入小视频观看页点右上角"个人中心"

进入"个人中心"页面后,下拉点击"兑换中心"

输入"兑换码"("兑换码"印于本书封面内折页覆银区,每个兑换码仅限读者本人使用)

步骤2:选填"服务用户信息"

在小视频观看页,点"查看商品内容"

选填相关服务用户信息,保存

亲爱的读者,为了继续向你传递《股市操练大全》创作团队发布的学习与训练信息,请留下你的联系方式,以便及时通过短信、微信、邮件等沟通联系。

步骤3:观看股市操练大全一天短视频

后续全部小视频可直接扫码,反复观看

黎 航

著名畅销书作家，曾在大学任教，擅长图书策划。自1990年以来，经他策划、主编的图书绝大部分成了市场上炙手可热的畅销书，单本销量超过30万册的有10多个品种。《新民晚报》曾撰文称他为"畅销书怪杰"。

黎航先生知识渊博，对股市深有研究，他1986年就涉足股市，是新中国股市的最早投资者之一。由他策划、主编的《股市操练大全》系列丛书因"紧扣实战、悬念不断、方法实用、效果显著"而深受投资者青睐。现在该丛书各册累计重印数已超过400多次，总印数突破350万册，创造了国内证券图书市场的销售奇迹。

《股市操练大全》销量惊人，屡创佳绩

若将销售的书一本一本叠起来，高度超过 **8** 个珠穆朗玛峰

《股市操练大全》屡获殊荣
市场口碑甚佳　深受投资者青睐

《股市操练大全》一面世就火爆市场，一鸣惊人

媒体争相报道　　　　　　读者好评如潮

读者赞誉

如获至宝
拍案叫绝
茅塞顿开
相见恨晚

内容提要

　　这是一本很另类的股票书。另类得不仅市场上根本找不到这样的同类书，甚至作者自己以前也未曾想过要创作这本与众不同的股票书。它的面世，可以说是作者与时俱进的又一创新之作。

　　据统计，《股市操练大全》丛书至今已重印了 400 多次，总印数突破 350 万册。若将销售的书一本本叠起来，高度超过了 8 个珠穆拉玛峰。《股市操练大全》的热销，既是给作者的一个巨大鼓舞，也是给作者的一个强有力的鞭策。作者深刻认识到，只有守正创新，不断努力，才能创作出更新、更好、更有实战指导意义的股票书，满足市场的需求与读者的期盼。可见，本书的创作与出版，就是由形势催人奋进，形势逼其所为而产生的结果。

　　本书分为上、下两部分。上篇内容为《股市操练大全》一天一练短视频。作者将书面的静态阅读与短视频的动态体验相结合，开展股市知识与技巧的学习、训练，给人"耳目一新"之感，并产生了事半功倍的显著效果。在书中大家会看到众多短视频的题干与点评，而题干的解密则交由短视频完成。将题目与答案分开的好处是：有助于大家深入思考，从而产生更多的股市实战体验感、获得感。

　　本书下篇内容为《股市操练大全》悬念扑克的应用。该篇分为三章。第一章是《股市操练大全》悬念扑克实样介绍；第二章是魔法——股市悬念扑克玩法说明；第三章是《股市操练大全》悬念扑克谜底解析。每章内容都十分精彩。作者巧妙地将扑克游戏与炒股知识、技巧的学习、训练结合在一起，在股市中开创了一条寓教于乐、以练促学、学练结合的新路，这无疑会给投资者的炒股带来很大帮助。

目 录

上篇:《股市操练大全》一天一练短视频

下篇:《股市操练大全》悬念扑克

附　录

上　篇

《股市操练大全》一天一练短视频

《股市操练大全》一天一练短视频

这是一个多空
交织的股市战场。
跌宕起伏，
千山耸立，
万水奔腾。

这是一座神奇的
股市培训学校。
一天一练，
以练促学，
见证奇迹！

练则通、通则赢，股市高手是练出来的

一、编辑说明

（一）

《股市操练大全》发行以来（截止 2020 年末）已重印 400 多次，总印数突破 350 万册，市场销量在国内遥遥领先。为了答谢广大读者对《股市操练大全》的支持与厚爱，《股市操练大全》创作团队继续沿着守正创新，追求卓越的路径，不断地探索与奋力前行。2021 年，在上海三联书店出版社的组织与有关方面的大力支持下，我们设计创作了一款以练促学、学练结合，可引导投资者积极参与股市实战演练，并能切实提升投资者操作水平，同时又能让参与者获得强烈视觉体验的新品种——《股市操练大全》一天一练短视频。

该短视频具有独创性（市场上尚无同类产品）与完整的知识产权。它不仅形式新颖，独树一帜，在内容与风格上也能给大家耳目一新之感。

2022 年，推出的是《股市操练大全》一天一练短视频第一集。

（二）

投资者在接触一天一练短视频题目后，都会经历一个思维碰撞的过程。因为每个题目都充满了"火药味"，它模拟的是一个多空交织的股市战场，跌宕起伏，纵横交错，千山耸立，万水奔腾。它时刻都在考验着投资者的智商、情商、财商，想回避也无法回避，疑问接连而起，思想在激烈的交锋。题目中一些真真假假，似是而非的悬念，能让参与者的思维始终处于碰撞状态。

经验证明，经过激烈思维碰撞获得的知识，会在脑海中留下深深的"痕迹",这个"痕迹"不会轻易抹去,相反,它会随着时间的推移得到不断的强化。并能出现学后不易忘,关键时用上它,发挥出一击即中的神奇效果。

（三）

一天一练短视频,开始为题目。题目模拟股市中某一个实战场景,并设置一些多空交织的悬念。题目之后是答案。答案不仅仅是揭开悬念中的谜底就戛然而止,更主要的是向大家诠释解开谜底的一些方法与炒股技巧,从而达到使投资者知其然且知其所以然的目的。投资者可从一天一练短视频的答案中了解到股市高手的一些投资思路、炒股妙招,并能逐渐将其转化为自己的操作习惯与规则,以此来打好股市翻身仗,提升炒股的成功率。

（四）

依据少而精,突出重点的原则,本期一天一练短视频共精选了18个股市悬念题。这些股市悬念题,或以研判大势为背景,或以个股选择为背景,或以抄底、逃顶为背景,将中小投资者在股市操作中最容易被主力、股评家忽悠,最容易犯错的问题,按照实战化的要求,设计成能直击痛点、触及灵魂,让人深刻反思的股市悬念题。然后作者在揭示这些股市悬念题谜底时,对一些由股市高手深藏不露的炒股秘笈,如"股市第一信号"、"股市三峡大坝"、"股市丰年、荒年"、"一山××××"等重磅炒股利器做了点对点的详细解析。

本书作出这样的安排,不仅是为了让读者深入了解这些炒股秘笈对炒股的重要作用,更重要的是能让读者对这些炒股秘笈知其然,知其所以然,从而使读者真正成为股市中的明白人,这为他们在股市中赢得全面胜利打下了坚实的基础。

（五）

　　本书中设计的一天一练短视频悬念题,题目不给任何提示。比如,题目没有分类,它不告诉你这个题目属于抄底类的,还是逃顶类的。题目中也无任何暗示性的用语, 提醒你应该是看多还是看空,是应该买进还是卖出。可以说, 这些悬念题展示的完全是股市中原生态的实战场景。投资者对其决策正确与否,胜与败,往往就在一念之间。

（六）

　　为了让"学以致用、以练促学、学练结合"落到实处,为了使"学得进、记得住、用得上"不再是一句口号,而是贯穿于一天一练活动中的真实行动。本书阅读部分展示的只是一天一练短视频的题干,详细答案请读者自己做题后, 再从本书一天一练短视频中获得(注:获得方式可扫描书中的二维码)。这样做的目的,既能增加炒股的真实感觉,更能有效地体验出一些关键技巧、高手炒股绝招的妙用之处。

（七）

　　本书在公布一天一练短视频股市悬念题后, 增设了一个"点评"栏目。点评并不是将答案直接告诉读者,而只是简要地介绍了一下该题的设计思路、使用价值,并向读者提供了一些解题的方法。俗话说,"思路决定出路。"有什么样的思路,就会做出什么样的决策。因此,从某种意义上,在思路上拨乱反正,找准方向,比寻找到一个具体答案更重要。故而,大家对点评内容不要因为没有涉及到具体答案而予以忽视,而应该加以积极关注,这对于从源头上明辨是非,踏准股市涨跌节拍具有十分重要的意义。

（八）

本书一天一练短视频悬念题的答案有简有繁，参考答案多的有 5、6 个，甚至 10 个。答案之所以多，是因为有些题目中展示的内容非常重要，或是题中有题，需要采用抽丝剥茧的方式，才能解开其中的秘密。读者在做这些一天一练短视频悬念题时，犹如在侦破股市中的一件大案、奇案，其中扑朔迷离、环环相扣的情节，让人深思，一旦拨开迷雾，了解其真相，会获得极大的满足感、成功感。这种身临其境的深刻体验，只有通过短视频的视觉冲击，作者、读者的互动才会感觉到。所以，我们请读者能按照一天一练短视频的节奏，每天观看一次，每次观看时间约 5 分钟左右，大约 4 个多月即能完成一天一练短视频第一集的所有活动[注]。届时，你一定会对这次不寻常的学习、训练之旅，有一种回味无穷、脑洞大开、势如奔雷的别样感悟，它将实实在在地引领你在股市里从失败走向胜利，从胜利走向辉煌。

（九）

《股市操练大全》一天一练短视频是一个新生事物，因为它无先例，我们也在摸索中，其错误缺点在所难免，希望大家批评指正，我们将尽力改正。

[注]　现在市场上的股市培训班，动辄学费数万元，但一期股市培训班，学习时间很短，往往只有几天时间。我们认为，学习炒股知识、炒股技巧，不能采取"短、平、快"的方式。因为股市操作本来就是很复杂、很严肃的一件事，"短、平、快"的学习，一带而过，华而不实，很难奏效。

本书设计的一天一练短视频围绕股市操作中的重点、难点，展开深入的学习、讨论，虽然学习时间长了一些，但通过抽丝剥茧的方式，将问题讲深讲透，让大家知其然知其所以然，从而达到学有所思、学有所得、学有所成的效果。所以，希望大家能坚持下去，认真地把本书一天一练短视频看完，学好用好，真正发挥出它应有的作用，给投资者炒股能带来实质性的帮助。

二、引言

相声:股市"第一信号"

甲:你发现吗?我们说相声的,没有人把股市作为话题,用它来说相声的。

乙:为什么呢?

甲:因为股市是一个让人伤心的地方,炒股的人十做九亏。

乙:十做九亏,说明还有一成人是赢的。

甲:是的,这一成赢的股民都很不简单,他们都掌握了一些炒股的妙招。这些妙招可派大用场了。

乙:说来听听。

甲:比如,我接触到一位股市高手,他从中国文化入手,挖掘出了一个逃顶抄底的妙招,他称之为逃顶抄底的第一信号。

乙:我也是一个老股民,我还没有听说股市里有什么逃顶抄底的第一信号,也没有哪一个人敢说什么第一信号的。

甲:为什么不敢说呢?

乙:因为说第一,要有证据的,股市情况纷繁复杂,你敢说什么是第一吗?再说国家广告法也明文规定,不可随便用什么"第一"。

甲:第一,也只是一个比方而已。做广告的话,用"第一"、"最"确实是违法的,要罚款的,但炒股又不是做广告。高手说,将某某妙招比喻为逃顶抄底的第一信号,主要是强调它很珍贵、很重要。这件事何必要当真呢?

乙:唉,即使不当真,第一信号也不是随便可以说的。说第一总要拿出让人信服的理由和证据吧!

甲:当然,理由与证据都有。先说理由,既然称为逃顶抄底的第一信号,就是说它比其它抄底逃顶的信号都要快。打个比方,防范新冠疫情,最重要的一条是要早发现、早隔离、早治疗。什么方法能最快发现新冠病人呢?最简单、最快的方法是测体温,除了无症状病人外,绝大多数的新冠病人体温都会升高,所以测体温是发现新冠病人的第一方法。当然,接下来是不是新冠病人,还要进行核酸检测,这是后话了。同样的道理,股市见顶或见底时会出现各种信号。但高手说的炒股妙招就是能最早发现股市见顶或见底的信号,所以,高手称它为逃顶抄底的第一信号。

乙:你说的第一信号理由还可以,但重要的是证据,证据呢?

甲:2021年春节后,沪深股市出现了大地震,一些在2020年涨得很好的大牛股、明星股,纷纷坠落。短短10几天时间,跌得轻的,跌了百分之二三十,跌得重的,股价遭了腰斩。一些好股票、核心资产遭到如此疯狂的绞杀,是很多人想不到的。但高手用了第一信号,几乎在第一时间发现了明星股的大地震。

乙:怎么发现的呢?

甲:在2021年春节后开市第一天,高手在观察盘面时,首先发现了中国股市第一高价股贵州茅台出现了见顶的第一信号,他马上感到大势不妙,立刻采取措施,把手中的一些明星股都卖了。高手认为,贵州茅台是所有明星股中的领头羊,领头羊栽了,覆巢之下,岂有完卵,其他明星股是撑不住的,会跟着一起遭殃,所以他把它们都卖了。

乙:光有一个证据不能说明问题,可能是巧合呢?

甲:别急,我这里还有很多证据呢,听我慢慢细说。你说你自己是个老股民,我先来考考你,在科创板成立之前,新股发行价最高的是哪一个股票?

乙:海普瑞(002399),这是中小板中的一家搞生物医药的公司。当时,它的发行价是148元,发行市盈率为73倍。

甲:你对这个股票很熟悉,我怀疑你是不是也买过这个股票,最后，被深套了。

乙：你这个人很奇怪，我若说不知道，你会怪我是老股民怎么会不知道，是不是在股市里混饭吃的。我说知道，你又妄加猜测，说我高位追逐这个新股，被深套了。

甲：好，现在不说笑话，说正经的。据了解，它上市第二天，冲到180多元就见顶了。然后就一路下跌，2年后股价跌至16元多，股价跌得稀里哗啦，最后只有其最高峰时的一个零头。你知道吗？该股上市第二天冲到180多元时，就出现了见顶的第一信号，若当时有谁知道这个第一信号，及时卖出就能躲过后面90%的暴跌。

乙：（注：乙前面的余怒未消，形态上还有点忿忿不平的样子）你前面拿我寻开心。其实，这样的高价新股我也买不起，该股后面的暴跌与我没有一点关系。不过，它当时属于新股中的带头大哥，带头大哥倒下了，其他的新股，包括一些老股都会跟着倒霉，这个倒是事实。也就是说，作为一个有理智的股民，可以不去追逐这个高价新股，但是却不能不关心这个高价新股。因为若当时看到这个带头大哥倒台了、走熊了，就应该想到城门失火，必然会殃及池鱼。此时赶紧把其他股票及时卖了，就可以规避很大的风险。

甲：再给你说个例子，重庆啤酒。在2011年时搞什么乙肝疫苗，后来失败了。股价从80多元高台跳水，连续跌停，跌至20元左右出现了一波强劲反弹，股价在不到一个月时间里实现了翻番。重庆啤酒这轮反弹在40多元筑头时，也出现过见顶的第一信号。据说，当时参与这轮反弹炒作的有游资大佬徐某，所以这只股票在市场中的影响也是很大的。该股在40多元反弹结束后就一路下行，不到一年时间，股价又跌掉了七成，直跌到12元多才见底回升。

乙：你说的这些证据可靠吗？

甲：当然可靠，若有什么虚假，捉一罚十。

乙：我这里不用你发誓，反正假的你也逃不掉。若发现证据作伪，广大听众也绝对不会饶你。我现在问你，你举的这些证据意义是什么？

甲：你想想看，我说的这几个证据都是在股市中很有影响的股票。当这些股票大涨之后见顶时，你能从高手的炒股妙招中发现它们见顶了，并在第一时间卖出，躲过后面的暴跌。这个第一信号功劳大不大呢？

乙：这样说，这个第一信号作用确实很大，意义确实非同小可。唉，你上面说的都是逃顶的事，那第一信号用于抄底又表现在哪里呢？

甲：别急，这第一信号用于抄底，有时也很灵光的。比如2007年，中国A股市场在上证指数6124点见顶后，就一路狂泻，至2008年10月见底时，股价跌得惨不忍睹，黄金卖出白菜价。其中有一个医药股，叫长春高新，直跌至4元多才见底。但该股在见底后就换了人间，一路震荡向上，到现在股价已大涨了近300倍，成为2008年至今，A股市场中涨幅最大的一只股票。据了解，当时它在4元多见底时就留有第一信号的痕迹。

乙：噢，这是用第一信号抓到的一只大牛股。还有吗？

甲：有。又如，人工智能巨头，特别是在语音技术上屡创世界第一的科大讯飞这个股票。它上市后很不顺利，正遇上大盘暴跌，于是也一路跟着下泻，从39元一直跌至12元多才见底。见底之后，模样大变，由熊转牛，之后就开始震荡向上，这个震荡上行的态势持续至今。现按复权价格计算，该股已有700多元，实际涨幅超过了50多倍。而当时它在12元多见底时也出现过第一信号的身影。

乙：不错，这是用第一信号抓到的第二只大牛股。还能举出什么例子吗？

甲：我这里的例子多着呢。再如，2015年，中国股市在6月出现了一场震惊世界的股灾。当年上证指数从5000多点暴跌至2600多点，然后在2800多点止跌后出现了一轮反弹，其中有一个表现最为突出的股票叫特力A。该股从2015年5月涨至2015年12

月,从 9 元多一路上涨至 100 多元,实际用时不到半年,股价涨幅就超过了 10 倍。如此大的涨幅,使特力 A 这个股票成为 2015 年股灾后,当年涨幅最大的一只股票。据了解,该股股价在见底时,也出现过第一信号的影子。接下来,我再说一些证据。

乙:(注:用手势打断甲)嗯,有这么多证据已经够了,看来高手把它说成"逃顶抄底的第一信号",确实也有些道理。那么,这个第一信号是什么,能不能告诉大家呢?

甲:当然可以。但现在还要暂时保密,这里给大家留个悬念。因为经验证明,股市中一些重要的标记、信号,简单地讲给投资者听是没有用的,听过就忘了。事实告诉我们,只有通过亲身体验、经过实战磨练,知其然、知其所以然后,才能真正把它留在脑海里,成为炒股的利器,发挥出它的应有作用。

接下来,我要告诉大家一个好消息。目前市场上风靡全国,销量超 8 个珠穆朗玛峰的《股市操练大全》……

乙:唉,什么好消息扯到珠穆朗玛峰上了?你可知道,珠峰是世界第一高峰,有 8000 多米高吗?可不是随便说说的。

甲:知道,我这里仅作一个比方。因为《股市操练大全》图书销量非常大,已经连续重印 400 多次,卖出 350 多万册。有人计算过,若把它卖出的书一本本叠起来,高度超过了 8 个珠穆朗玛峰的高度(展示一张图片),说明《股市操练大全》很受市场欢迎。《新民晚报》还曾经夸它销量全国第一呢(展示晚报消息)。现在,出版该书的上海三联书店,为了满足广大股民的需要,在 2022 年又推出了《股市操练大全》一天一练短视频。在这个一天一练短视频活动中,它将以实战演练的方式,把高手的炒股经验,如"第一信号"、"一剑封喉"、"藏宝图"、"三峡大坝"、"丰年荒年"、"黄金 K 线"等一系列被世人称为高度商业机密,价值连城的各种新颖、实用、高效的炒股利器,一一如实、详细地告诉诸位……

乙:(用手势打断甲讲话)下面不用你讲了,我来帮你讲,告诉诸位的目的是要帮助大家打好股市翻身仗，早日实现在股市中腾飞的梦想。敬请大家关注。

接下来，请XXX对《股市操练大全》一天一练短视频内容与活动安排，作一个简单介绍(略)。

编后说明: 股市"第一信号"，确有其事。它是股市高手用来逃顶、抄底的秘密武器，使用后胜率极高。那么，股市"第一信号"究竟是什么呢?谜底将在本书后面的一天一练短视频中揭晓。其操作原理、运用技巧，以及注意事项等，会原原本本地告诉大家。届时，它就会变成投资者手里的一个重磅炒股利器，这对准确地把握股市趋势，踏准股市涨跌节拍，将会带来很大的帮助。

相声:
第一信号

风靡全国 销量超 350 万册

(若将卖出的书一本本叠起来，高度超过 8 个珠穆朗玛峰)

三、《股市操练大全》一天一练短视频题干与点评

1、一天一练短视频股市悬念题(一)

　　股民王先生一直看好图中的个股,虽然该股近来一直处于持续下跌的状态,但王先生对该股仍然保持着信心,手中的股票,不但没有卖出,还在低位补了一些仓位。不过今天该股的走势让他有些紧张,因为该股一早就跳空低开,然后一路震荡走低,临近中午股价跌幅已经超过 7%。

　　王先生感到情况不妙,被迫做了减仓处理,卖掉了其中一半的筹码。果然到了下午该股的走势越来越坏,快到收盘时,股价已经封至跌停(见下图 1)。

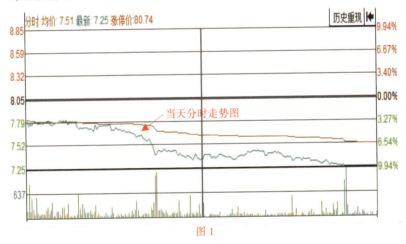

图 1

　　当日交易结束后,王先生看了该股的分时走势图,眉头紧锁。因为从技术上来看,该股今天的走势属于破位下跌,股价跳空后低

开低走。当日 K 线图上出现了一个向下跳空缺口,这是一个重要的看跌信号。然后,股价又以跌停收盘,出现了一根光头光脚的大阴线,这又是一个重要的下跌信号(见下图 2)。

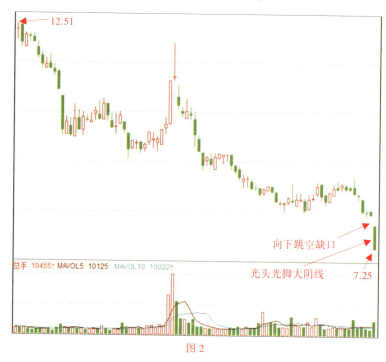

图 2

现在王先生十分纠结,因为该股是王先生手中的重仓股。虽然他今天在该股奔向跌停之前卖掉了手中的一些筹码, 但是剩下的还有很多。如果后面该股继续下跌,那损失就十分惨重了。王先生在想,即使明天有幸能把手里剩下的股票全部卖掉,但因为前期进货成本较高,在此价位卖出,损失也相当大。

想到这里王先生犹豫了,明天究竟是应该把这些剩余的股票全部卖出止损离场呢,还是继续保留,死扛到底呢?

王先生左思右想都拿不定主意。现在请你帮助王先生参谋一下,下一步应该怎样操作? 理由是什么?

关于此题的答案,我们在下次活动中揭晓,敬请大家关注。

2、一天一练短视频股市悬念题(一)点评

点评

作者挑选这只股票做实战练习题很有点意思,因为它是大多数股民想回避也无法回避的股票。有人作过这样预估, 如果你是一个有 3 年以上股龄的股民,平时持股数超过 5 个, 那么你就有 70%以上的概率会碰到这样的股票,而且奇怪的是,它往往也是你手中的重仓股。但最后结果又让人特别沮丧,因为大多数投资者都会被它坑了,并会在这个股票上栽大跟头。真可谓,一只股票就决定了很多人的炒股命运。

换一句话说,本题中王先生的遭遇,以后绝大多数股民(只要你在股市里一直玩股票)都会碰到。一旦碰到,焦虑、烦躁、无助的心态,一定会不亚于王先生,甚至有过之而无不及。那么,这是为什么呢?道理很简单,因为你手里拿的是真实股票,并且又是重仓股,是用大量真金白银购买的。遇到本题中的情况,心里自然很紧张。若稍有闪失,财富即可能化为乌有。试想,在此情形下,有谁还能保持平静的心态呢? 如果想要不紧张,心态保持平静的话,条件只有一个,除非你经历过这番事情,知道这图形背后隐藏着什么,主力在玩什么花招,你才会沉着应对,见招拆招。

有人会这样想,股市中涨涨跌跌是常态,即使栽了也不要紧。他们会以"失败是成功之母"安慰自己,认为在这个事情犯错栽了跟头也无关大局。只要从失败中获得经验教训,以后还能东山再起。但殊不知,理想是丰满的,而现实是残酷的。若是重仓股,一旦

失败了,作为普通投资者是很难承受的,说不定就此会让你血本无归,痛不欲生。这样的例子在股市里实在是太多了,可谓数不胜数。

作者设计这道题的重要意义在于:让普通投资者都能通过一天一练经历这场特殊训练,从而能有效地避开在实战中真实的失败。这对普通投资者,特别是一些缺乏实战经验的散户来说,是一件大好事。虽然初次接触做这道题,总体上做错的可能性很大,但这样的做错题,这样的失败,并不会让当事人的资金有任何损失。参与这场特殊训练的投资者,可从该题短视频答案中寻找到做错题与失败的原因,并从中学到一些炒股经验,以及股市高手对该图形分析判断的一些炒股妙招。说白了,一天一练做题的失败,并不是真实的失败,仅是在虚拟环境中的"失败"。这样的失败,每个人都可以承受。从某种意义上,这样的失败,失败次数越多,获得的经验就越多,往后在股市实战中的胜率就越高。这又何乐而不为呢?故而,我对本题的设计十分认可,我希望投资者都能认真地做好这道题的练习。

我认为,本题对投资者的启发与指导作用可达到★★★☆。

（点评人:万钧）

说明:一天一练短视频是一个新品种,它由"图书 + 短视频"构成一个整体,正式对外出版发行。本题谜底,由短视频揭晓,这样能让读者获得更好的股市实战演练的体验。现在,请你扫一扫下面的二维码,从短视频中观看本题答案的精彩内容。

短视频
悬念题一

短视频题一
参考答案(1)

短视频题一
参考答案(2)

短视频题一
参考答案(3)

短视频题一
参考答案(4)

短视频题一
参考答案(5)

短视频题一
参考答案(6)

短视频题一
参考答案(7)

3、一天一练短视频股市悬念题(二)

炒股炒什么,有经验的人会告诉你,**炒股就是炒热点**。从历史上看,一些被市场关注的热门股,一旦涨起来,涨幅十分惊人。故而,**发现了热点股票,投资者就不能犹豫,要大胆地看多做多,敢于跟进,若患得患失,怕这怕那,在股市中是赚不到大钱的**。据了解,一些股市高手是这样想的也是这样做的。

某天,一位被人称为老法师的股民张先生,他兴奋地对大家说,自己从K线图上,发现一个热点股票(见下图),后市潜力很大。

张先生说:"从图中看,该股走势十分强劲,最近几天连续拉了几根大阳线,而且每天都是以涨停价报收的,这说明该股盘中上攻的动能特别强。股市里历来是强者恒强,这个具有巨大上升潜力的股票,我们千万不能错过。明天开盘我就买进,我建议大家也积极跟进。"

深圳某股日K线走势图

成交金额: 13.20亿↑ MA5: 8.13亿↑ MA10: 6.50亿↑

果然,**第二天集合竞价时,老法师就大量买进了这个股**

票,很多人也跟着一起建了仓。该股已成了他们手中的重仓股。

请问:①老法师的观点对不对?②老法师第二天集合竞价买进该股,是机会大,还是风险大?③如果是你遇到这样的股票应该怎么操作?④最后3根K线技术上称之为什么图形?它的意义是什么?

4、一天一练短视频股市悬念题(二)点评

悬念题(二)讲的是一个追逐股市热点的案例。这个案例在股市中有广泛代表性,实际操作后,会有很多深刻的体验,这对日后炒股会带来很大启发与帮助。

股市的热点有何作用呢?热点是刺激股市的兴奋剂,在不同的时期,股市上会出现不同的市场热点。有了热点,行情才能兴起,股市才会有希望。否则,股市就是死水一潭,因此,追逐热点是股市中大多数投资者的一种自发行为,若做得好,它会给投资者带来巨大的赢利机会。

本题案例中的主人公是一位老法师,也就是在股市中具有一定影响力的老股民,他追逐热点的做法与其宣传的观点,究竟对不对,时间会给出答案(注:谜底将在本题短视频中揭晓)。作为普通投资者在答案未揭晓前,应该深入思考一下,如果你认为这位老法师是对的,应该说出他对在哪里,如果你认为这位老法师是错的,也应该说出他错在哪里。在这个问题上,绝对不能含糊其词。因为今天是老法师在操作,或许明天你在实战中也会碰到这样的事情,输赢就在一念之间。如追逐热点追对了,就可在短期内获得巨大收益。如追逐热点追错了,就可能在短期内出现巨大亏损。所以投资者对这个问题不能含糊其辞,是对是错,一定要有一个明确的判断。当然,判断是否准确,在考验着每一个投资者的智商、情商、财商。

总之,本题的设计真正贯彻了"以练促学,学以致用"的精神,投资者通过该题的练习,将能学到、体验到许多新的投资经验与投资教训,并会有很多获得感。

我认为,本题对投资者的启发与指导作用可达到★★★★☆。

（点评人:雷鸣）

说明:一天一练短视频是一个新品种,它由"图书＋短视频"构成一个整体,正式对外出版发行。本题谜底,由短视频揭晓,这样能让读者获得更好的股市实战演练的体验。现在,请你扫一扫下面的二维码,从短视频中观看本题答案的精彩内容。

短视频
悬念题二

短视频题二
参考答案(1)

短视频题二
参考答案(2)

短视频题二
参考答案(3)

短视频题二
参考答案(4)

短视频题二
参考答案(5)

5、一天一练短视频股市悬念题(三)

历史经验告诉我们:做股票要独立思考,千万不要依赖股评。如果都根据股评家的意见去炒股,那就会面临巨大的风险。有一位姓周的投资者说,他是 2007 年 9 月入市的,当时行情十分火爆,他买进股票一开始还赚了一些钱,但大盘很快就掉头向下了。这时,他不但没有卖出，反而是不断地补仓。据了解，当时像这位周先生那样，在高位补仓的散户可谓成千上万。

那么，为什么大盘在高位已出现掉头向下的现象，还在不断地补仓呢？

因为当时有很多股评家说，这轮牛市要涨到一万点。

在上证指数涨到 6124 点后掉头向下时，股评家说：千金难买牛回头。

在上证指数跌到 5000 点时，股评家说：短线回调，洗盘后大盘轻松上阵，即将展开一轮更大的升势。

在上证指数跌到 4500 点时，股评家说：大盘指数已跌无可跌。

在上证指数跌到 4000 点时，股评家说：中线建仓机会已经来临。

在上证指数跌到 3500 点时，股评家说：目前点位不宜再盲目杀跌，继续做空已相当危险。

在上证指数跌到 3000 点时，股评家说：印花税调整，说明政策底已经到了，现在是逢低吸纳最佳时期。

在上证指数跌到 2500 点时，股评家说：这儿是大盘铁底的位置，坚不可摧。股评家描绘的前景很丰满，让人感到熊市的底就在眼前，触手可及，但现实却很残酷，很快上证指数 2500 点也跌破了。此时在市场上，人们发现已听不到股评家声音了。

但遗憾的是，在前面股市连续下跌的过程中，很多散户在股评家的"关心"、"指导"下，不断买进，早已被套得不能动弹。

周先生告诉我们：当时大盘指数一路向下滑落，股评家不断地忽悠股民补仓，我也相信了。但买一次套一次，让我苦不堪言。我恨自己为什么会怎么傻，会如此相信股评家的话。但我也不明白，为什么前面涨得很好的牛市会突然见顶了，见顶后就一直跌跌不休。

后来，周先生碰到了一位高人。高人说，上证指数在 6124 点见顶，既是偶然，更是必然。说它是偶然，因为当时人气高涨，是在 6124 点见顶，还是在 6224 点见顶，或 6324 点见顶，事先谁也说不准。但上证指数涨到当时这个份上见顶,已是铁板钉钉,不可改变的事实。所以,当时一些对股市运行规律有所了解的投资者,在大盘见顶后,绝对不会听股评家忽悠,更不会不断补仓,把自己套得死死的。

高人接着说:2007年10月大盘的估值实在是太高了,它超过了正常估值的3倍,已与当年日本股市在4万点见顶时估值相当。日本股市在4万点见顶后出现了狂泻,那么上证指数在6124点见顶后出现狂泻也就不可避免了。投资者如果对这个问题看不清楚,净听股评家忽悠,那么一路被套就是必然的了。这个深刻教训一定要牢记。

周先生问高人,怎么知道当时中国股市的估值已经超过正常值的3倍呢?是看指数的涨幅吗?高人摇摇头。周先生又问,是看指数多少点吗?高人仍然摇摇头。周先生再问,是看股市中的平均股价吗?高人再次摇头否定。见高人不断摇头,周先生急了,那么,到底是看什么呢?

高人笑笑说:看"大盘XXXXX"。高人强调指出,一旦投资者学会看"大盘XXXXX",就不会被股评家忽悠,也就不会不断补仓,一路被套了。

周先生的故事说完了。接下来,我们在此提出一个问题,请大家思考。

请问:①高人说的"大盘XXXXX",指的是什么?②为什么了解"大盘XXXXX"是什么后,就不会被股评家忽悠了?

6、一天一练短视频股市悬念题(三)点评

做股票为什么不能依赖股评。新股民可能不会明白其中的道理,但老股民却深有体会,作者在设计一天一练悬念题(三)时,充分运用摆事实,讲道理的方法,详细阐述了在过往历史中,一些老股民在牛市见顶后,因为听信股评家的劝诫,坚持看多做多,遭受惨败的事实。从而有力地证明投资者一旦放弃独立思考,根据股评家的意见做股票,那最终结

果必然是亏损累累,甚至会输得血本无归。

作者设计本题的高明之处在于,不但指出了做股票不能放弃独立思考,不能依赖股评,更重要的是能因势利导,采取步步深入,直击痛点的方式,为大家指出了判断股市风险的一个根本依据——看"大盘XXXXX"。

实践证明,看大势,逃顶抄底都必须要看"大盘XXXXX,它是股市中克敌制胜的一个法宝。据悉,在本题短视频答案中,作者将股市高手秘藏的"藏宝图"也奉献了出来,这将会给大家一个惊喜。

我认为,本题对投资者的启发与指导作用可达到★★★★★。

(点评人:雷鸣)

说明:一天一练短视频是一个新品种,它由"图书 + 短视频"构成一个整体,正式对外出版发行。本题谜底,由短视频揭晓,这样能让读者获得更好的股市实战演练的体验。现在,请你扫一扫下面的二维码,从短视频中观看本题答案的精彩内容。

短视频
悬念题三

短视频题三
参考答案(1)

短视频题三
参考答案(2)

短视频题三
参考答案(3)

短视频题三
参考答案(4)

短视频题三
参考答案(5)

7、一天一练短视频股市悬念题(四)

早在农耕时代,古人就总结出了一条经验:不是什么年份都适宜种庄稼的,有的年份可以种,有的年份就不行。故而就有了"丰年"与"荒年"的区别。丰年种庄稼,风调雨顺,种瓜得瓜,种豆得豆,收成特别好;荒年种庄家,灾害频发,事倍功半,收获就要大打折扣,甚至颗粒无收。

其实,做股票也有"丰年"与"荒年"的区分。丰年自不必说,做股票顺风顺水,赚钱的机会多多。但荒年就不一样了,一旦陷进去了,十做九输,很多人就是因为在荒年做股票亏了大钱的。所以,对炒股的当事人来说,在事前就能看出下一年是什么年份很重要。若是遇见荒年,就应该马放南山,刀枪入库,不要盲目进入股市,做什么股票,而应该把资金用在别处发挥作用,这样才能有效地规避市场风险。

但遗憾的是,很多人并不明白这个道理,把股市中的荒年误认为丰年来做股票,还忙得不亦乐乎的投资者大有人在。据了解,有很多股民是在忙了一年出现重大亏损后,回过头来,才发现某年是不适合做股票的荒年,但此时后悔已没用了。

可见,判断来年的形势,将会直接关系到投资者的输赢。若发现来年是荒年,就应该休息,持币观望。因为避开了荒年就等于避开了亏损。要知道荒年来了,大盘暴跌百分之二三十是很容易的事。如果大盘指数出现暴跌,个股的跌幅可能会更大,被腰斩的个股比比皆是。一旦股价跌幅达到了50%,譬如,从10元跌至5元,将来要在丰年让它涨回来,就要上涨100%才能够填补上这个窟窿。

正因为如此,一些有经验的投资者会告诉你,做股票并不难,难的是怎样避开荒年。如果一个投资者能够成功地躲过荒年,即使在丰年炒股是小赚,但由于避开了荒年的大亏,总体上来说还是一个赢家,甚至是一个大赢家。

但是,怎样避开股市的荒年呢,很多股民对此一脸茫然。大家在盼望有什么办法能让自己成为一个"事前诸葛亮",在上一年结束时,就能知道来年是不是股市的荒年。

正当大家感到无计可施时，一位股市高人站了出来，他为大家献出了多年秘藏的妙招。据说，这个妙招很灵验，一测一个准，称得上是炒股制胜的"重磅利器"，可以用它鉴别来年是不是股市的荒年。

据知情者透露，这个妙招并不复杂，总共只有 10 个字——**"XXK 线 + 超长 XXX"**

请问：①你知道高人的妙招是哪 10 个字吗？②它究竟有没有"事前诸葛亮"的神奇效果，是否真的可以预知来年是不是股市荒年？③如果你知道的话，请给我们留言，并举例说明。

8、一天一练短视频股市悬念题（四）点评

点评 古人云：文武之道，一张一弛。古人早就知道，治国治军，或做什么其他大事，只有张弛有度，刚柔相济，才能出成绩，见效果。其实，投资者做股票也是这个道理，不能整天拿着股票在股市里瞎折腾。若不能做到"一张一弛"，瞎折腾的结果就是深套、输钱，甚至把本金赔光。因此，很多有识之士都呼吁，做股票要学会休息，不要在股市里整天拿着股票不放。该空仓、该持币时，就应该坚持空仓、持币观望。

说实话，在股市里明白此理的人还是很多的，但真正能依据"文武之道，一张一弛"的想法，进行炒股的人却很少。有人问，这是为什么呢？其主要原因是，人在股市，诱惑太多。一般人很难看清楚什么时候可以做股票，什么时候不可以做股票了。既然分不清楚，那多数股民也只好拿着股票混着，身不由己地随波逐流。

那么，有什么办法能让普通股民，不但能知晓"文武之道，一张一弛"的道理，还能有一个量化指标，知道何时该"张"，何时该"弛"呢？作者在设计一天一练悬念题（四）时，借用民间农耕时"丰年"、"荒年"的概念，形象、清晰地描绘了股市中也存在"丰年"、"荒年"

的现象（注：这个提法很新颖，在股市里还没有人打过这样的比方），股市进入"丰年"可积极看多做多，股市进入"荒年"必须看空做空。如此一来，炒股的人就会知道，什么时候可以做股票，什么时候不能做股票，应该休息了。而且，更重要的是，作者把股市高手在事先就能预判下一年股市是不是进入"荒年"的秘诀，也毫无保留地告诉了大家。一旦这样的量化指标出现，投资者即可行动，卖出股票，远离股市荒年给投资者带来的伤害。此事真是善莫大焉！

我认为，本题对投资者的启发与指导作用可达到★★★★★。

（点评人：雷鸣）

说明：一天一练短视频是一个新品种，它由"图书＋短视频"构成一个整体，正式对外出版发行。本题谜底，由短视频揭晓，这样能让读者获得更好的股市实战演练的体验。现在，请你扫一扫下面的二维码，从短视频中观看本题答案的精彩内容。

短视频
悬念题四

短视频题四
参考答案（1）

短视频题四
参考答案（2）

9、一天一练短视频股市悬念题（五）

说到吉尼斯世界纪录，大家都知道是什么意思。现在各行各业、社会各个方面都在创造吉尼斯世界纪录。比如，每次水下憋气的时间、每次单人跳绳的次数、每次蒙眼解开魔方的速度，等等，都在不断创造出新的吉尼斯世界纪录。

但是,作为有亿万人参与的股市,你知道诞生过多少类似吉尼斯世界纪录吗?这件事恐怕知道的人就很少了。而这知道与不知道,对股民的智商、情商、财商,以及股市实际操作水平的提升都具有十分重要的意义。

比如,中国股市在 2015 年 5 月 28 日,创造了 2.3 万多亿成交量的类似吉尼斯世界纪录。其后面的结果是:天量之后是天价。由于场内做多能量耗尽,股市很快就出现了崩盘,不到半个月,沪深两市的股市都见顶了,继续持股的股民都套在山顶上。

今天,我要叫大家猜的是股市中另一个类似吉尼斯世界纪录。因为这一天的交易太重要了,它一下子创造了全球股市诞生以来的 3 个类似吉尼斯世界纪录,而且这 3 个类似吉尼斯世界纪录,至今未被打破。

请问:①这是哪一天?②它创造了哪 3 项股市中的类似吉尼斯世界纪录?

这里我做一些提示:请大家看一张图(见下图)。若你能看懂这张图,答案也就有了。

上证指数日 K 线走势图

10、一天一练短视频股市悬念题(五)点评

点评

有人发现一个奇怪的现象,大凡股票做得好的投资者,特别是股市大赢家,他们对股市中过往发生的大事都很关注,说起来如数家珍。而股票做得不好的投资者,特别是在股市中栽了大跟头的输家,他们对股市中过往发生的大事很不关心,甚至一问三不知。那么,这是为什么呢? 其实,道理也很简单,前者是股市中的"有心人",后者是股市中的"无心人"。有心,无心,一字之差,结果就大相径庭。

俗话说,世上无难事,只怕有心人。在股市中一旦做了有心人,把股市中发生的大事一一铭记在心,日后在股市实战中就能派上大用处。但很多投资者因为心态浮躁,要让他们静下心来,了解股市中以往发生的大事是很难做到的一件事。

那么,如何才能让普通投资者也都能关注股市中曾经发生过的一些重要事件呢? 作者在设计一天一练悬念题(五)时,煞费苦心,引进了"吉尼斯世界纪录"概念,将简单的提问变成了一个富有挑战性的命题,将众人的目光汇集到这个命题的聚光灯下,这是一个很有创意并吸引眼球的举措。试想,如果你是一个高学历、学富五车的投资者,或者是一个在股市中已经摸爬滚打多年的老股民,当别人问起"股市中的吉尼斯世界纪录"是什么时,你却一脸茫然,答不上来,此时会是什么感觉。这样丢人现眼的事,你还会允许它存在吗? 它会倒逼你接受挑战,去认真研究创造"股市吉尼斯世界纪录"的究竟是哪些重要事件。一旦你花功夫研究了,就很难忘记它,大概率会在头脑中留下深刻的记忆。这远比一般性提问所获得的认识效果要强得多。

所以,我对本题的设计,特别是"三个世界之最"的竞猜,感到特别的刺激与兴奋,我相信大多数投资者看到本悬念题后,也一定

会有同感。

我认为,本题对投资者的启发与指导作用可达到★★★★☆。

（点评人:蓓蓓）

说明:一天一练短视频是一个新品种,它由"图书 + 短视频"构成一个整体,正式对外出版发行。本题谜底,由短视频揭晓,这样能让读者获得更好的股市实战演练的体验。现在,请你扫一扫下面的二维码,从短视频中观看本题答案的精彩内容。

短视频
悬念题五

短视频题五
参考答案(1)

短视频题五
参考答案(2)

11、一天一练短视频股市悬念题(六)

各位看客,上次我在股市一天一练悬念题(五)中,向大家介绍了中国股市在一天之内创造的 3 个类似吉尼斯世界纪录。有人听后给我一个大大的点赞,说以前还从来没听说过,这下子长知识了。

但也有人听了后不以为然,说知道了这 3 个类似吉尼斯世界之最又怎么样呢?它对炒股有什么帮助呢?我认为这个问题提得好。若光是知道了,只是向大家炫耀一下自己知识丰富,但对炒股并没有什么帮助,这个知道也就没有意义了。当然,它究竟对炒股有没有帮助呢？我们还需要进行调查研究,其结果在下一次"一天一练"活动中向大家公布。

在未公布结果之前,我给大家3个选项。

①知道了,但对炒股没有帮助。

②知道了,对炒股有一点帮助。

③知道了,对炒股有很大帮助。

现在,大家可以根据自己的认识与体会进行选择,选择时要说明理由。当然,为了证明自己的观点是正确的,必须提供一些相关证据。

好,以上是今天的悬念,希望和大家共同思考,共同进步。

提示:回答本题时,可参考下面3张图。如果把这3张图都看懂了,答案也就有了。

图1

图 2

图 3

12、一天一练短视频股市悬念题(六)点评

　　本题是一个选择题,看似简单,但背后却藏有深意。其实,本题是上一个一天一练悬念题的延续。它向人们提出了一个不可回避的尖锐问题,即知道了股市中的一些吉尼斯纪录后究竟有何用处。

　　当然,简单地回答说它有用或没用,每个人都会拍脑袋选择一下。问题在于你作出选择时,要说出充分的理由,并要拿出相关的证据,这就不是一件容易的事了。

　　本题设计的巧妙之处在于,让你作出看似简单的结论后,引导投资者吐露真言(谈自己的投资体会),然后再一步步地进行详细剖析,阐述股市赢家的投资理念、投资经验。这种以案促思、以练促学、环环相扣、步步深入的叙事说理的方式,给投资者极大的启发,并会让他们参与一天一练活动后,在脑海中留下深刻的印象。

　　《股市操练大全》是上海三联书店出版社的重点品牌书,也是股市中极具份量的超级畅销书,其销量在全国遥遥领先。之所以有如此出色的成绩,能受到广大股民喜爱,其中一个重要原因是,书中有许多接地气、见真效的股市实战演练题。如今,我仔细看了一天一练短视频悬念题后感到,本期推出的股市实战演练题,无论是在思想的深度、悬念设计的难度、还是实用化的强度方面,都比之前有明显的提高,这样就更加能受到广大投资者对它的关注与重视。接下来,就请大家与我们一起分享一天一练悬念题(六)短视频中的精彩内容吧!

　　我认为,本题对投资者的启发与指导作用可达到★★★★☆。

(点评人:雷鸣)

说明:一天一练短视频是一个新品种,它由"图书 + 短视频"构成一个整体,正式对外出版发行。本题谜底,由短视频揭晓,这样能让读者获得更好的股市实战演练的体验。现在,请你扫一扫下面的二维码,从短视频中观看本题答案的精彩内容。

**短视频
悬念题六**

**短视频题六
参考答案(1)**

**短视频题六
参考答案(2)**

**短视频题六
参考答案(3)**

**短视频题六
参考答案(4)**

13、一天一练短视频股市悬念题(七)

　　说起股市,很多股民感到这几年让他们最伤心、最痛苦的就是2018年,因为这一年从年初一直跌到年尾(见下图)。自年初上证指数冲高 3500 点失败后就跌跌不休,3400 点、3200 点、3000 点、2800 点、2600 点、2500 点都相继失守,一路狂泻,最后,跌得大家都绝望了,不知股市要跌到什么地方才是尽头。

　　当时,面对凄惨、狂跌不止的股市,不仅普通的散户感到十分恐慌,连一些久经沙场的老股民也感到心灰意冷。有的股评家甚至在媒体上放言,这轮熊市下跌,跌破 2000 点是早晚的事情。

上证指数月 K 线走势图

为了减少损失,一些深度被套的投资者,只能含泪在 2500 点割肉离场。正在这时候,有一位资深投资者振臂高呼:机会来了,机会来了! 很多人用诧异的眼光看着他。他却一本正经地对大家说:现在割肉离场是错的,卖出的话,将来一定会后悔的。现在逢低吸纳是对的,买进的话,后面绝对会有大收获的。

有人反问这位投资者,理由呢? 他回答说,理由就 7 个字——"XX 在不断 XX"。而且他强调说,2018 年上证指数走势的 3 个特点,几乎与过去某个阶段的走势特点十分相似。

正因为如此,这位投资者坚定地说,最迟在明年初股市就会冬去春来,返身向上。而后出现的事实,果然验证了这位资深投资者的观点。当初,听他建议积极看多做多的股民都成了股市赢家,而没有听他建议的股民都成了输家。

请问:①你知道这位资深投资者说的"XX 在不断 XX"这7个字是什么吗? ②2018 年上海股市与哪一个阶段股市走势的 3 个特点十分相似? ③投资者从这个案例中能获得什么重要启示?

14、一天一练短视频股市悬念题(七)点评

作者在设计本题时,将"XX 在不断 XX"作为核心观点推荐给投资者,这是一件非常有意义的事。所谓核心观点就是关于重大事情是非曲直的真理。

无论在什么时代,也无论在什么场合,在做人做事时,一旦丢弃了核心观点必然会犯大错,甚至会付出惨重的代价。比如,古人说的"不谋全局者,不足谋一域"就是一个核心观点,若治国治军背弃这个核心观点,就会遭受失败。又如,在中国新民主主义革命时期,毛泽东同志提出的"枪杆子里出政权"、"农村包围城市"就是我党夺取胜利的指南。违背它,革命就屡遭挫折,这已被历史所证实。回到股市上来,投资者在做股票时,如果忘记或违背"XX 在不断XX"这个核心观点,就会看不清方向,在股市中一定会栽大跟头。

作者在设计本题时,除了突出重点,大力宣传了"XX 在不断XX"这个核心观点外,还向大家明示了 2018 年的股市走势与历史上某一个阶段的股市走势有 3 个十分相似之处。这个提醒十分重要。投资者只要静下心来,耐心寻找,反复比较,就可以分析、判断出主力的操作意图,看清股市下一步运转方向。当然,这是一个很细致,又特别需要耐心的工作,这个工作做好了,心里就有底了,操作起来就有方向。这就告诉我们,无论股市形势多么复杂、多么严峻,投资者切忌盲动、浮躁,心态调整好,冷静下来仔细研究,希望即在眼前。

我认为,本题对投资者的启发与指导作用可达到 ★★★★★。

(点评人:莎莎)

说明:一天一练短视频是一个新品种,它由"图书 + 短视频"构成一个整体,正式对外出版发行。本题谜底,由短视频揭晓,这样能让读者获得更好的股市实战演练的体验。现在,请你扫一扫下面的二维码,从短视频中观看本题答案的精彩内容。

15、一天一练短视频股市悬念题(八)

各位看官,这几天炒股训练题做下来有点累了。今天就来做个游戏,让大家轻松一下。当然这个游戏与股市有关,做完这个游戏后,既能长知识也能提升投资者对股市的认识水平,这对炒股还是很有帮助的。游戏前我先给大家讲一个小故事。

故事是这样的,西北某个火车站坐着两个中年人,甲问:你去过上海吗?乙答:去过。

甲又问:那你去过上海的外滩吗?

乙答:没有。

乙说:你知道吗?上海的外滩是非常繁华的,而且有非常悠久的历史,它是上海的地标。如果你去上海却没有到过外滩,那等于没有去过上海。

乙想了一想,回答说:你说的对,如果下次我再去上海,一定要到外滩走一走,了解外滩发生的故事和那些有趣的历史。

由这个故事,我们可以联想到股市。因为股市中也有很多"地标"性的东西,需要股民记住的。记住了日后可以派上大用处。

众所周知,中国股市的一个特点是:牛短熊长。股民如果想做好股票,就一定要对中国股票市场的发展历史有充分的了解,而且特别是要先了解熊市,因为熊市对股民的伤害最大。比如,你知道中国股市跌幅最大的一次熊市出现在什么时候吗?它从哪里跌到哪里?为什么要提这个问题呢?因为跌幅最大的一次熊市就是熊市的地标。作为股民,当然要对此事的来龙去脉有一个充分的了解。

但是,如果你对这个问题,一无所知或者知之甚少,那就说明你对中国的股市还不太了解,需要好好的补上这么一课。今天我们来做一个补课游戏,这个游戏的玩法是:

第一,我给你若干张带有 K 线走势图的扑克牌(见下页)。每张牌上的 K 线图,都是上证指数的日 K 线图,时间为半年。

第二,请你从下面的扑克牌中,抽出几张牌,按照时间顺序来排列,就能够排出一幅完整的中国股市跌幅最大的熊市走势图。

说明:能在规定时间内完成作业的,给予一定的分数。比如,在15 分钟内排出这轮熊市走势图的,给 10 分;能在规定时间内说出这轮大熊市是什么时候的,加 10 分;能具体说出其点位和下跌幅度的,再加 10 分(30 分为优,20 分为良,10 分为及格)。

股市操作经验漫谈之一

一轮大熊市,指数跌掉大半,而很多股票的价格都跌成了一个零头,所以对普通投资者来说,在熊市来临时及时离场,持币观望是当务之急。说白了,不管你对股市有多少期盼,在股市出现大风大浪时能够活下去是最重要的。如果在股市里连生存都成了一个大问题,那其他一切美好的愿景就变成空谈。但若要争取在股市中活下去,就必须认真学习股市历史,尤其是要对熊市做深入研究,找到积极应对的策略。一旦把这个问题解决了,你不但能在股市中长期生存下去,而且能活得很潇洒,从而成为股市中的一个佼佼者。

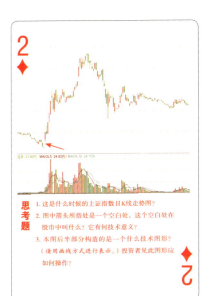

2 ◆

思考题

1. 这是什么时候的上证指数日K线走势图？

2. 图中箭头所指处是一个空白处，这个空白处在股市中叫什么？它有何技术意义？

3. 本图后半部分构造的是一个什么技术图形？（请用画线方式进行表示。）投资者见此图形应如何操作？

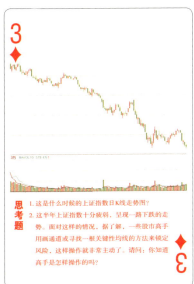

3 ◆

思考题

1. 这是什么时候的上证指数日K线走势图？

2. 这半年上证指数十分疲弱，呈现一路下跌的走势。面对这样的情况，据了解，一些股市高手用画通道或寻找一根关键性均线的方法来锁定风险，这样操作就非常主动了。请问：你知道高手是怎样操作的吗？

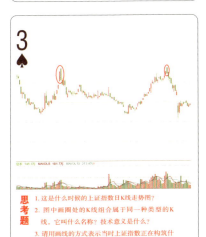

3 ♠

思考题

1. 这是什么时候的上证指数日K线走势图？

2. 图中画圈处的K线组合属于同一种类型的K线，它叫什么名称？技术意义是什么？

3. 请用画线的方式表示当时上证指数正在构筑什么技术图形？投资者见此图形应该怎么操作？

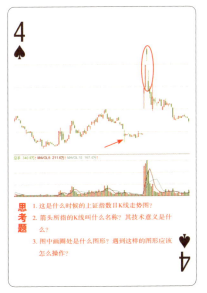

4 ♠

思考题

1. 这是什么时候的上证指数日K线走势图？

2. 箭头所指的K线叫什么名称？其技术意义是什么？

3. 图中画圈处是什么图形？遇到这样的图形应该怎么操作？

思考题
1. 这是什么时候的上证指数日K线走势图？
2. 当时上证指数创造了一项中国A股市场乃至全球股市的纪录（至今未被打破）。请问：这是什么纪录？
3. 当时上证指数正在构筑一个什么技术图形？（请用画线方式表示其图形。）投资者见此图形，应该怎么操作？

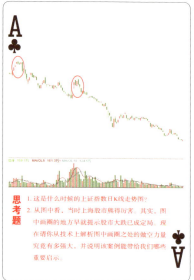

思考题
1. 这是什么时候的上证指数日K线走势图？
2. 从图中看，当时上海股市熊得厉害。其实，图中画圈的地方早就提示股市大跌已成定局。现在请你从技术上解析图中画圈之处的做空力量究竟有多强大，并说明该案例能带给我们哪些重要启示。

16、一天一练短视频股市悬念题（八）点评

点评

虽然一天一练短视频，每天只播放一次，每次只有短短几分钟，但是如果每次都用千篇一律的形式出题、解题，难免会让听众产生听觉或视觉疲劳。所以，作者在设计悬念题（八）时作了一些改变。一上来先讲一个小故事，用小故事引入话题，然后再推出一个特殊的扑克游戏，使之进入正题。显然作者这样做的目的是想通过聊家常、寓教于乐的方式来营造一个轻松、愉快的猜题、答题氛围。但实际效果究竟如何，也可能是仁者见仁、智者见智。就我个人的体验来说，若要把本悬念题的题意吃透，再把该题的谜底揭开，事实上并不轻松，有时还会感到一脸茫然，不知如何作答才能胜出。

这里我作出 3 个估计：

第一个估计是，用股市悬念扑克，探寻中国股市最大熊市。这种扑克游戏，大家都没有见过，肯定会给人眼睛一亮的感觉。当然，对这种新鲜事物，各人感觉不一，有人会觉得新颖、好奇，怀着浓厚的兴趣去研究它；也有人会对这种"标新立异"之事不屑一顾，将它丢弃一边，懒得再去发掘它、研究它。

第二个估计是，别看大家平时对股市中的事情好像很熟悉，吹起来头头是道，但真正面临一些实质性问题的挑战，能答上来的人往往寥寥无几，想必这次也不例外。即使一些股龄很长的老股民，我估计能将中国股市大熊市的图形完整地展现出来的人，也不会超过 5%。

第三个估计是，能理解此题背后意义的人很少。也就是说，投资者认识了解中国股市最大熊市后，会想到它与股市实际操作又有什么关系呢？能有这样的思考，并能找到两者内在逻辑关系的投资者，在眼光上就胜人一筹。这样的投资者虽然不多，但我们必须努力使自己也能成为其中一员。而本题的推出，正是扩大投资者视野、培养投资者大局观的一个重要步骤。这可能是作者设计本题要达到的目的所在，但愿这个目的能通过本题一天一练实施后得到实现。

我认为，本题对投资者的启发与指导作用可达到★★★★☆。

（点评人：莎莎）

说明：一天一练短视频是一个新品种，它由"图书＋短视频"构成一个整体，正式对外出版发行。本题谜底，由短视频揭晓，这样能让读者获得更好的股市实战演练的体验。现在，请你扫一扫下面的二维码，从短视频中观看本题答案的精彩内容。

短视频
悬念题八

短视频题八
参考答案(1)

短视频题八
参考答案(2)

17、一天一练短视频股市悬念题(九)

有人说,炒股最难的问题是什么？就是识底抄底。此话不假。

股市上有一句俗语,"新股民死在追高的路上,老股民死在抄底的路上。"据了解,一些经验丰富的老股民,常常因为熊市中抄底不慎,栽了大跟头,输得很惨,可见熊市中识底抄底有多难。

那么,抄底难,难在哪里呢？答案是:难在不知道熊市的底在何处？

譬如,股市进入熊市以后跌了很长时间,指数也跌了一大截。一些投资者看看跌得差不多了,于是开始尝试抄底,结果抄底失败,套在半山腰。

有人问,为什么会出现这种现象呢？很多股民感到百思不解。其实,出现这种现象的重要原因是,很多人把自己的主观猜想代替了残酷的现实。比如,本以为股价跌到了地板上,但想不到地板下面还有地下室,地下室下面还有地洞,地洞下面还有地狱,地狱又分了 18 层。正所谓"熊市不言底,底在底下。"

因此熊市越到后面,人们就越不敢言底了,更不敢抄底了。也就是说,熊市见底前夕,市场上绝大多数股民都陷于绝望与恐慌之中,真正能够识底并敢于抄底的人十分罕见。

但幸运的是,股市中识底抄底难的问题被一位高人破解了。高人运用独有的"大坝"理论,精准地测定了熊市的大底会落在何处。

经过长期的实践检验，用高手的"大坝"理论，检测中国 A 股大熊市的谷底在何处，其准确率至少在 90% 以上，此事让众人感到十分惊奇。

那么，什么是大坝理论，它对指导投资者识底抄底起到了什么作用呢？

高人解释说，长江中有一个大坝叫"三峡大坝"。在长江三峡大坝建立以前，一旦长江出现特大洪水，很难预防。但自从长江三峡大坝建成以后，长江出现特大洪水就不用害怕了。2020 年长江上游出现了百年一遇的特大洪水，来势汹涌让人恐惧。但这股洪流到了三峡大坝面前就俯首称臣了，凶狠无比的洪水经过三峡大坝，马上就变得温文尔雅，成为涓涓细流，洪水的危机顿时解除。

高人说，很多人可能不知道，股市里也有一座"三峡大坝"。熊市来了，股价大跌，一泻千里，让人感到恐慌，不知熊市的底在什么地方。其实，熊市的大底就在股市三峡大坝的附近。这座三峡大坝是股市中的一座铜墙铁壁，股市再熊，股价跌得再凶，都难以逾越这座大坝。因此，大熊市的谷底就会被锁定在大坝的附近。投资者若知道了这个秘密，就能够提前设伏，只要股价跌到了这座大坝附近，就可以大胆地看多做多，抄底买进。今后大概率都可以大赚一笔，成为股市的赢家，甚至是大赢家。

高人接着说：比如，中国股市第 5 轮大熊市，连跌几年，跌得人心慌慌，但在 2013 年 6 月上证指数跌到 1849 点便止跌了，中国 A 股市场第六轮大熊市，从 5178 点跌下来，也跌了几年，但在 2019 年 1 月上证指数跌到 2440 点就刹车见底了。有人问：为什么会出现这种绝境逢生的现象呢？这都是因为在跌跌不休的熊市前面有一座股市中的三峡大坝拦着，迫使肆意猖獗的熊市在此画上了句号。

高人兴奋地说，更让人感到激动的是，一旦熊市的洪流被股市中三峡大坝制服了，过后不久，股市就开始绝地反击，出现一轮轰轰烈烈的上升行情，大凡跟着抄底做多的投资者都会赚得盆满钵满。

高人的故事讲完了。大家可能要问,高人说的股市中的三峡大坝究竟指的是何物?为什么它有锁定熊市底部的功效?其背后的逻辑是什么呢?关于这些问题,正是一天一练短视频中要与大家讨论的问题。

请问:①你对熊市的底是怎么认识的?②高人的观点是否正确?有无夸大成份在里面?

18、一天一练短视频股市悬念题(九)点评

在股市里待的时间长了,你会发现一个有趣的现象,平时人们口里说的做股票要学会"高抛低吸",但事实上,大多数人做股票都是在"高吸低抛"。比如,股市每次由牛转熊,一开始尽管指数已处在高位,但抢着买股票的大有人在;指数不断向下滑落,但很多人不惧下跌,还是大量买进;后来指数出现了断崖式狂泻,但仍有不少人在逢低补仓;直到大盘指数跌幅超过了大多数人预想的程度,大家才感到害怕了,甚至有的人会产生绝望。此时你会发现,抄底买进的人没有了,相反很多股民因为恐慌,开始在低位割肉离场了。

股市到了熊市后期,为什么普通股民中买股票的少了,抛股票的人多了呢?有人说,这是因为在这个时候大家手里没有什么钱了。言下之意,是因为股民缺钱才会出现这样的现象。但与此同时你会发现,一些股评家在股市指数尚处在高位时,叫大家不断抄底买进,而到了股市指数暴跌超出大家预期,让人感到恐惧时,却又建议大家卖出而不要买进。那么,这又该作何解释呢?因为股评家只是动口,不涉及自身的资金,也就不存在缺钱的问题。为什么大盘指数处在高位时,很多股评家坚持看多,而到大盘指数处在低位时,很多股评家反而坚持看空了呢?

市场上出现这些使人感到困惑的现象,唯一能解释的理由是:

股市越是到了熊市后期,出现看空后市,不断割肉离场的情况,并非是因为"缺钱"引起的,归结起来还是因为信仰全无,普通股民,包括股评家,此时对股市都已彻底绝望了。

作者设计本题的妙处是:当市场处于绝望时,要给大家希望,让人们明白"行情是在绝望中诞生"的道理,但是现实中空讲一些大道理还不行,还要有一点"干货",让人们真正体会、了解到,股市中熊市下跌并非是不言底的,它最终还是有底线的。故而,作者在本题最后给大家送出了一个既让人激动、又让人惊喜,由高手秘藏的识底、抄底的秘方,即实实在在的干货——**股市三峡大坝**。

股市三峡大坝,成了大家看得见、摸得着,能有力遏制熊市狂跌的铜墙铁壁。以往股市历史已反复证明,再凶险的熊市,再猖狂的下跌潮流,见到它都会俯首称臣。所以,投资者一旦获得股市三峡大坝的秘密,就可以根据它的指引,大胆地逢低吸纳,做多抄底,其成功率几乎是百分之百的。

有人问,**股市三峡大坝**具体指的是什么呢?这个不用我们解释,本题短视频参考答案会把谜底告诉大家,大家只要静心观看即可。我们点评者的任务,就是要告诉诸位"**股市三峡大坝**"是股市高手炒股的一个绝招,用它来判断熊市何时止跌非常有效。同时也提醒投资者,**股市三峡大坝是炒股的重磅利器,价值连城,普通投资者得到它并不容易,所以要特别重视它、珍惜它,而不是轻易放弃。否则,将会终生后悔的。**

我认为,本题对投资者的启发与指导作用可达到★★★★★。

(点评人:莎莎)

说明:一天一练短视频是一个新品种,它由"图书 + 短视频"构成一个整体,正式对外出版发行。本题谜底,由短视频揭晓,这样能让读者获得更好的股市实战演练的体验。现在,请你扫一扫下面的二维码,从短视频中观看本题答案的精彩内容。

短视频
悬念题九

短视频题九
参考答案(1)

短视频题九
参考答案(2)

短视频题九
参考答案(3)

19、一天一练短视频股市悬念题(十)

炒股必须学会看图。若不看图盲目买股或卖股,犹如闭着眼睛开车,这是十分危险的。那么,炒股看图看什么呢?首先要学会看K线,因为K线就相当于图中的文字。大家知道,不识字就是一个文盲,也就是说,不识K线就看不懂股市图形,就成了股市中的文盲。故K线的重要性不言而喻。而认识K线的第一步,就要认识这是什么样的K线,它是如何形成的。如果连这个都弄不清楚,要看懂K线就成了一句空话。

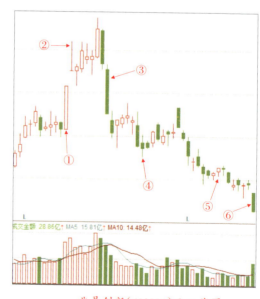

兆易创新(603986)日K线图

上面我们摘录了创业板中某股的一张日 K 线走势图。**请问：①图中箭头指的是什么样的 K 线？②它当天的分时走势图是怎样表现的（请画出示意图）？**

20、一天一练短视频股市悬念题（十）点评

有人作过调查，在股市里，真正会看图炒股的人，每 10 个股民中不足 1/5。大部分人说是看图炒股，其实他们看到的、关心的只是股票的涨跌，至于股市走势图发出的是什么信号，他们说不清、道不明，也懒得去分析、研究。

为什么会出现这种现象呢？其主要原因是，股市图形中的一根根柱状线（即 K 线）究竟是什么，表达的是什么意思，很多人弄不明白。其实，这些柱状线，即 K 线，是股市图形中的最基本元素，它犹如文章中的一个一个汉字。正如每一个汉字表示的意义不同，每一根 K 线表达的意思也是不一样的。如果连这个也没有搞明白，那么看图炒股就成了一句空话。

认识 K 线并不难，难的就是要认真。大家只要正儿八经地坐下来，对图形中的 K 线，一根一根地加以识别，前后搞它几次也就过关了。作者在设计本题时，采用了日 K 线与分时走势互相对照的方式，来强化大家对 K 线图形的认识、鉴别。这是一个很基础的工作，作者作了充分准备，挑选的图形很有代表性，并作了示范，想必投资者也会饶有兴趣地进行答题。该题这样设计，目的是让投资者练就看图识图的基本功，题目看似简单，但意义深远。

我认为，本题对投资者的启发与指导作用可达到★★★☆☆。

（点评人：万钧）

说明：一天一练短视频是一个新品种，它由"图书＋短视频"构成一个整体，正式对外出版发行。本题谜底，由短视频揭晓，这样能让读者获得更好的股市实战演练的体验。现在，请你扫一扫下面的二维码，从短视频中观看本题答案的精彩内容。

短视频
悬念题十

短视频题十
参考答案(1)

短视频题十
参考答案(2)

21、一天一练短视频股市悬念题(十一)

说起老股民，不看 K 线图就操作的人已经很少。虽然老股民都在看 K 线，也知道 K 线很重要，但若有人向老股民问到 K 线的来龙去脉，以及 K 线比"棒头线"、"价格线"的优势在什么地方，知道的人就不多了。据说，K 线起源于 16 世纪的日本米市，当时日本的米商用它来表示米价的变化情况，并用来预测米价和交易，十分成功。后来就被引用到了股票市场，成为股市技术分析的一种理论，与炒股的一种技术手段。

那么，什么是 K 线呢?简单地说，K 线就是代表某一单位时间股价变化的柱状图。因其形状像一根蜡烛，故又被称为蜡烛线或者是蜡烛图。

和日本的蜡烛图对应的是，以前西方国家用"棒头线"、"价格线"来反映股价的走势变化。那么，为什么现在全球股市都用上了 K 线，而不用棒头线、价格线了呢? 我们不妨来体验一下：

下面将 K 线与具有同样承担股市交易记录功能的棒头线、价格线做一个比较,大家看看有什么感觉(见下图 1~图 3)。

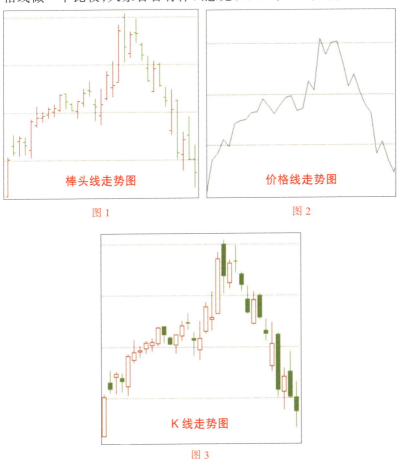

图 1　棒头线走势图

图 2　价格线走势图

图 3　K 线走势图

据了解,现在全球金融系统中,不仅是股市,同时也包括汇市、债市、期市、金市等,都是用 K 线来反映其价格走势的,而棒头线、价格线基本上已经被淘汰了。

上面是三一重工股票在 2020 年春节后的一段股价走势图,同样这段走势,可以用 K 线、棒头线、价格线三种形式来进行表达。这些图形谁优谁劣,互相比较一下就清楚了。比较后,大家就会发现 K 线走势图比起棒头线走势图、价格线走势图,图形要细腻很多,也亮眼得多。

作为一个合格的股民,不仅要知道 K 线的来龙去脉,更重要的是要了解 K 线有哪些优点,以及如何去运用 K 线的优点来提升股市操作的成功率。

据了解,K 线有四大优点。请问:你知道 K 线的 4 大优点是什么吗? 请举例说明。

22、一天一练短视频股市悬念题(十一)点评

有人告诉我,他和一些朋友都是老股民,平时 K 线知识也学了不少,但最后操作总感觉不爽,输多赢少。他问这是为什么? 我详细了解他学习 K 线的情况后反问他,你知道 K 线是怎么来的吗?K 线与棒头线、价格线比较,其优势表现在什么地方?他回答我,这个不太清楚。我对他说,这些都是 K 线最基础的东西,如果不知道,那就有很大的缺陷了。我还对他说,现在做什么事都要溯源,也即从根源上搞清楚是怎么一回事,后面的事情才能做好。学习 K 线也是如此。投资者只有将 K 线的来龙去脉,其本身的优势弄明白,然后运用 K 线知识、K 线技巧分析、研判行情才会有底气。

据了解,作者在本题短视频答案中举了 4 个例子,这 4 个例子是很能说明问题的。

前两个例子表明,某高手在研判大势与选股时,仅凭图中几根 K 线就察觉股市见底了,并确定了哪些板块将跑赢大市,蕴藏着巨

大的投资机会;哪些板块将跑输大市,对它看多做多就会陷入"赚了指数不赚钱"的尴尬的境地。

后两个例子的寓意更深。2019 年 1 月上证指数在 2440 点见底后,出现了一轮上涨行情。2019 年沪市主板、创业板双双拉出长红。一些聪明的投资者仅凭一根 K 线就发现了市场的奥秘,于是,当下就将投资重点从主板市场转向创业板市场。在 2021 年结束之际,他们获得了远超主板市场的投资收益(注:据了解,2020 年、2021 年投资创业板的收益比投资沪市主板的收益,一般要高出 70%。该案例会在本题短视频的答案中向大家作详细说明)。

那么,为何这几个实例中的当事人都能运用 K 线收到非常好的效果呢?这里面一个主要原因是,他们对 K 线的优势研究得很透,所以才能在关键时刻,运用关键 K 线,及时发现股市中的风险,同时也可以及时觅得股市中的投资良机,从而成为市场中的先知先觉者,取得了骄人的成绩。

故而,为了从源头上来检验投资者对 K 线的认知程度,作者构思、设计了本题,作者的目的很清楚,若投资者在这方面知识储备不足,通过本题的练习,可及时把应该知道的 K 线基础知识都补上,这是非常重要的。总之,这道题看似平淡无奇,但它却是抓到了点子上,为投资者在实战中成功运用 K 线打下扎实的基础。

我认为,本题对投资者的启发与指导作用可达到★★★★☆。

(点评人:万钧)

说明:一天一练短视频是一个新品种,它由"图书 + 短视频"构成一个整体,正式对外出版发行。本题谜底,由短视频揭晓,这样能让读者获得更好的股市实战演练的体验。现在,请你扫一扫下面的二维码,从短视频中观看本题答案的精彩内容。

短视频
悬念题十一

短视频题十一
参考答案（1）

短视频题十一
参考答案（2）

短视频题十一
参考答案（3）

短视频题十一
参考答案（4）

短视频题十一
参考答案（5）

23、一天一练短视频股市悬念题（十二）

高手在民间，此话不假，虽然做股票真正的赢家是少数，但因为股民的基数庞大，即使赢家只有百分之几，统计起来也有数百万人。在这数百万人中，炒股特别优秀者，有的资产增值了数十倍，数百倍，甚至有增值数千倍的股市赢家，他们是名副其实的股市高手。

据了解，这些股市高手都有自己的炒股妙招，他们就是靠这些妙招，驰骋股海，制胜疆场。这些妙招可谓作用巨大，价值连城，或许因为《股市操练大全》丛书有这方面的内容介绍，所以它一面世就受到全国广大读者的欢迎，销量直线飙升，第二年就获得了全国股票书销售第一名的好成绩（见本书前页摘录的《新民晚报》报道）。从中也可以得知，广大股民是非常想了解股市高手的炒股妙招的。

在今天的"一天一练"活动中,我向大家介绍高手的又一个炒股妙招。方法很简单,但非常实用,它总共只有 6 个字,即:"**一山 XXXX**"。据悉,有人靠这个炒股妙招,在熊市中收获颇丰,甚至还在 2015 年大牛市中成功逃顶,避开了罕见的股灾。如此靓丽的成绩让人啧啧称奇。

请问:①你知道高手说的炒股妙招是哪 6 个字吗?②该妙招有三大作用,每一个都是炒股的重磅利器,这三大作用是什么(请举例说明)?

24、一天一练短视频股市悬念题(十二)点评

古人云:"大道至简。"道在中国哲学中,是一个重要的概念,表示"非凡真理"。此一概念,不单为哲学流派诸子百家所重视,也被各种道教流派等所使用。大道至简的意思是:真正的大道理(基本原理、方法和规律)往往是极其简单的,简单到用一两句话就能说明白。关键是,你信还是不信。比如,"绿水青山就是金山银山"。这简单一句话,就把保护环境,以及人与自然必须要和谐共存的重要性凸现了出来,不需要再讲一大堆保护环境的理由,人人皆知其中的道理。只要各级领导、人民大众牢记总书记的"绿水青山就是金山银山"的指示,把它贯彻落实好,就能在发展经济的同时,把美丽中国、健康中国书写在神州大地上,造福中华民族千秋万代。

那么,股市里有没有"大道至简"的炒股重磅利器呢?答案是"有",但局外人很难知晓。据了解,在股市赢家、股市高手的炒股武器库中,就珍藏着很多大道至简的秘密武器。

本题中提到的"**一山 XXXX**"简单一句话,完全符合大道至简

的要求。它就是<u>股市高手秘藏的克敌制胜的重磅"杀手锏"</u>。据了解,这个克敌制胜的杀手锏虽然只有短短一句话,但作者在一天一练短视频答案中诠释这个概念时,为了让大家听得明白、记得住、用得上,下了很大的功夫,在答案中对"<u>一山XXXX</u>"作了全方位、多角度的解析,并举了很多例子,将股市高手是如何操作的,一五一十地作了详细交代。作者真诚地希望《股市操练大全》广大读者能在炒股时用好这个武器,切实打好股市的翻身仗,争取早日实现股市中的财富自由。作者的这一番深情与良苦用心,我想大家是能体会得到的。

我认为,本题对投资者的启发与指导作用可达到★★★★☆。

（点评人：蓓蓓）

说明：一天一练短视频是一个新品种,它由"图书＋短视频"构成一个整体,正式对外出版发行。本题谜底,由短视频揭晓,这样能让读者获得更好的股市实战演练的体验。<u>现在,请你扫一扫下面的二维码,从短视频中观看本题答案的精彩内容。</u>

短视频
悬念题十二

短视频题十二
参考答案(1)

短视频题十二
参考答案(2)

短视频题十二
参考答案(3)

短视频题十二
参考答案(4)

25、一天一练短视频股市悬念题（十三）

爱因斯坦说过很多深奥的话，唯独这句话最令人印象深刻——想象力比知识更重要。在爱因斯坦看来，一个人光有知识而缺乏想象力是做不成什么大事的。

我们发现,在股市里,炒股高手中有不少都是想象力丰富的投资者。比如,在上海早期股市中,浦东刚刚处于改革开放阶段,一些敏锐的投资者便抓住了浦东的陆家嘴、外高桥、金桥这3个股票展开想象空间,其股价被炒了一轮又一轮,他们在这3个股票上赚得盆满钵满。

直到这3个股票大涨后,很多股民才明白,浦东改革开放是当时中国最大的一件政治经济大事，它在股市中必然会得到强烈反应。而陆家嘴、外高桥、金桥这3个股票,因其上市公司所处的地理位置,与其当时担负的开拓市场的重任,无疑就成了当时沪市板块中上市公司的灵魂,成了当时浦东改革开放的领头羊。

令人遗憾的是,开始就能看清楚这个问题,发现其中重大投资机会的投资者仅是少数,而绝大多数投资者是等到市场火了之后才"醒悟"的,但已为时晚矣。比如,有很多股民等到这3个股票大涨后,成了当时的热点再追进去,有的就追在高位,成为高位"站岗放哨人",之后,很长时间都没有解套。

真可谓,想象力丰富的股民,捷足先登,成了先知先觉者,他们吃的是肉,拿的是重金红利;而想象力差的股民,行动迟缓,成了后知后觉者,他们喝的是汤,甚至连汤都没有喝到,就沦为高位被套的冤大头。

有人问:既然想象力对提升炒股能力有着如此重要的作用。那么,股民如何来提高自己的想象力呢? 答案是:只有经常做一些有针对性的想象力训练,才能让想象力丰富起来。下面,我们从"智商、情商悬念扑克"中抽出 2 张牌,与大家一起做一次有针对性的想象力练习。

请看牌:

一只猫导致法军惨败

在第一次世界大战的一次战役前夕,德军一位参谋天天拿着望远镜观察法军阵地的情况。他连续 4 天都看到,法军阵地后方的一块坟地上,每到早晨八九点钟,总有一只猫在那里晒太阳。但是,谁也没有想到,就是这只猫导致了法军的惨败,使德军轻易取得了胜利。

请问:这是怎么回事,你能分析得出来吗?

邓子恢巧释"空城计"

有一天,邓子恢在听完汇报后,忽然问起部下廖卓之是否读过《三国》中诸葛亮"空城计"的故事,司马懿为什么退兵?廖解释说是因为害怕诸葛亮在城里有埋伏。邓摇摇头说不是。因为司马懿是个绝顶聪明的人,他知道当时城里并无伏兵,但是司马懿又为何不进军,活捉诸葛亮呢?邓解释说是因为诸葛亮在空城上弹了一首曲子致使司马懿放了诸葛亮。

请问:当时诸葛亮在空城上弹了一首什么曲子吓退司马懿的?这其中有何奥秘?

牌中的内容大家看了,可先自己认真思考一下,该怎么回答。

哈哈!我有丰富的想象力。我猜到上面 2 张牌中隐藏的秘密了!

26、一天一练短视频股市悬念题(十三)点评

人是会思考、有想象力的动物。在人类历史上,无论是伟大的科学家、政治家、文学家都具有丰富的想象力。

比如,爱因斯坦之所以说想象力比知识更重要,是因为他认为人掌握的知识是有限的,而想象力是无限的。想象力概括着世界上的一切,推动着社会与科学的进步,并且是知识进化的源泉。爱因斯坦用他的丰富想象力创造了"相对论"。相对论极大地改变了人类对宇宙和自然的"常识性"观念,提出了"四维时空"、"弯曲时空"等全新的概念,给物理学带来了革命性的变化,奠定了现代物理学的基础。从而成为人类科学史上的一座丰碑。

又如,毛主席说过"多想出智慧"。毛主席在长征途中的"四渡赤水",被誉为军事史上的神来之笔,实质是伟人在红军陷入绝境,面对强敌围剿,运用丰富的想象力,充分利用敌人的矛盾,声东击西,灵活变换作战方式,指挥红军纵横驰骋于川黔滇边界地区,调动和迷惑敌人,抓住有利时机,歼灭敌人的一场出色的运动战。四渡赤水已成为世界战争史上,以少胜多,变被动为主动的光辉范例。

再如,唐朝大诗人李白,运用其丰富的想象力,写出了"飞流直下三千尺,疑是银河落九天"千古绝唱的诗句,显示出李白那种"想落天外,惊人魂魄","万里一泻,末势犹壮"的艺术风格,其描绘的自然景象可谓美不胜收,让后人赞叹不已。

以上这些事实都说明一个道理,想象力丰富与否,在推动科学进步,推动社会经济、军事、文化发展,以及现实生活的方方面面有多么重要。

其实,具有丰富想象力的人,到哪里都是赢家,都是胜利者。我

们发现,在股市中,股票做得出色的,也都是一些思想特别活跃,具有丰富想象力的投资者。因此,培养投资者的想象力已成为提高投资者能力的一个基础性工作。抓住它,就抓住了牛鼻子。想象力差,想象力不足,是当下投资者在股市中久久不能获胜的主要矛盾。一旦这个主要矛盾被解决了,股市中其他矛盾就可以迎刃而解,投资者就能敲开股市的赢家大门。

我们建议,读者可以遵循作者出题的思路,迎接这场想象力测试挑战,胜利必定会向你招手的。

我认为,本题对投资者的启发与指导作用可达到★ ★ ★ ★ ☆。

（点评人：蓓蓓）

说明：一天一练短视频是一个新品种,它由"图书＋短视频"构成一个整体,正式对外出版发行。本题谜底,由短视频揭晓,这样能让读者获得更好的股市实战演练的体验。现在,请你扫一扫下面的二维码,从短视频中观看本题答案的精彩内容。

短视频
悬念题十三

短视频题十三
参考答案(1)

短视频题十三
参考答案(2)

短视频题十三
参考答案(3)

短视频题十三
参考答案(4)

短视频题十三
参考答案(5)

27、一天一练短视频股市悬念题(十四)

常言道:看图识图是炒股的基本功。很多人对此不甚理解。这里我给大家说一个小故事,有人就从简单的 2 张 K 线图对照中,挖出了一只潜力大牛股,在熊市中大赚特赚,让众人羡慕不已。

那么,什么样的 K 线图有如此神奇的魄力呢?这里,我暂时对这个答案保密,让大家好好思考一下。

下面先让大家看这 2 张图,这 2 张图指的是同一个股票,图中的信息很丰富。

这 2 张图,大家看仔细了,我在这里提几个问题。

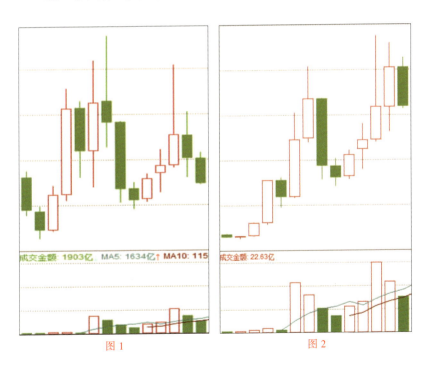

图 1　　　　　　　图 2

请问：①这2张是什么样的K线图？②从这2张图的对照比较中，你发现了什么？③据说，图中隐藏了一条极为重要的选股秘诀，高手十分看重它。你知道是什么吗？它的真正价值在哪里？

28、一天一练短视频股市悬念题（十四）点评

点评

俗话说："书中自有黄金屋，书中自有颜如玉。"若在股市中，我们也可以这样说："图中自有黄金屋，图中自有颜如玉。"有人会说，这样的比方不妥当。其实，妥当不妥当，不以谁说的为依据，一切都要靠事实、数据来说话，来作证，其他都是浮云。

作者在推出本题时，给大家看的是2张图，这2张图指的是同一个股票，但图中却藏有很大的玄机。看懂者就能成为赢家，看不懂者就是输家。可以说，投资者在选股时，看懂这2张图比听100次股评，看100份选股研究报告还重要。事实会说明，在股市中，一些关键图形里确实藏有"黄金屋"、"颜如玉"。市场是公平的，关键图形就放在那里，谁都有资格去看，就看谁能发现图中的秘密，并先人一步，从中挖掘出重大的投资机会了。

我对作者设计这道悬念题的思路与做法完全赞同。投资者通过这道题的演练，可进一步提升对股市中关键图形的重视，养成看图识图，认真分析、研究图形的自觉性。一旦培养出了这样的自觉性，在股市中就会有所作为，获胜的概率会大大增加。

我认为，本题对投资者的启发与指导作用可达到★★★★☆。

（点评人：雷鸣）

说明：一天一练短视频是一个新品种，它由"图书＋短视频"构成一个整体，正式对外出版发行。本题谜底，由短视频揭晓，这样能让读者获得更好的股市实战演练的体验。现在，请你扫一扫下面的二维码，从短视频中观看本题答案的精彩内容。

短视频
悬念题十四

短视频题十四
参考答案(1)

短视频题十四
参考答案(2)

短视频题十四
参考答案(3)

短视频题十四
参考答案(4)

29、一天一练短视频股市悬念题(十五)

右图中的个股是 2020 年的大牛股,股价从年初涨到年尾,涨了好几倍,这几天股价出现回调引起很多人关注。

图 1

当时市场上对该股看多看空,看好看坏的人都不少,双方展开了激烈的争论。比如,有人认为该股涨幅已经很大,这几天连收几根阴线,说明风险已经逼近,应该及时卖出,落袋为安。但也有人认为 2020 年股市就是结构性行情,大部分股票不涨甚至下跌,只有少数股票在涨,显示强者恒强,弱者恒弱的特点,所以该股这几天收阴,不用担心,洗盘以后股价会继续创新高。为了证明该股现在的下跌是主力在洗盘,有人特地指出,这样的情形前面也发生过(见图 2 中画圈处),但股价在震荡以后,洗盘结束就出现了大涨。故而,有人建议现在趁该股回调,应该继续加仓买进才对,任何形式的减仓都是错误的。

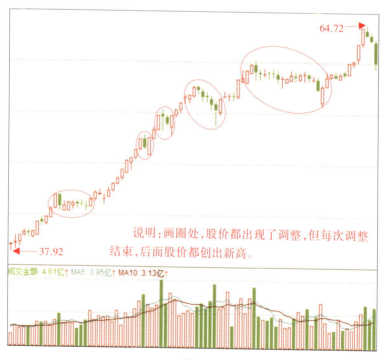

图 2

请问：第一，你对该股后市是怎么看的？接下来，请你选择：

①坚决看空、做空，全部卖出；

②坚决看多做多，继续买进；

③暂时回避一些风险，卖出一部分筹码；

④谨慎看多做多，适量买进一些筹码，看以后的形势再说。

请你在4个选项里面选一个，选择时说明理由。

第二，该案例给了我们什么重要的启示？它对投资者日后实际操作会有什么帮助？

30、一天一练短视频股市悬念题（十五）点评

　　本题是这次一天一练中最有悬念的一道题。看了本题案例中的图形走势，让人有一种雾里看花的感觉，是选择卖出还是买进，是选择看空做空还是看多做多，似乎都有理由，真真假假，使当事者无所适从。这不由得让我想起了著名歌手那英唱的一首歌词："雾里看花水中望月，你能分辨这变幻莫测的世界。……你知哪句是真哪句是假……借我借我一双慧眼吧，让我把这纷扰看个清清楚楚明明白白真真切切。"其实，在股市里就经常会碰到雾里看花的事情。投资者如果没有一双慧眼，十有八九会看走眼栽大跟头。

　　作者选择这个案例很有典型意义，因为它是当时市场中的热点、大牛股，在市场中影响很大。投资者操作时如处置不当，或是会放飞一次非常好的投资机会，或是会掉进无底深渊，真可谓一步决定输赢。此时就特别需要一双慧眼，透过现象，把这个图形"看个清清楚楚明明白白真真切切。"而这双慧眼，说白了就是投资者必须掌握的看图识图技巧。作者通过设计这样一个典型案例来提醒投

资者，若要做好股票就必须掌握 K 线等看图识图的一些秘诀与技巧。这样会让大家明白一个道理：看图识图确实是炒股的一个基本功。如果基本功不好、不足，在股市里就会不断地碰到麻烦，甚至会栽大跟头。所以，在这方面有所缺陷的股民，就要赶紧补上这一课。事实证明，投资者看图识图的基本功越扎实，炒股的胜率就越大。

我认为，本题对投资者的启发与指导作用可达到★★★★☆。

（点评人：雷鸣）

说明：一天一练短视频是一个新品种，它由"图书 + 短视频"构成一个整体，正式对外出版发行。本题谜底，由短视频揭晓，这样能让读者获得更好的股市实战演练的体验。现在，请你扫一扫下面的二维码，从短视频中观看本题答案的精彩内容。

短视频
悬念题十五

短视频题十五
参考答案(1)

短视频题十五
参考答案(2)

短视频题十五
参考答案(3)

短视频题十五
参考答案(4)

短视频题十五
参考答案(5)

短视频题十五
参考答案(6)

短视频题十五
参考答案(7)

31、一天一练短视频股市悬念题(十六)

你知道吗?中国股市自 1990 年 12 月上海证交所成立至今,已经走过了 30 年风雨路程。有人统计过,截止 2020 年末,在沪深股市中自上市以来,实际涨幅超过 100 倍以上的超级大牛股有 30 多只,尚不足股票总数的百分之一。

若当初有谁在低位发现买进,并长期持有其中任何一只超级大牛股,那肯定是在股市中赚的最多,最春风得意的大赢家。

但众所周知,在数千只股票中能找到一只涨幅仅仅几倍的牛股就很不容易了,若要在低位发现,并长期持有一只涨幅在百倍以上的超级大牛股更是难上加难。

但再难的事也有人做成了。做到的投资者,就是股市中的顶级高手。《股市操练大全》创作团队在编写新书时,曾经采访过一位顶级高手。这位高手告诉我们,要发现和挖掘出一只超级大牛股,要在低位做好以下三个步骤的工作。

第一,首先要找准进场时机。高手认为最好的买进时机应该是熊市转换为牛市的初期。因为这个时候由于熊市的错杀,很多好股票也会跌得很惨,价格非常便宜。这是发现和挖掘潜力股的最佳时机。

第二,要建立自己的股票池。依据个股的基本面、技术面,挑选一些有前途的股票放进自己的股票池。

第三,要善于优中选优。从自己股票池中,将获得初选通过的股票进行排队,再进一步筛选出一只最有潜力的股票进行重点投资,并做好长期持有的准备。

高手说完了这 3 点选股的经验后,接着,给我们看了以下四张图(见下面图 1~ 图 4),这四张图中的股票就是在第三次大熊市结束,熊转牛的初期,高手初步挑选出来的,然后把它们放入股票池中准备筛选的股票。高手说,接下来最重要的工作,就是要从这几只股票当中,挑选出一只最有潜力的股票作为长期投资的对象。高手告诉大家,他这个工作做得很成功。

图 1

图 2

4.44

3.30

成交金额: 0.043亿↑ MA5: 0.044亿↑ MA10: 0.027亿↑

图 3

6.69

4.24

成交金额: 0.018亿 MA5: 0.018亿↑ MA10: 0.026亿↑

图 4

　　据了解,高手挑选出来的这只股票,果然不负众望,后面涨势惊人。有人比方,它就像一座挖不完的金矿,给高手带来了极为丰厚的利润。

请问：①在这四只股票当中高手最后选择了哪一只股票进行重点投资的？②高手挑选出它的理由是什么？③高手具体是怎么操作的？

32、一天一练短视频股市悬念题（十六）点评

点评

在一次股市座谈会上，有人问，股市中大赢家是些什么人？我想了一想回答说，据了解，中国股市30多年来出现了一些股市超级大赢家。这些超级大赢家基本上都是一些在低位挖掘到超级大牛股，并能长期持有的投资者。这些超级大赢家的投资收益，远非一般靠短期操作实现高抛低吸，从价差中获得收益的投资者可与之相比的。前者收益往往是百倍、千倍，而后者的收益一般也只是几倍而已，很少有人收益能超10倍的。

所以，从根本上来说，大家最应该关注、学习的是超级大赢家的所作所为。他们的思想、行为就是一笔很有价值的精神财富。

这次作者在设计本题时，对股市中超级大赢家的投资思路、选股理念，以及操作方式做了全面梳理，为普通投资者挖掘低位超级大牛股提供了一个最便捷、最优化的方案。这个捕捉超级大牛股的方案，不仅适用于过去，也适用于现在与将来。可以这样说，一旦投资者将股市高手的这个操作方案学深学透，将终生受益。

这是本次一天一练短视频中的点睛之笔，它有很高的使用价值，希望投资者能认真做好这道悬念题。将来争取成为一个有大局观、能审时度势、明察秋毫、善于从低位挖掘超级大牛股的高手，早日实现在股市中腾飞的梦想。

我认为，本题对投资者的启发与指导作用可达到★★★★★。

（点评人：雷钧）

说明：一天一练短视频是一个新品种，它由"图书 + 短视频"构成一个整体，正式对外出版发行。本题谜底，由短视频揭晓，这样能让读者获得更好的股市实战演练的体验。现在，请你扫一扫下面的二维码，从短视频中观看本题答案的精彩内容。

短视频
悬念题十六

短视频题十六
参考答案（1）

短视频题十六
参考答案（2）

短视频题十六
参考答案（3）

短视频题十六
参考答案（4）

短视频题十六
参考答案（5）

33、一天一练短视频股市悬念题（十七）

古文《马说》中有一段话："世有伯乐，然后有千里马，千里马常有，而伯乐不常有。"若把这段话用到股市里，千里马就是大牛股，伯乐就是发现大牛股的投资者。

中国 A 股历史已有 30 多年，其中出现了不少大牛股，但真正能够在低位发现大牛股的股民少之又少。那么，这是为何呢？因为在低位发现大牛股要具备独特的眼光，缺少眼光，即使大牛股近在眼前，也浑然不知。

上一期一天一练，我们向大家介绍了高手是如何在低位发现超级大牛股的独家秘籍，今天我再向大家推荐高手在低位挖掘潜力股的另一个绝招。这个绝招是什么呢？即当股价经过大幅下跌，在低位出现某一个特殊现象时，表明该股已经被大资金盯上了，后面很有可能会演变成一只牛股或者大牛股。投资者一旦发现这个特殊现象，就应该立刻顺藤摸瓜，再从该股的技术面、基本面入手，进行深入分析，在摸清主力意图以后就可以考虑重仓买入，这样就能够爬上牛背，赢在起点。

那么这是什么特殊的现象呢？竟会有如此神奇的作用，有人可能不信，有人可能半信半疑，但这都不重要，重要的是数据和事实，一切都要以数据和事实来说话。下面我举几个实例：

实例1：华鹏飞（300350）。该股在2014年4月，跌至低位出现这个特别的现象以后，就开启了牛市之旅。不到一年零两个月的时间，该股就大涨了10倍之多。

实例2：ST联络（002280）。该股在2012年12月盘中出现了这个特殊现象以后，经过两年多时间，股价涨幅超过20倍。

实例3：人福医药（600079）。该股在2008年10月出现这个特殊现象以后，股价由熊转牛后一路震荡向上，历经数年，股价大涨30多倍之后才掉头向下。

实例4：科大讯飞（002230）。该股2008年10月跌至低位时，出现过这个特殊现象，之后就形成了震荡向上的趋势，到了2020年末按照复权价（就是实际涨幅计算），股价涨幅已经接近50倍。

实例5：均胜电子（600699）。该股在2006年4月，盘中出现过这个特殊现象，之后股价连续近10年震荡上行，其股价最高涨幅接近100倍。

实例6：长春高新（000661）。该股在2008年11月，盘中出现过这个现象，此后股价就开启了长牛走势，到2020年末按照复权价计算股价，实际涨幅接近300倍。

因为时间关系，这些股票的走势图我在此就不一一展示出来，大家可以回去查一查,看一看事实是不是这样。另外,可以再找一找盘中究竟出现了什么样的特殊现象,导致股价形成如此大的涨幅。关于这个问题,我们在下一次"一天一练"的活动当中再和大家深入探讨,敬请诸位关注。

34、一天一练短视频股市悬念题(十七)点评

这是本次一天一练中最神秘,也最让人期盼的题目。无论是谁,只要看了这个题目的内容,都会产生强烈的好奇心,会因此追问这究竟是什么样的秘密武器,能让普通投资者,在低位可以发现如此众多的黑马、牛股。

或许是这个秘密武器太厉害的缘故,作者有意让它隐藏在背后,没有将其面纱揭开,把真相轻易地告知公众。作者设计本题时,就是要让大家反复思考,故意采取引而不发的方式来"吊"读者的"胃口"。

作者这种出题、解题的方式,有人不认同,认为这是作者有意在为难大家,拖延、浪费投资者的宝贵时间。但我却觉得作者这样做很有道理,因为尽管这个秘密武器很厉害,但实际上它只有简单几个字,马上公布反而让人感到俗气,达不到应有的效果。更主要的是,人性中有懒散的劣根性一面,随手得到的东西是不会珍惜的,也记不住的,更谈上如何正确运用它了。而反过来,只有经过努力与激烈思考,投资者花了大力气,进行认真地钻研后才得到它、拥有它,这样情况就大不一样了。虽然这个秘密武器只有几个字,但是大家费尽曲折才揭开其面纱,知其真相,此时就会见俗不俗,就会特别地重视它、珍惜它,把它视之宝物,非要从中挖出一些有价值的东西不可。这样后面就大有文章可做了,也许到了这个时候,一些精彩绝伦的内容就会呈现出来,这个秘密武器的使用效果就会大放异彩,届时就能真正地给投资者带来巨大的财富效应。

正是鉴于这个原因，我很赞赏作者运用"草蛇灰线，伏脉千里"的方式来设计这道题，题中引而不发，积极引导投资者独立思考，将问题不断引向深入，然后再来抽丝剥茧，层层解析，让投资者全面、客观了解这个秘密武器的来龙去脉，了解它的使用规则与注意事项。投资者只有对这个秘密武器知其然知其所以然后，才能真正发挥出它在帮助投资者判断行情趋势中所表现出来的神奇威力。

据了解，作者在构思、设计本题时是下了一番功夫的，往后大家在观赏该题短视频时，就会发现其悬案一个接着一个，妙招一个连着一个，证据一个跟着一个，让人目不暇接。此时就会真正感悟出作者的良苦用心，以及体验到这个秘密武器的巨大能量，并从中分享到一些股市高手运用这个秘密武器成功逃顶、成功抄底的快感，这对提升投资者的信心与操作水平将起到积极作用。

我认为，本题对投资者的启发与指导作用可达到★★★★☆。

（点评人：莎莎）

说明：一天一练短视频是一个新品种，它由"图书＋短视频"构成一个整体，正式对外出版发行。本题谜底，由短视频揭晓，这样能让读者获得更好的股市实战演练的体验。现在，请你扫一扫下面的二维码，从短视频中观看本题答案的精彩内容。

短视频
悬念题十七

短视频题十七
参考答案（1）

短视频题十七
参考答案（2）

短视频题十七
参考答案（3）

短视频题十七
参考答案(4)

短视频题十七
参考答案(5)

短视频题十七
参考答案(6)

短视频题十七
参考答案(7)

短视频题十七
参考答案(8)

短视频题十七
参考答案(9)

短视频题十七
参考答案(10)

35、一天一练短视频股市悬念题(十八)

2020年末，某证券公司召开了一次辞旧迎新的茶话会。该证券公司负责人王总在会上宣布：2020年是不平凡的一年，在全体员工努力下，公司业务出现了大幅增长。为了表扬和鼓励大家的工作积极性，公司决定，除了按规定以绩效为依据发放年终奖外，公司还准备拿出300万，作为年终奖的补充发放给大家。但这追加的300万，不搞平均分配，而是要让大家智取。因此，我给它起了一个名字——"新春佳节,智取红包"。这个红包，每个员工都有，但能不能顺利拿到，就要看各人的本事了。当然这个本事与股市和我们的本身的业务有着密切关系。

王总接着说：现在我们公司的员工有50人，按平均数每个人可拿6万，但智取就不一样，有多有少。差的人，比如，对智取红包中提出的问题，答错了或超时了，只能拿到一点安慰奖,意思意思。

而答对的人就可以拿到丰厚的奖金。在答对的人中,再根据用时长短,评出名次,答题用时越短的人名次越高,奖金数也越高。

王总讲完后,礼仪小姐将红包分发下去了。大家打开红包一看,里面有一份告知书,上面写着:

小游戏

以史为鉴,才能成为一个聪明的投资者。以史为鉴,首先要熟悉股市历史。你手里有 6 张牌,每张牌都有一幅日 K 线走势图,它反映的是上海股市某半年的指数变化情况。现在请你将这 6 张牌按时间顺序排列,接龙成为一幅上证指数 XXXX 年~XXXX 年的日 K 线全景图。

要求: ①答题必须在 15 分钟内完成,超时判为无效。②接龙时不仅要将牌的顺序排对,并要准确地说出其时间。

规定时间到了,所有的智取红包都收了上来,其中只有一半人答对了。答对且用时最短的是小唐与老周。小唐用时不到 2 分钟就将 6 张牌的顺序作了正确的排列,并准确地写出了这张接龙图的时间,老周稍微慢了一些,答对了,但用时超过了 2 分钟。

这场智取红包的游戏,大家感到既紧张又刺激。答对的人,特别是拿到第一、第二名的人,都收获了丰厚的奖金。答错的人,虽然在奖金上颗粒无收,但也心服口服,感到自己确实要下功夫,认真钻研中国股市历史了,如此才能提高自己的业务水平,与对股市形势分析、判断的能力。

下面我们就将发给小唐、老周的 2 个红包中的牌拿出来(次序已打乱),让大家也试一试,看看各人的答题能力、水平如何。

小唐"智取红包"中的 6 张牌是：

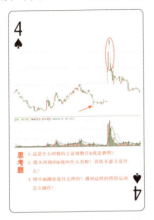

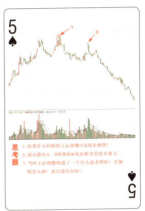

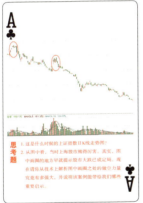

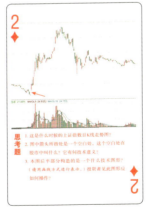

哈哈！想挑战吗，你也来试试，看看能拿到这个红包吗？

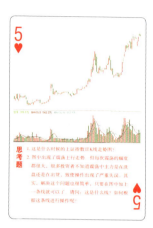

老周"智取红包"中的 6 张牌是：

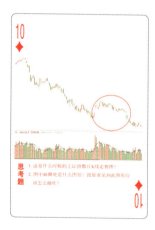

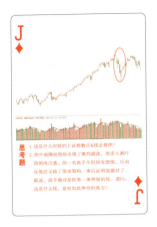

J ♦

思考题

1. 这是什么时候的上证指数日K线走势图？

2. 图中画圈处股指出现了剧烈震荡，很多人都抑制剂出出逃，但一名高手不但没有恐慌，反而在低位义了很多等码。事后证明他做对了。据说，高手做对是依靠一条神秘的线。请问：这是什么线，竟有如此神奇的效力？

J ♥

思考题

1. 这是什么时候的上证指数日K线走势图？

2. 图中椭方框处显然是一个头部，遇到这样的头部自然应该逃出。但问题是，很多人当时并不知道这就是头部。高手向我们提供了"空方尖兵""双顶""向下突破缺口""均线破位"等6种识别头部的方法。请问：你知道几种？

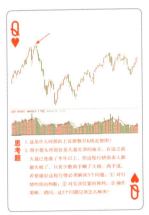

Q ♥

思考题

1. 这是什么时候的上证指数日K线走势图？

2. 图中箭头所指处是大盘见顶的地方。在这之前大盘已连涨了半年以上，但这轮行情多人都做失踪了，只有少数高手赚了大钱。高手说，若要做好这轮行情必须解决3个问题：① 对行情性质的判断；② 对见顶位置的掌握；③ 操作策略。请问：这3个问题应该怎么解决？

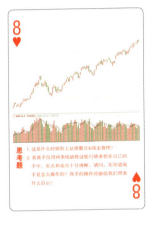

8 ♥

思考题

1. 这是什么时候的上证指数日K线走势图？

2. 某高手利用两条红线就将这轮行情拿捏在自己的手中，买点和卖点十分清晰。请问：你知道高手是怎么操作的？高手的操作经验给我们带来什么启示？

36、一天一练短视频股市悬念题（十八）点评

点评

这是作者为本次一天一练活动设计的最后一道题。作者本意想通过扑克接龙游戏，让大家做题时轻松愉快一些。但我仔细看了这道题的题目与答案后，并没有感到有什么特别轻松的地方，但愉快有趣的感觉却时时处

处可以体会得到。

玩扑克是我的长项。不过，通过玩扑克来学习中国股市历史，这种脑洞大开之事，确实让人眼睛一亮。在本题中，作者设计出用扑克接龙，排出中国股市几年走势图的游戏。这样的游戏，也能称得上游戏玩法中的奇葩了。据了解，大多数人都没有听说过此事，更没有玩过这样的游戏。若不带偏见，可以肯定地说，用扑克接龙的方式，来全面、客观地了解中国股市的历史是一件很新鲜，又很有创意的事情。我相信，很多投资者都会接受这种别开生面，让人感到意味无穷的学习中国股市历史的扑克游戏，有人甚至会为此玩得不亦乐乎。

我在这里借用股市高手的一句吉言，"玩转股市悬念扑克，你就是下一个股市大赢家。"希望有越来越多的投资者爱上股市扑克游戏。最后，我衷心祝愿所有参与股市悬念扑克游戏的投资者，都能玩得愉快，玩出水平，玩出成绩，在股市中早日实现财富自由的梦想。

我认为，本题对投资者的启发与指导作用可达到★★★☆☆。

（点评人：万钧）

说明：一天一练短视频是一个新品种，它由"图书＋短视频"构成一个整体，正式对外出版发行。本题谜底，由短视频揭晓，这样能让读者获得更好的股市实战演练的体验。现在，请你扫一扫下面的二维码，从短视频中观看本题答案的精彩内容。

短视频
悬念题十八

短视频题十八
参考答案(1)

短视频题十八
参考答案(2)

下　篇

《股市操练大全》悬念扑克

玩转股市悬念扑克
你就是下一个股市高手

《股市操练大全》悬念扑克
四大作用

一、寓教于乐。将晦涩难懂、枯燥无味的金融知识，与复杂的股市实战培训融化在扑克游戏中，设计了一种适合大多数投资者，并能让大众喜闻乐见的训练形式。

二、强化投资者对中国股市历史的了解，拓展人们对中国A股市场的特征与运行规律的认识，开创了一条培养投资者大局观，以及从战略高度把握市场投资机会、规避市场风险的有效途径。

三、历史有惊人的相似之处。中国A股市场不断地在重复过去的故事，股市扑克牌中有很多图形都十分典型，在往后的股市运行中重复出现的概率很大。投资者若把这些图形的特征、技术意义都记住了，这对提高看图、识图与实战运用的能力将带来很大帮助。

四、股市悬念扑克不是普通扑克，内容十分丰富。张张扑克悬念不断，张张扑克发人深省。该扑克为全国首创，效果神奇，有很高的使用价值。

一、《股市操练大全》悬念扑克实样展示

　　《股市操练大全》悬念扑克对炒股有巨大作用,受到了很多投资者的关注与重视。那么,如何将股市悬念扑克传递给广大读者、投资者,这是我们一直在思考的问题。

　　有人提出,制作一副特殊的股市悬念扑克牌,与本书一起售给广大投资者、读者,但考虑再三,觉得这样很难实现。为什么呢?一是因为股市悬念扑克与普通扑克不一样,需要特制,当下制作成本很高,会增加读者、投资者的额外负担。二是书店也不愿意在销售图书时搭售扑克牌,销售会遇到很大困难。对这个问题,经过反复研究后,我们与出版社达成了共识,认为由作者提供股市悬念扑克实样,让读者、投资者按样制作,这个办法是一条比较可行的路径。

　　本书中提供的股市悬念扑克的实样,清晰、准确,每张牌中的图样,反映的是上证指数某半年的日K线图。大家可以用拍照、扫描、复印等方法,将实样图片截取下来,然后贴在纸板上,制作成一副股市悬念扑克。

　　哈哈,我明白了,股市悬念扑克作用很大,但市场上买不到,那只好自己制作了。**其实,自己亲手制作也是一件好事。**好处是:①自己亲手制作的东西,有感情,会更加珍惜它、重视它;②当下,魔术师表演用的一些扑克牌,因为有很多特殊要求,基本上都是自己制作的。正如一些魔术师所述,自己制作魔术道具,是一个学习新鲜事物的过程,也是享受工作快乐的过程,更是艺术价值再现的过程。

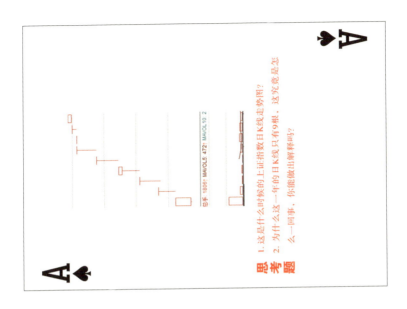

A♠

思考题

1. 这是什么时候的上证指数日K线走势图?
2. 为什么这一年的日K线只有9根，这究竟是怎么一回事，你能做出解释吗?

总手 1806↑ MAVOL5 472↑ MAVOL10 2

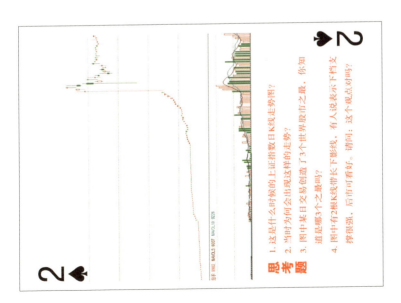

2♠

思考题

1. 这是什么时候的上证指数日K线走势图?
2. 当时为何会出现这样的走势?
3. 图中某日交易创造了3个世界股市之最，你知道是哪3个之最吗?
4. 图中有2根K线带长下影线，有人说表示下档支撑很强，后市可看好。请问，后市可看好吗?

日手 1992 MAVOL5 1607 MAVOL10 1829

3♠

思考题

1. 这是什么时候的上证指数日K线走势图？
2. 图中画圈处的K线组合属于同一种类型的K线，它叫什么名称？技术意义是什么？
3. 请用画线的方式表示写时上证指数正在构筑什么技术图形？投资者见此图形应该怎么操作？

白手 141.35 MAVOL5 181.75 MAVOL10 211.45↑

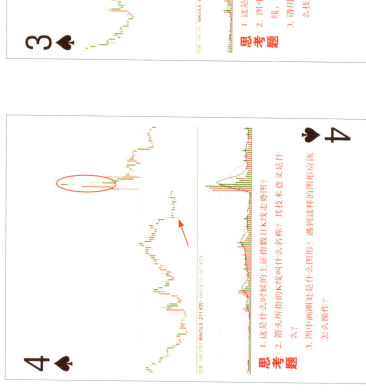

4♠

思考题

1. 这是什么时候的上证指数日K线走势图？
2. 箭头所指的K线叫什么名称？其技术意义是什么么？
3. 图中画圈处是什么图形？遇到这样的图形应该怎么操作？

白手 340.075 MAVOL5 211.65↑ MAVOL10 167.45↑

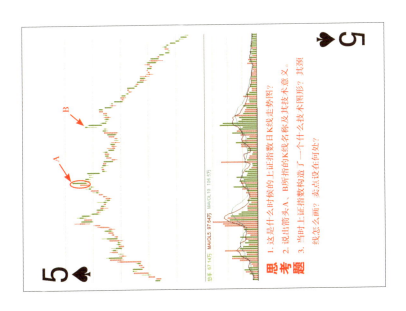

5 ♠ / ♠ **5**

思考题

1. 这是什么时候的上证指数日K线走势图?
2. 说出箭头A、B所指的K线名称及其技术意义。
3. 当时上证指数构造了一个什么技术图形? 其颈线怎么画? 卖点设在何处?

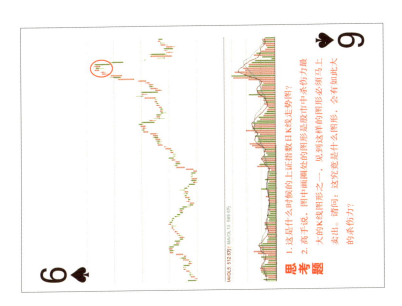

6 ♠ / ♠ **6**

思考题

1. 这是什么时候的上证指数日K线走势图?
2. 高手说, 图中画圈处的图形是股市中杀伤力最大的K线图形之一。见到这样的图形必须马上卖出。请问: 这竟是什么图形, 会有如此大的杀伤力?

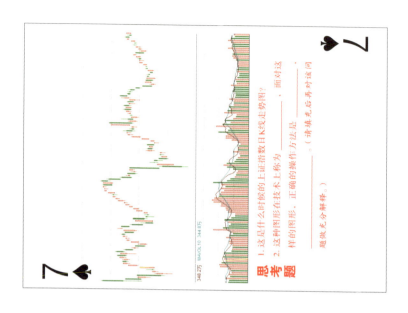

♠7

思考题

1. 这是什么时候的上证指数日K线走势图？

2. 这种图形在技术上称为＿＿＿＿＿，而对这样的图形，正确的操作方法是＿＿＿＿＿。（请填充，然后再对这题做充分解释。）

348.75 SMAVOL.10 344.85

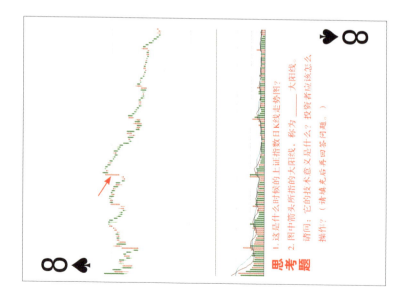

♠8

思考题

1. 这是什么时候的上证指数日K线走势图？

2. 图中箭头所指的大阴线，称为＿＿＿＿＿大阴线。

请问：它的技术含义是什么？投资者应该怎么操作？（请填充，然后再回答问题。）

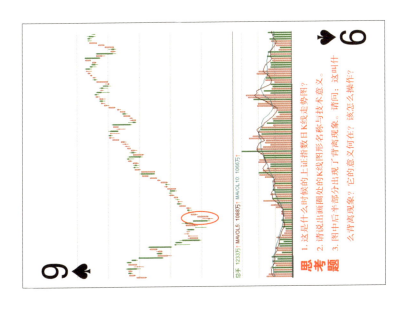

♠9

总手 12335↑ MA(VOL)5 10885↑ MA(VOL)10 10665↑

思考题

1. 这是什么时候的上证指数日K线走势图？
2. 请说出画圈处的K线图形名称与技术意义。
3. 图中后半部分出现了背离现象。请问：这叫什么背离现象？它的意义何在？该怎么操作？

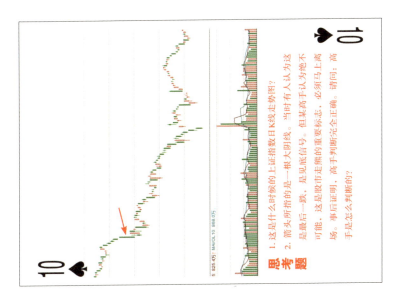

♠10

5 825.45↑ MA(VOL)10 8868 075

思考题

1. 这是什么时候的上证指数日K线走势图？
2. 箭头所指的是一根大阴线。当时有人认为这是见底信号，是见底一般。但某高手认为绝不可能。这是股市走熊的重要标志，必须马上离场。事后证明，高手判断完全正确。请问：高手是怎么判断的？

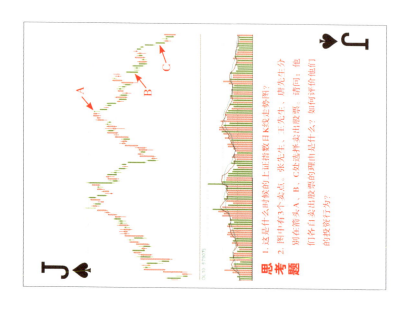

思考题

1. 这是什么时候的上证指数日K线走势图?

2. 图中有3个卖点，张先生、王先生、唐先生，唐先生分别在箭头A、B、C处选择卖出股票，请问：他们各自卖出股票的理由是什么？如何评价他们的投资行为？

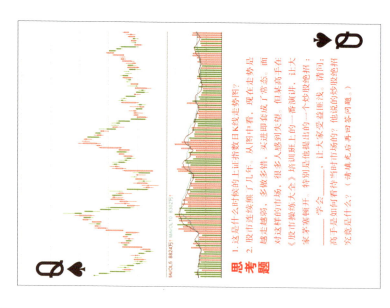

思考题

1. 这是什么时候的上证指数日K线走势图?

2. 股市连续熊了几年，现在图中看，现在走势是熊走艰难，多做多错。熊走即套成了常态。面对这样的市场，很多人感到失望，但某些高手任大《股市操练大全》磨练训肝上的一番演进。让大家束紧裤开，特别是他提出他们一个炒股秘诀，——学会——，让大家爱益匪浅：高手是如何看待当时市场的？他说的炒股绝招究竟是什么?（请读完后再回答问题。）

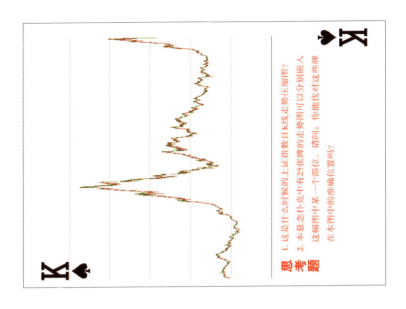

K♠

思考题

1. 这是什么时候的上证指数日K线走势压缩图?

2. 本悬念扑克中有25张牌的走势图可以分别嵌入这幅图中某一个部位。请问:你能找对这些牌在本图中的准确位置吗?

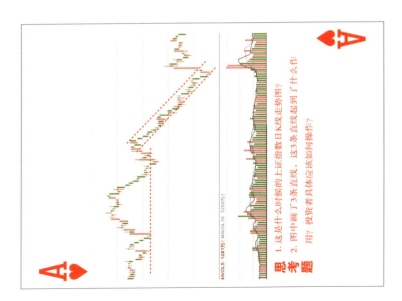

AA/VOL5 12817↑ MA/VOL10 12507↑

A♥

思考题

1. 这是什么时候的上证指数日K线走势图?

2. 图中画了3条直线。这3条直线起到了什么作用? 投资者具体应该如何操作?

♥ 2

总手 109.8万? MA(OL5 105.4万) MA(OL10 82.1万?)

思考题

1. 这是什么时候的上证指数日K线走势图？
2. 当时上证指数创造了一项中国A股市场乃至全球股市的纪录（至今未被打破）。请问：这是什么纪录？
3. 从图中看，前3次的底部都是假底。只有最后一次的底部才是真底。请问：两者怎么区别？

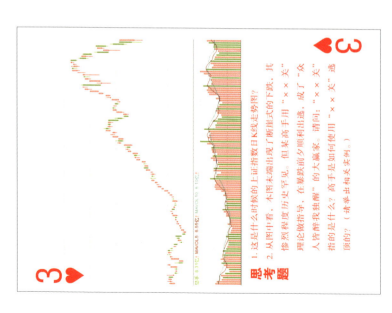

♥ 3

总手 6.31亿? MA(OL5 6.55亿?) MA(OL10 6.19亿?)

思考题

1. 这是什么时候的上证指数日K线走势图？
2. 从图中看，本图末端出现了断崖式的下跌。其惨烈程度历史罕见。但某高手用"××关"理论做指导，在暴跌前夕顺利出逃，成了"众人皆醉我独醒"的大赢家。请问："××关"逃指的是什么？高手是如何使用"××关"逃顶的？（请举出相关实例。）

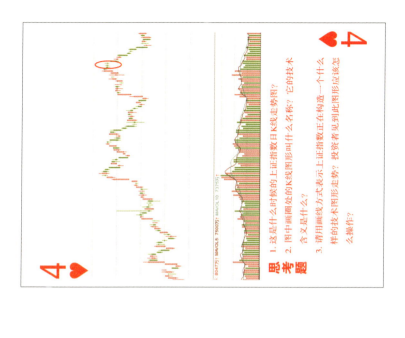

♥ 4

8 04775↑ MAVOL5 75007↑ MAVOL10 73755↓

思考题

1. 这是什么时候的上证指数日K线走势图？
2. 图中画圈处的K线图形叫什么名称？它的技术含义是什么？
3. 请用画线方式表示上证指数正在构造一个什么样的技术图形走势？投资者见到此图形应该怎么操作？

♥ 5

总手 366.67万 MAVOL5 542.2万 MAVOL10 567.5万

思考题

1. 这是什么时候的上证指数日K线走势图？
2. 图中出现了震荡上行走势，但每次震荡的幅度都很大，很多投资者不知道震荡中主力是在洗盘还是在出货，致使操作出现了严重失误。其实，解决这个问题也很简单，只要在图中加上一条线就可以了。请问：这是什么线？如何根据这条线进行操作呢？

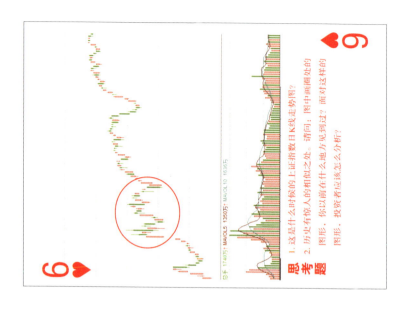

♥ 6

总手 17405万 MA(VOL5 1350万 MA(VOL10 1616万

思考题

1. 这是什么时候的上证指数日K线走势图？

2. 历史有惊人的相似之处。请问，图中圈圈处的图形，你以前在什么地方见到过？而对这样的图形，投资者应该怎么分析？

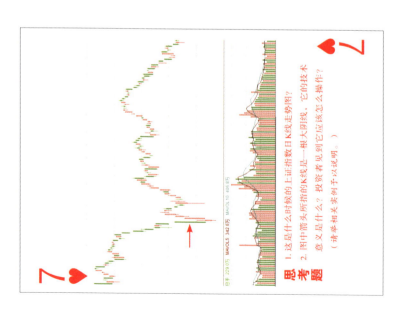

♥ 7

总手 229.0万 MA(VOL5 342.6万 MA(VOL10 406.8万

思考题

1. 这是什么时候的上证指数日K线走势图？

2. 图中箭头所指的K线是一根大阴线。它的技术意义又是什么？投资者见到它应该怎么操作？（请举相关实例子以说明。）

90

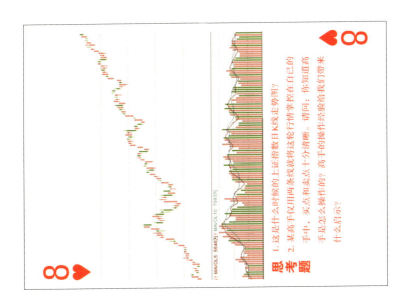

♥8

思考题

1. 这是什么时候的上证指数日K线走势图？

2. 某高手仅用两条线就将这轮行情牢牢控在自己的手中。买点和卖点十分清晰。请问：你知道两手是怎么操作的？高手的操作给我们留下什么启示？

♥8

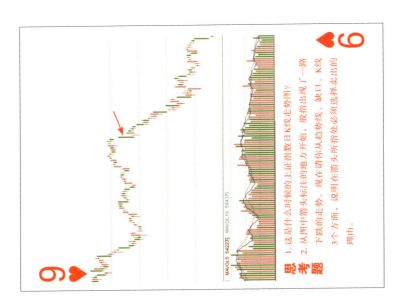

♥9

思考题

1. 这是什么时候的上证指数日K线走势图？

2. 从图中箭头标注的地方开始，股指出现了一路下跌的走势。现在请你从趋势线、缺口、K线3个方面，说明在箭头所指处必须选择卖出的理由。

♥9

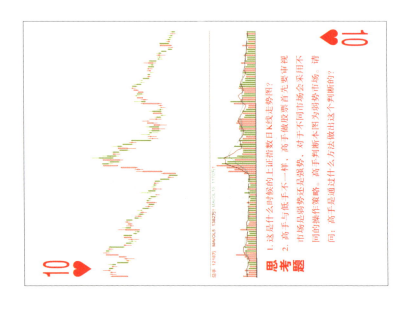

10 ♥

思考题

1. 这是什么时候的上证指数日K线走势图?

2. 高手与低手不一样。高手做股票首先要审视市场是强势还是弱势。对于不同市场会采用不同的操作策略。高手判断本图为弱势市场，请问：高手是通过什么方法做出这个判断的?

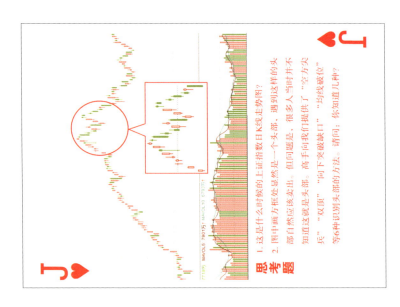

J ♥

思考题

1. 这是什么时候的上证指数日K线走势图?

2. 图中画方框处显然是一个头部。遇到这样的头部自然应该卖出。但问题是，很多人当时并不知道这就是头部。高手向我们提供了"空方尖兵""双顶""向下突破缺口""均线破位"等6种识别头部的方法。请问：你知道几种?

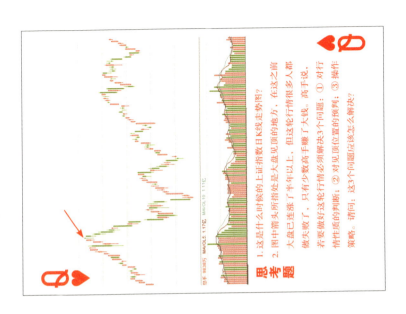

♥Q

思考题

1. 这是什么时候的上证指数日K线走势图？

2. 图中箭头所指处是大盘见顶的地方。在这之前大盘已连涨了半年以上。但这轮行情有很多人都做失败了，只有少数高手赚了大钱。高手说，若要做好这轮行情必须解决三个问题：① 对行情性质的判断；② 对见顶位置的预判；③ 操作策略。请问：这3个问题应该怎么解决？

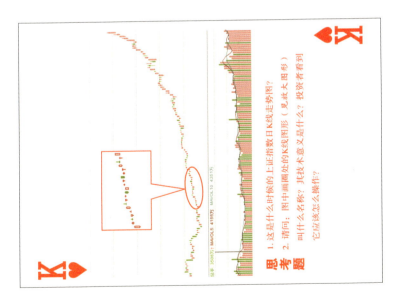

♥K

思考题

1. 这是什么时候的上证指数日K线走势图？

2. 请问，图中画圈处的K线图形（见放大图形）叫什么名称？其技术意义又是什么？投资者看到它应该怎么操作？

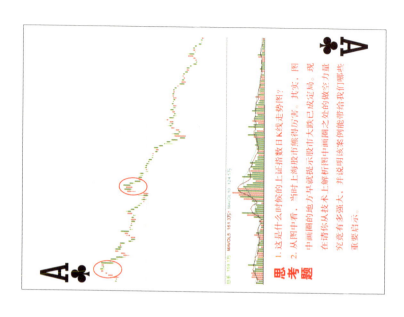

思考题

1. 这是什么时候的上证指数日K线走势图？
2. 从图中看，当时上海股市跌得厉害，其实，图中画圈的地方早就是下解析图上解析图中大跌之处的做空力量究竟有多强大，并说明这案例能给我们哪些重要启示。

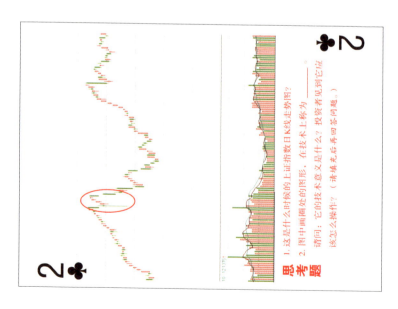

思考题

1. 这是什么时候的上证指数日K线走势图？
2. 图中画圈处的图形，在技术上称为————。
请问：它的意义是什么？投资者见到它应该怎么操作？（请填充后再回答问题。）

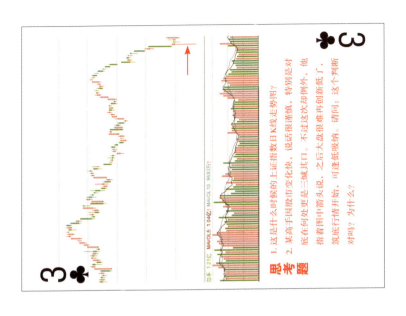

3♣

总手 1.21亿 MAVOL5 1.04亿↑ MAVOL10 9693万↑

思考题

1. 这是什么时候的上证指数日K线走势图？
2. 某两手因股市变化快，说话很谨慎，特别是对底在何处更是三缄其口。不过这次却例外，他指着图中箭头说，之后大盘很难再创新低了，筑底行情开始，可逢低吸纳。请问：这个判断对吗？为什么？

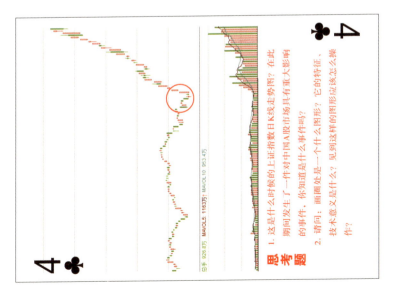

4♣

总手 926.8万 MAVOL5 11835万↑ MAVOL10 9534万↑

思考题

1. 这是什么时候的上证指数日K线走势图？在此期间发生了一件对中国A股市场具有重大影响的事件，你知道是什么事件吗？
2. 请问：画圈处是一个什么图形？它的特征、技术意义又是什么？见到这样的图形应该怎么操作？

95

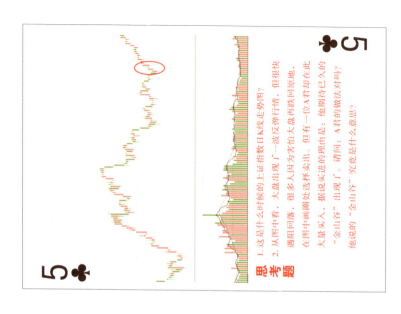

♣ 5

1. 这是什么时候的上证指数日K线走势图？
2. 从图中看，大盘出现了一波反弹行情，但很快遇阴回落，很多人因为害怕大盘再跌回原地，在图中画圈处选择卖出，但有一位A君却在此大量买人。据说买进的理由是：他期待已久的"金山谷"出现了。请问：A君的做法对吗？他说的"金山谷"究竟是什么意思？

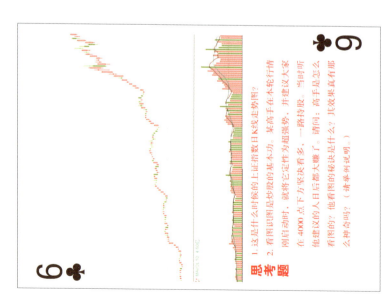

♣ 6

思考题

1. 这是什么时候的上证指数日K线走势图？
2. 看图识图是炒股的基本功。某高手在本轮行情刚启动时，就将它定性为超级大牛股，并建议大家一路坚决买进，一路持股。当时听他建议的人日后都大赚了。请问：高手是怎么看图的？他看图的秘诀是什么？其效果真有那么神奇吗？（请举例说明。）在4000点下方坚决养多，一路持股

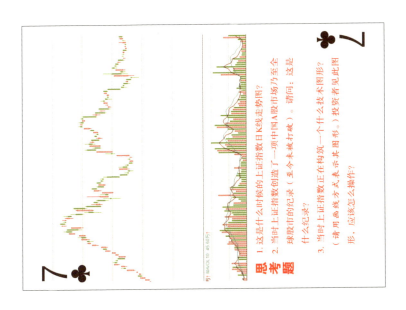

7♣ **♣7**

5分 MA(CL 10 45 60 5分

思考题

1. 这是什么时候的上证指数日K线走势图？
2. 当时上证指数创造了一项中国A股市场乃至全球股市的纪录（至今未被打破）。请问：这是什么纪录？
3. 当时上证指数正在构筑一个什么技术图形？（请用曲线方式表示共图形，）投资者见此图形，应该怎么操作？

8♣ **♣8**

回手 9 MA(CL5 14921 MA(CL10 12055

思考题

1. 这是什么时候的上证指数日K线走势图？
2. 当时为何会出现这样的走势？
3. 该走势图给投资者带来什么启示？它对当下股市操作有何指导意义？

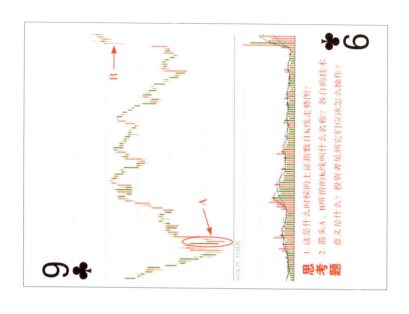

♣9

思考题

1. 这是什么时候的上证指数日K线走势图？

2. 箭头A、B所指的K线叫什么名称？各自的技术意义是什么？投资者见到它们应该怎么操作？

A/QL.10 1535.5

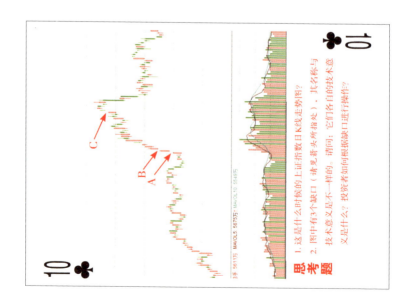

♣10

思考题

1. 这是什么时候的上证指数日K线走势图？

2. 图中有3个缺口（请见箭头所指处），其名称与技术意义是不一样的，请问：它们各自的技术意义又是什么？投资者如何根据缺口进行操作？

手 5611万 MA/QL.5 5675万 MA/QL.10 5549.5

98

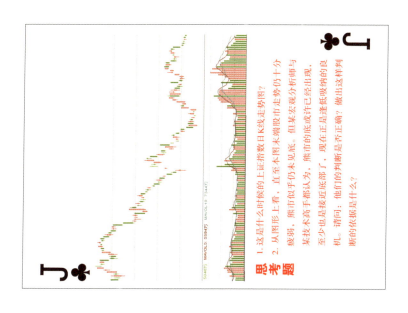

思考题

1. 这是什么时候的上证指数日K线走势图?

2. 从图形上看,熊市未端股市走势仍十分疲弱,熊市似乎仍未见底。但某宏观分析师与某技术高手都认为,熊市的底或许已经出现,至少也是接近底部了,现在正是逢底吸纳的良机。请问:他们的判断是否正确?做出这样判断的依据是什么?

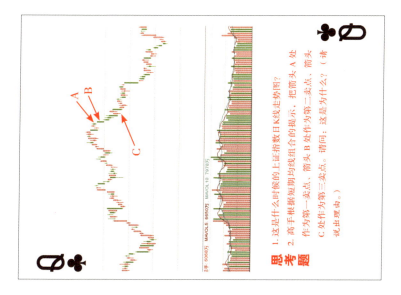

思考题

1. 这是什么时候的上证指数日K线走势图?

2. 高手根据短期均线组合的提示,把箭头A处作为第一卖点,箭头B处作为第二卖点,箭头C处作为第三卖点。请问:这是为什么? (请说出理由。)

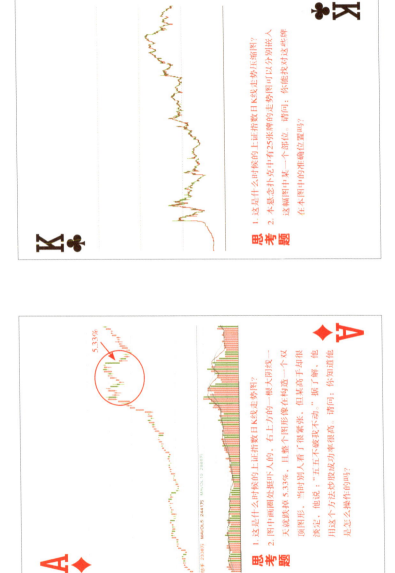

K♣

思考题

1. 这是什么时候的上证指数日K线走势压缩图？
2. 本悬念扑克中有25张牌可以分别嵌入这幅图中某一个部位。请问：你能找对这些牌在本图中的准确位置吗？

A♦

总手 20305 MA(VOL5 2441万 MA(VOL10 2088万

5.33%

思考题

1. 这是什么时候的上证指数日K线走势图？
2. 图中画圈处是吓人的、右上方的一根大阴线—天就跌掉5.33%，且整个图形像在构造一个双顶图形，当时别人看了很紧张。但某高手却很淡定，他说："五五不破我不动。"断了解，他用这个方法炒股成功率很高。请问：你怎么操作他是怎么操作的吗？

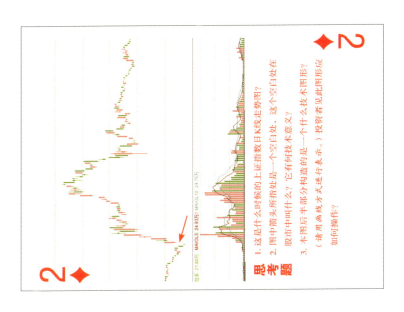

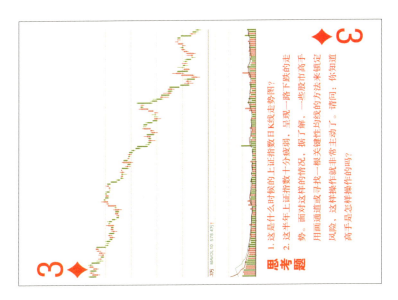

♦2

思考题

1. 这是什么时候的上证指数日K线走势图？

2. 图中箭头所指处是一个空白处，这个空白处在股市中叫什么？它有何技术意义？

3. 本图后半部分构造的是一个什么技术图形？（请用画线方式进行表示。）投资者见此图形应如何操作？

♦3

思考题

1. 这是什么时候的上证指数日K线走势图？

2. 这半年上证指数十分疲弱，呈现一路下跌的走势。面对这样的情况，据了解，一些股市高手用画通道或寻找一根关键性均线的方法来锁定风险，这样操作就常非常主动了。请问：你知道高手是怎样操作的吗？

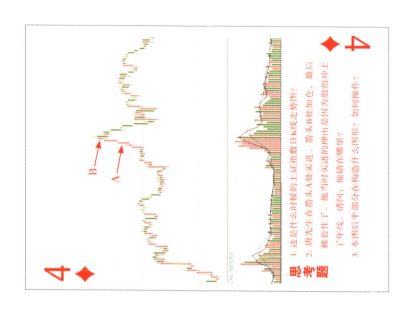

♦4

思考题

1. 这是什么时候的上证指数日K线走势图？
2. 庄先生在箭头A处买进，箭头B处加仓。最后被套住了。他当时买进的理由思因为股指冲上了厂作线。请问：他错在哪里？
3. 本图后半部分在构造什么图形？如何操作？

L10 1070.5元

A
B

4♦

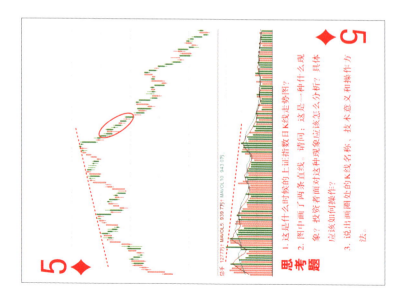

♦5

思考题

1. 这是什么时候的上证指数日K线走势图？
2. 图中画了两条直线。请问：这是一种什么现象？投资者面对这种现象应该怎么分析？具体应该如何操作？
3. 说出画圈处的K线名称、技术意义和操作方法。

总手 1277万手 MAVOL5 939.77万 MAVOL10 943.0万

5♦

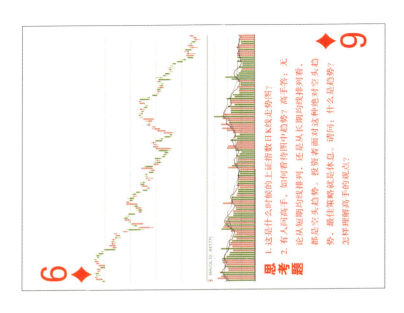

思考题

1. 这是什么时候的上证指数日K线走势图？

2. 有人问高手：如何看待图中趋势？高手答：无论从短期均线排列，还是从长期均线排列看，都是空头趋势。投资者面对这种绝对空头趋势，最佳策略就是休息。请问：什么是趋势？怎样理解高手的观点？

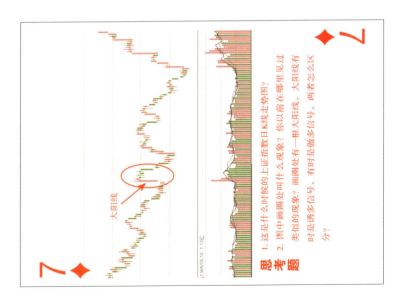

大阳线

思考题

1. 这是什么时候的上证指数日K线走势图？

2. 图中画圈处叫什么现象？你以前在哪里见过类似的现象？画圈处有一根大阳线，大阳线有时是诱多信号，有时是做多信号，两者怎么区分？

◆8

总手 13440　MAVOL5 10668　MAVOL10 10265↑

思考题

1. 这是什么时候的上证指数日K线走势图?
2. 当时为什么会出现这样的走势?
3. 该走势图对当下股市操作能带来什么启示?

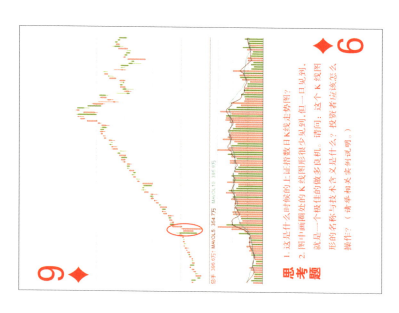

◆9

总手 396.65万　MAVOL10 354.75万

思考题

1. 这是什么时候的上证指数日K线走势图?
2. 图中画圈处的K线图很少见到,但一旦见到,
就是一个极佳的做多良机。请问:这个K线图
形的名称与技术含义又是什么?投资者应该怎么
操作?(请举相关实例说明。)

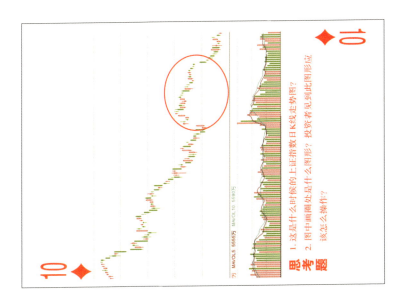

◆10

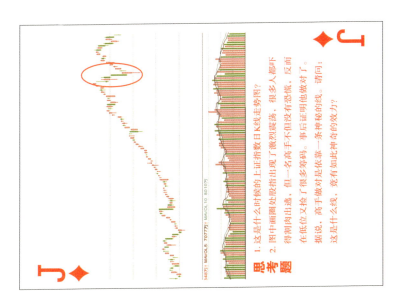

思考题

1. 这是什么时候的上证指数日K线走势图?
2. 图中画圈处是什么图形? 投资者见到此图形应该怎么操作?

万 MA(VOL5 55557) MA(VOL10 55907)

◆J

思考题

1. 这是什么时候的上证指数日K线走势图?
2. 图中画圈处股指出现了激烈震荡. 很多人都吓得割肉出逃. 但一名高手不但没有恐慌. 反而在低位又检了很多筹码。事后证明他做对了。据说. 高手做对是依靠一条神秘的线。请问: 这是什么线. 竟有如此神奇的效力?

3485万 MA(VOL5 70777) MA(VOL10 80107)

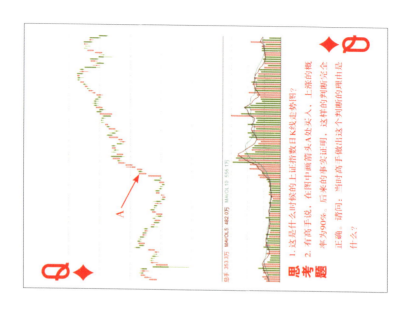

Q ◆ ◆ Q

思考题

1. 这是什么时候的上证指数日K线走势图？

2. 有高手说，在图中眼箭头A处买入，上涨的概率为90%，后来的事实证明，这样的判断完全正确，请问：当时高手做出这个判断的理由是什么？

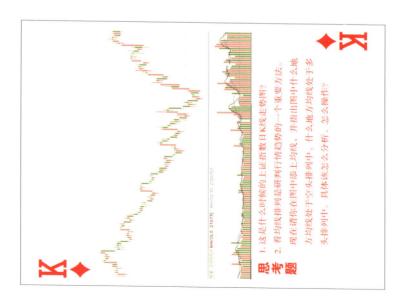

K ◆ ◆ K

思考题

1. 这是什么时候的上证指数日K线走势图？

2. 看均线排列是研判行情趋势的一个重要方法。现在请你在图中添上均线，并指出图中什么地方均线处于多头排列中，什么地方处于空头排列中，具体该怎么分析、怎么操作？

JOKER

如今

不负众望，一骑绝尘，
连续重印 400 多次，
印数突破 350 万册，
市场销售遥遥领先。
（注：现在图书市场上大多数股票书只能印上几千册，印数超过 1 万册的已很少，能连印几次，印数超过 5 万册的更为罕见。）

JOKER

当年

初出茅庐，一鸣惊人，"过五关斩六将"，在激烈的市场竞争中胜出，荣获全国证券类图书销量金银牌桂冠。（注：当时全国有半数以上的出版社，2000 多种股票书参加这次竞赛，经过全年实际监控销量统计，《股市操练大全》第二册、第一册，分别获得这次竞赛的冠亚军。）

二、魔法——股市悬念扑克使用说明

股市悬念扑克玩法很多,但这些玩法并不是为玩而玩设计的。设计这些玩法的目的,是要让大家玩出智慧、玩出情趣,玩出能透彻股市迷雾的火眼金睛。

根据一些实验数据证明,投资者每尝试、熟悉其中的一种玩法,就能学到一些实用性很强的股市知识与技巧,并能增强不少对股市形势的洞察力、判断力。因而有人说"股市悬念扑克玩着玩着,就玩成了一个股市熟手、老手,甚至高手"。更有人直言:"玩转股市悬念扑克,有望成为未来的股市大赢家。"这些民间的"金言",或许是把股市悬念扑克的玩法称之为"魔法"的最好诠释。

总之,投资者只有把股市悬念扑克当作一件炒股工具看待,多玩、多思、多练、多对照(将历史与现实进行对照),玩久了,玩熟了,量变就会发生质变,股市悬念扑克即会成为在跌宕起伏的股市中,让投资者乘风破浪的一件炒股利器。到那时"玩转股市悬念扑克就能成为股市高手、股市大赢家"的"金言",就不再是一句空洞的口号,而会结出一个实实在在的硕果。

事实会证明,玩转股市悬念扑克的"玩家"们,一定会从"玩"中获得丰厚的投资回报,并能早日实现在股市中腾飞的梦想。

股市悬念扑克玩法(一)

1.代替普通扑克玩游戏,发挥一牌两用的作用。

　　股市悬念扑克牌除了有普通扑克牌的娱乐作用外,还有一个作用,它能提高玩家对股市知识与股市历史的了解。若玩久了,使用者就能摸索出中国 A 股市场运行的一些特殊规律,这对日后炒股会带来很大帮助。

2.接龙游戏(可单独一人玩,也可几个人玩)

　　①顺接龙。指用 N 张牌按时间顺序排出一段时期的上证指数日 K 线走势图。比如,若要顺接龙 1994 年 7 月 1 日 ~1995 年 12 月 29 日,甚至时间更长的上证指数日 K 线图,应按下列方式排列(从左到右):

· · · · · ·

　　(注:"方块 2"中的 K 线图反映的是上证指数 1994 年下半年的日 K 线走势,"黑桃 4"中的 K 线图反映的是上证指数 1995 年上半年的日 K 线走势,"黑桃 5"中的 K 线图反映的是上证指数 1995 年下半年的日 K 线走势,等等。)

②**倒接龙**。指用 N 张牌,按倒时间顺序排出一段时期的上证指数日 K 线走势图。比如,若要倒接龙 2011 年 1 月 4 日～2010 年 6 月 30 日,甚至时间更长的上证指数日 K 线图,应按下列方式排列(从右到左)。

(注:"梅花 Q"中的 K 线图反映的是上证指数 2011 年上半年的日 K 线走势,"梅花 10"中的 K 线图反映的是上证指数 2010 年下半年的日 K 线走势,"红桃 9"中的 K 线图反映的是上证指数 2010 年上半年的日 K 线走势,等等。)

③**间隔接龙**。指用 N 张牌,按间隔顺序排出一段时期的上半年或下半年上证指数日 K 线走势图。比如,若要间隔接龙 1997 年上半年～1999 年上半年,甚至时间更长的上证指数上半年日 K 线图,应按下列方式排列(从左到右)。

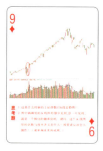

（注："方块 9" 中的 K 线图反映的是上证指数 1997 年上半年的日 K 线走势，"方块 Q" 中的 K 线图反映的是上证指数 1998 年上半年的日 K 线走势，"梅花 4" 中的 K 线图反映的是上证指数 1999 年上半年的日 K 线走势，等等。）

3、对接游戏(可两人玩,也可多人玩)。

比如：甲出一张"红桃 8"的牌

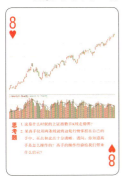

（注：这张牌中的 K 线图，反映的是上证指数 2009 年上半年的日 K 线走势）

乙必须出一张"红桃 Q"的牌

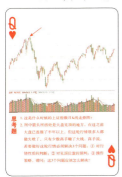

（注：这张牌中的 K 线图，反映的是上证指数 2009 年下半年的日 K 线走势）

丙必须出一张"红桃 9"的牌

（注：这张牌中的 K 线图，反映的是上证指数 2010 年上半年的日 K 线走势）

　　（说明：出对牌者赢一分，出错牌者输一分。后面以此类推。开展"对接游戏"时，参与者每人手中应持有一副完整的扑克牌，这个游戏才能顺利地进行下去。）

　　4、问答游戏（可两人玩，也可多人玩）。

　　股市悬念扑克牌设计时，每张牌的上半部分是上证指数半年的日 K 线走势图，下半部分是针对当时大盘走势提出的关于股市操作的若干问题。开展"问答游戏"时，参与者可将这些问题提出来，要求对方回答。

　　比如，甲、乙、丙 3 人开展问答游戏。甲出一张牌，要求乙、丙回答；乙出一张牌，要求甲丙回答；丙出一张牌，要求甲、乙回答。答对者加一分，答错者减一分，以此类推。

　　寓教于乐，原本枯燥无味的股市知识，一经加入扑克游戏的元素，就变得生动有趣，"死知识"变成了"活知识"，学习效率将成倍提升。

股市悬念扑克玩法（二）

1、识图。 请说出下面各组牌中的 K 线图是哪一时间段的上证指数日 K 线走势。比如，某组牌反映的是：1990 年 12 月 19 日~1992 年 6 月 30 日的上证指数日 K 线走势。

第一组：

第二组：

第三组：

第四组:

・・・・・・・・・・・・・・・・・・・・・・・・・・・・・・・・・・・・・

附:识图题参考答案:

　　第一组中 4 张牌中的 K 线图,反映的是:2013 年 7 月 1 日~2015 年 6 月 30 日的上证指数日 K 线走势。

　　第二组中 4 张牌中的 K 线图,反映的是:1990 年 12 月 19 日~1992 年 6 月 30 日的上证指数日 K 线走势。

　　第三组中 4 张牌中的 K 线图,反映的是:1992 年 7 月 1 日~1994 年 6 月 30 日的上证指数日 K 线走势。

　　第四组中 4 张牌中的 K 线图,反映的是:2011 年 7 月 1 日~2013 年 6 月 28 日的上证指数日 K 线走势。

　　　　　　想挑战吗?这个既好玩又能增长股市知识的扑克游戏在等着你,请试试看你的水平如何?

　　2.**改错**。下面走势图中有 2 张牌的 K 线图排列顺序是错的,请把它们找出来进行改正,改正后再说明这 9 张图排列的是什么时间段的上证指数日 K 线走势。

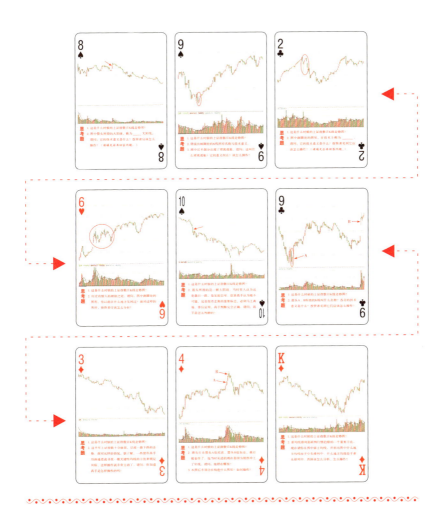

上图中 9 张牌排列的 K 线图,反映的是 1999 年 7 月 1 日~2003 年 12 月 31 日的上证指数日 K 线走势。其中,第二张牌"黑桃 9"与第四张牌"红桃 6"位置放错了,应将这 2 张牌的位置进行对调。

3、填充。 请从下面的 4 张牌中(见图 1)选出 3 张,填在"九宫图"(见图 2)的空白处。填充完后再说明这 9 张图是什么时间段的上证指数日 K 线走势。

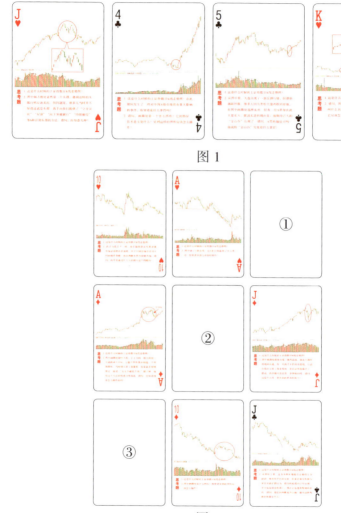

图 1

图 2

上图中的 9 张牌 K 线图,反映的是 2004.7.1 ~ 2008.12.31 的上证指数日 K 线走势。图 2 中①空白处应放置"梅花 5",图 2 中②空白处应放置"红桃 K",图 2 中③空白处应放置"红桃 J"。

4、选择题(说明:玩家可根据需要,设计成不同类型的选择题进行游戏。比如,可依据"重大事件"设计选择题)

示例:8 选 1,请从以下 8 张牌中选出一张反映"5.19"行情走势的牌,并简要介绍一下 5.19 行情的重大历史意义及走势特点。

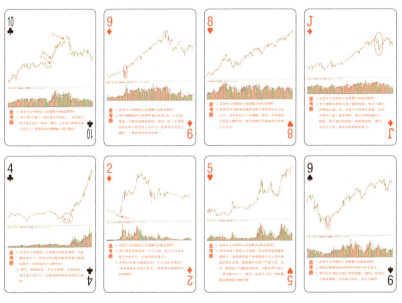

"8 选 1",应该选"梅花 4"。该牌中 K 线图的后半部分所表现的大涨走势,反映的是中国 A 股市场著名的"5.19"行情。

之所以称为"5.19"行情,是因为这轮行情的启动时间在 1999 年 5 月 19 日。当日上证指数拉出了 1 根放量大阳线,之后指数就不断向上攀升,仅仅用了 33 个交易日,大盘就从 1047 点涨至 1756 点,最大涨幅达到 67.72%。在如此短的时间内,大盘指数就大涨近 7 成,这在中国 A 股市场上十分罕见。

"5.19"行情的特点是:①上涨突然,在市场低迷众人都不看好后市的情况下,行情突然启动。②行情启动后,一路逼空向上,多方采取高举高打的策略,让一些看空后市者、犹豫不决者、"高抛"后想低吸者,纷纷踏空,逼使他们高位追涨,否则就与这轮上涨行情彻底无缘。③短期内涨幅巨大,让看多做多者获利十分丰厚。以往大盘指数要涨个百分之三十、五十,需要很长时间,但"5.19"行情仅仅用了 1 个多月,大盘指数就涨了 67.72%,这让行情开始就一路持股待涨的股民,赚得盆满钵满。

"5.19"行情在我国股市历史上具有里程碑的意义。它不仅改变了我国股市长期在低位徘徊、萎靡不振的历史。更重要的是,这是中国 A 股历史上第一次以科技股为引领爆发的一轮牛市大行情,它为我国新兴产业、高科技事业,特别是互联网的发展吹响了集结号,并为阿里巴巴、腾讯、华为等伟大公司的崛起起到了巨大的引领与推动作用。

5、定位。指出下面 6 张牌中的日 K 线图在"上证指数日 K 线全景图"中的准确位置。

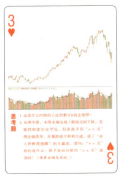

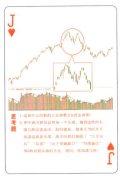

（注：上面 6 张扑克牌中的 K 线走势，在中国 A 股市场具有里程碑的意义。若看懂这几张牌的走势并顺势操作的投资者，绝对是股市超级大赢家；反之，若看错这几张牌的走势并逆势操作的投资者，就会输得很惨。这几张牌为何有如此重要意义呢？当你在"上证指数 25 年 K 线走势全景图"中为这几张牌的 K 线走势，找到各自的准确位置时，你就会明白其中的道理。）

上证指数日 K 线压缩全景图（1990.12.19~2015.6.30）

附：定位题参考答案

上面"红桃 A"、"黑桃 9"等 6 张牌中所显示的见顶 K 线与见底 K 线图形，在上证指数日 K 线压缩全景图（1990.12.19~2015.6.30）所处的位置，详见下图。

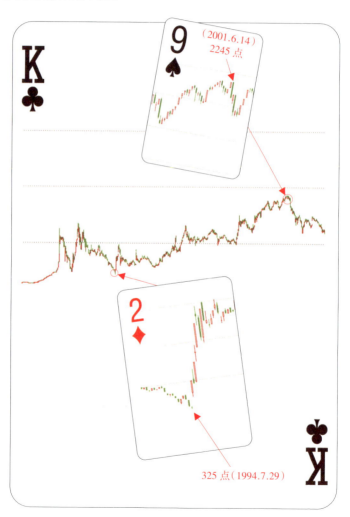

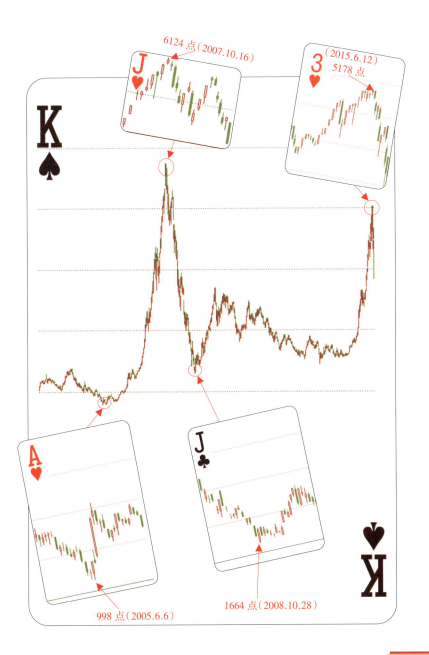

6124 点（2007.10.16）

（2015.6.12）
5178 点

998 点（2005.6.6）

1664 点（2008.10.28）

图形解说：上面"红桃 A"、"黑桃 9"等 6 张牌中的 K 线走势，反映的是中国 A 股市场 20 多年来最重要 3 次熊市大底的图形和 3 次牛市大顶的图形。

其中，①"方块 2"中的 K 线图形是 1994 年下半年的上证指数日 K 线走势图，图中箭头所指的 325 点是 1993 年 ~1994 年大熊市的谷底。

②"红桃 A"是 2005 年上半年的上证指数日 K 线走势图，图中箭头所指的 998 点是 2001 年 ~2005 年大熊市的谷底。

③"梅花 J"是 2008 年下半年的上证指数日 K 线走势图，图中箭头所指的 1664 点是 2007 年 ~2008 年大熊市的谷底。

④"黑桃 9"中的 K 线图形是 2001 年上半年上证指数日 K 线走势图，图中箭头所指的 2245 点是当时牛市大顶的最高点。

⑤"红桃 J"中的 K 线图形是 2007 年下半年的日 K 线图，图中箭头所指的 6124 点是当时牛市大顶的最高点。

⑥"红桃 3"中的 K 线图形是 2015 年上半年的日 K 线图，图中箭头所指的 5178 点是当时牛市大顶的最高点。

历史经验证明，看懂大势赚大钱，看错大势输大钱。正因为它们是重要的头部、重要的底部，看对就能赚得盆满钵满，看错就输得很惨。所以当时能看懂这些图形并顺势而为操作的投资者，后来都成了股市大赢家。

没想到，玩股市扑克游戏，也能学到如何来判断股市大势的技巧，真可谓"天下一奇"了。实践证明，这样的游戏玩的越多，炒股水平就提升越快。

股市悬念扑克玩法（三）

1、"6+1试题"竞猜

（1）该活动可在股市沙龙、股市座谈会与各种小型联欢会上进行，它对调节现场气氛，增加学习股市知识兴趣，能起到积极作用，开展该活动前，先要设计出十几个或二十几个红包（可根据需要确定数量）。红包样式如下（供参考）：

立送书券50元

股市知识竞猜
6+1试题

猜中有奖
奖品丰厚

微信转账

（2）红包中装有3样东西（见下面A、B、C）

A、致_____先生/女士信一封

_____先生/女士：

欢迎您参加"6+1"股市知识竞猜活动，它会帮助你在股市中早日获得成功。**下面我们对"6+1"作一些简要说明。**所谓"6"就是6张牌，每张牌上有上证指数半年的日K线走势图，6张牌按顺序连起来就是上海股市3年的日K线走势图。现在请你依照时间顺序排列这6张牌，排好后指出这是哪一个时间段的上证指数日K线走势图。比如，排好后，指出这是XXXX年~XXXX年的上证指数日K线走势图。所谓"1"就是一张股市实战训练卡练习题。请你根据练习题的要求回答问题。

知识竞猜奖品：

① 答对"6"者，赠购书券或购物券XX元，答对"1"者赠购物券或购书券XX元。

② 答对"6+1"者，可参加股市实战难题竞猜活动（仅一道题），再次答对者奖品翻倍。

上海xxx竞赛组

2021 年　月　日

B、股市悬念扑克牌6张。

请按时间顺序将6张牌依次排列，排成一副上证指数XXXX年至XXXX年日K线走势图。

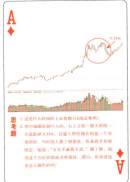

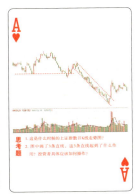

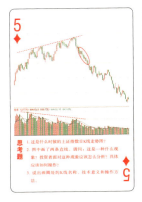

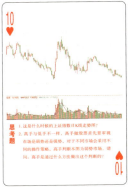

C、实战训练卡练习题 1 张

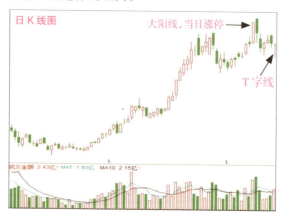

说明:《股市操练大全》实战训练卡有几百个练习题可供选择(详见《股市操练大全》第九册),其中有简单的,也有复杂的。若是给新股民做题,可先选择一些基础知识题进行练习。比如,可选择下面这个题目进行考核。

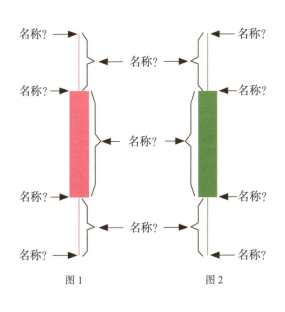

《股市操练大全》实战训练卡 练习题 1

考考你(K线基础知识一卡一练)

你知道下面 2 根 K 线叫什么名称吗?这两根 K 线的各个部分名称、意义是不同的,请将这两根 K 线各部分的名称写出来,并简要说明它们的意义。

名称?   名称?

名称?   名称?

名称?   名称?

名称?   名称?

名称?   名称?

名称?   名称?

图 1   图 2

附：“6+1”知识竞猜参考答案：

A、（略）。

B、6张股市悬念扑克牌的排列顺序如下：

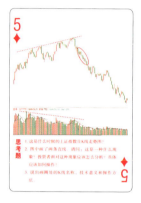

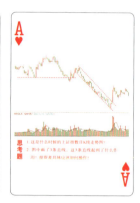

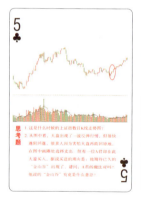

　　说明：将这6张牌中的K线图连接起来，可链接成一张2004年1月2日～2006年12月29日的上证指数日K线走势图。

C、实战训练卡的答案如下：

答 选择 B。理由：①该股创新高无功而返，该涨不涨，理应看跌；②图上方出现的一根涨停大阳线，性质为"高位大阳线"[注1]，是一种赶顶信号，现在股价已跌破大阳线的开盘价，表明上升行情可能结束了；③大阳线与后面一根中阴线合在一起，形成了"乌云盖顶"[注2]的 K 线组合，这是一个重要的见顶信号。综合以上 3 点，可判断该股趋势已变坏，投资者应赶快出局(见下图)。

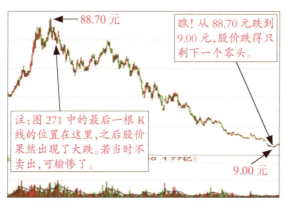

瞧！从 88.70 元跌到 9.00 元，股价跌得只剩下一个零头。

88.70 元

9.00 元

注：图 271 中的最后一根 K 线的位置在这里，之后股价果然出现了大跌。若当时不卖出，可输惨了。

宝钛股份(600456)2007.7.17~2008.11.4 的日 K 线压缩图

【注1】关于"高位大阳线"的特征、技术意义与相关实例，详见《股市操练大全》第八册第 3~10 页、第 544~548 页。

【注2】关于"乌云盖顶"的特征、技术意义与相关实例，详见《股市操练大全》第一册(修订版)第 48~50 页、第七册第 37~39 页。

答 这两根 K 线,红颜色的叫阳线,黑颜色的叫阴线。这两根 K 线各部分的名称填写见下图:

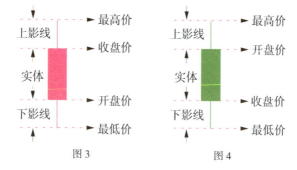

图 3　　　　　　　　图 4

说明:

①阳线,一般视为看多做多的信号;阴线,一般视为看空做空的信号。

②实体,顾名思义是指股价实际涨跌的部分。阳线实体越长,表明盘中做多的力量越强;阴线实体越长,表明盘中做空的力量越强。

③上影线,表明上档有压力,上影线越长,表明上档抛压越重;下影线,表明下方有支撑,下影线越长,表明下方支撑力度越强。

2、"6+2 试题"竞猜

说明："6+2 试题"中（1）、（2）选项，与上一题"6+1 试题"中（1）、（2）选项，内容相同（不再另述）。除此之外，在开展"6+2 试题竞猜"活动时，可再增加一个较难的股市试题让大家竞猜，以此来增加竞猜活动的挑战性、观赏性与实战指导意义。

下面我们来看一个实例。请阅读下面一篇短文，然后回答问题。

短 文

与你分享股市研究最新成果 捕捉黑马关键技巧大揭秘

——神奇的兜底线

捕捉黑马是股民心中最大的梦想，因为一旦获得成功，少则有 1、2 倍利润，多则有 5、6 倍，10 几倍利润。但是，捕捉黑马很不容易，主力会使用各种阴谋诡计，让投资者低卖高买，上当受骗。所以，中小散户参与黑马行情，多半都以失败告终，有的会因此出现严重亏损。那么，为什么会出现这种现象呢？

原因是：捕捉黑马涉及很多关键技巧，如"兜底线"、"双绳缚蛟龙"、"只差一点点"、"大阳扎堆鉴别术"、"主力出货数字密码"，等等。普通投资者对它们知之甚少，这样操作时就很容易受主力忽悠、走上歪路。比如兜底线，这是捕捉黑马最关键、最核心的技巧，但绝大多数散户对它一无所知，所以投资失败也就在意料之中了。

据了解，很多高手捕捉黑马时都要用到兜底线。兜底线就好比汽车的导航线，有了它，你就知道汽车在什么地方开，目的地在何处。经验证明：对一些黑马股，甚至对大盘走势，只要准确地设置一根兜底线（注：电脑里没有什么现成的兜底线，需要当事人精心设置），一般就能做到：①黑马在底位启动时能及时发现并抓住它；②骑上黑马后不会被主力洗盘出局；③黑马在高位见顶时能及时出逃。

【兜底线在个股与大盘中运用效果图】大量事实证明，兜底线确实能发挥定海神针的作用。比如，操作个股时，设置了兜底线，就能稳稳地骑上黑马，跑完全程，成为股市赢家。方法是：当股价站上兜底线上时就看多做多，持股待涨，一旦发现股价跌破兜底线就马上卖出(见图1~图3)。又如，分析大盘趋势时，要想知道何时是牛市、何时牛市见顶、何时牛市转入熊市，都可以用兜底线锁定。大家操作时记住：只要大盘指数在兜底线上波动，就可以拿着股票看多做多，一旦大盘指数跌破兜底线就将股票卖出，这样就能稳操胜券(见图4)。

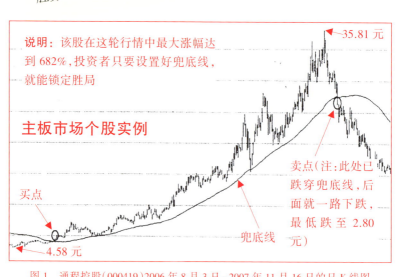

说明：该股在这轮行情中最大涨幅达到682%，投资者只要设置好兜底线，就能锁定胜局

主板市场个股实例

35.81 元

买点

卖点(注：此处已跌穿兜底线，后面就一路下跌，最低跌至 2.80 元)

兜底线

4.58 元

图1　通程控股(000419)2006 年 8 月 3 日~2007 年 11 月 16 日的日 K 线图

说明:该股这一波行情足足涨了6倍,一根兜底线就能把这匹黑马牢牢拴住

中小板市场个股实例

买点

10.90 元

78.87 元

卖点①

卖点②(注:此处已反抽结束,重新跌破兜底线,故作为第二卖点)

兜底线

图2 登海种业(002041)2008年9月25日~2011年5月18日的日K线图

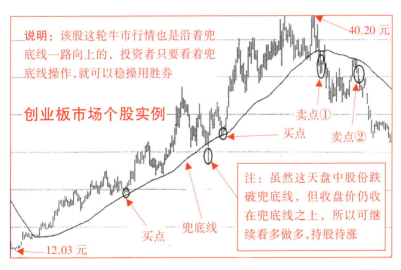

说明:该股这轮牛市行情也是沿着兜底线一路向上的,投资者只要看着兜底线操作,就可以稳操用胜券

创业板市场个股实例

买点

卖点①

卖点②

买点

兜底线

注:虽然这天盘中股份跌破兜底线,但收盘价仍收在兜底线之上,所以可继续看多做多,持股待涨

40.20 元

12.03 元

图3 万达信息(300168)2012年11月21日~2013年12月24日的日K线图

说明：2006 年~2007 年，上海股市这轮大牛市就是沿着兜底线一路向上的，2007 年 11 月兜底线被打穿后就进入了熊市

大盘走势实例

6124 点

卖点（注：兜底线被打穿后，股指一落千丈，最低跌至 1664 点）

买点

兜底线

998 点

图 4 上证指数 2005 年 3 月~2008 年 3 月的月 K 线图

在你看完上面的短文与图例后，请回答：什么是兜底线？其重要意义是什么？兜底线应如何设置？设置时要注意哪些问题？面对这些问题，你的答案是什么。

附："6+2 试题"竞猜参考答案：简单地说，兜底线就是股价在上升过程中，主力为了打压股价不致失控而设置的一条心理底线。也就是说，主力洗盘将股价打压到这个位置就结束了，这条线即为主力对股价洗盘的极限位置。从走势上看，股价运行时会沿着这条线不断向上攀升。一般来说，投资者可在股价跌至此线附近时逢低吸纳，持股待涨。另外，大家需要注意的是，若日后股价击穿了兜底线，说明主力已放弃做多开始做空了，这轮上升行情即宣告结束。此时，持有该股的投资者应马上卖出，否则就会在高位吃套。

设置兜底线的重要意义是：有了兜底线保驾护航，投资者骑上黑马后就不会惧怕主力打压洗盘。因为你已知道主力操作的底牌，知道主力洗盘会洗到什么位置结束，这样无论你是持股待涨还是高抛低吸，操作时心里都有底了。如此就不会出现骑上黑马然后在途中被主力洗盘出局的情况，也不会出现主力在高位出货后自己仍然茫然无知，结果被套在高位的现象。因为投资者可凭兜底线的得失来判断上升行情是否结束。只要股价不跌穿兜底线，说明主力还在做多，上升行情仍然会继续，此时就应继续看多做多。但是，日后一旦股价击穿兜底线，说明主力开始出逃做空了，上升行情就此画上句号，此时应该马上跟着主力看空做空，获利了结。

总之，有了兜底线进行导航，投资者就不会盲目操作，知道何时应该看多做多，持股待涨，何时应该看空做空，抛股出局。这样的话，股市操作的主动权就能掌握在自己手中，从而在股市中就能做到进退自如，事半功倍。

关于兜底线应如何设置？设置时要注意哪些问题？因为这个问题涉及的内容较多，这里就不介绍了，可详见《股市操练大全》第10册第264页~306页。

【编后说明】设计"6+2试题"竞猜时，最后1个问题是关键。这个问题必须是触及投资者操作时的痛点、难点，同时题目的本身要有很强的悬念。只有这样，这个题目才能吸引大众的眼球，引起众人关注，活动也可以搞得有声有色，取得很好的效果。

设计该题目的原始素材与参考答案，可以自己谋划确定，也可以从《股市操练大全》第三、四、五、七、八、十册，以及《股市操练大全》特辑中寻找。这些书中有大量案例可供大家选择、使用。

股市悬念扑克玩法（四）

该玩法的主要特点是：

将扑克牌与股市中的一些重要问题、重大现象联系在一起，展开专题讨论。

股市有一个重要规律，即历史在不断重演。也就是说，当下股市中许多事情、许多问题，在以前的股市中都出现过。因此，投资者只要做一个有心人，就能从以往股市历史中找到某案例、某事件的身影。

一位有经验的老股民深有感悟地说：他做股票时，只要了解某件事在以往股市中是如何发生、发展的，就能找到解决当下股市中某件事的处理、应对诀窍。这些诀窍用于实战，可谓屡试不爽，胜率极高。

故而，投资者在股市中碰到一些重要问题、重大现象，可从股市悬念扑克牌中找到与之相关的扑克牌，把它们放在一起，进行分析判断。此时，不妨可以设计一些专题进行讨论，效果更好。投资者开展这个游戏时，可以几个人玩，人数不限。

下面我们就"专题讨论"作一个示范，供大家参考。

专题讨论：熊市见底的共同特征是什么？2019 年的 2440 点，究竟是机会还是风险？

[背景材料]2018 年，股市一路狂泻，在 2018 年末、2019 年初上证指数 2 次跌至 2400 多点。当时市场一片恐慌，很多股民低位割肉卖出。据了解，在那个时候，很多投资者都感到极度失望，因为上

证指数从 3500 多点跌下来,连跌一年,指数跌掉 1000 多点,途中几乎没有什么反弹,跌得人心惶惶。特别是在 2018 年末,上证指数跌至 2449 点,好不容易止跌企稳后,出现了一轮见底回升走势,但其好景不长,上证指数刚冲到 2700 点上方,就戛然而止。

人们原以为,这个 2449 点就是这轮熊市的谷底,但让大家没有想到的是,在上证指数反弹至 2700 点上方受阻后,又开始重新进入阴跌走势。到 2019 年初,上证指数跌破了 2449 点这个低点,并创出 2440 点的新低。

熊市创新低,让原本一些极度失望的投资者感到绝望了。因为从技术上说,一旦创了新低,就意味着新的下跌空间被打开了。当时一些看空的股评家在媒体上说,当新的下跌空间打开后,上证指数这轮跌势至少要跌至 2000 点下方才能止跌。大家一计算,大盘指数若再要跌掉四五百点,那具体到个股,股价很有可能再要打个对折。这样的话,一些持有股票的股民损失就更大了。所以,很多投资者看到了上证指数创出新低后,又开始忙着割肉离场。

在这个关键时刻,投资者若看错一步,损失就很大。

假如,当时上证指数创出新低,跌至 2440 点,意味着熊市又要开始新的下跌之旅,那就必须马上割肉卖出,避免更大的损失。但是从另一方面分析,上面的假设如果是错的,那问题就更大了。当时上证指数跌至 2440 点,只不过是熊市磨底所出现的正常现象,在此价位割肉离场,意味着割肉割到了地板上。也就是说,在此卖出就是彻底输了,亏损亏到骨髓里。

所以,当时这个 2440 点怎么看、怎么操作,究竟是把它看成为一个大的风险点,还是把它看成为一个大的机会点,考验着每一个投资者的智商、情商、财商。

上面我们向大家介绍了"出现 2440 点"这个事件的"背景材料"。接下来就请大家围绕"熊市见底有什么共同特征,2019 年的

2440 点，究竟是机会还是风险"这个问题展开专题讨论。为配合这次专题讨论，我们从股市悬念扑克中挑选出了下面几张牌：

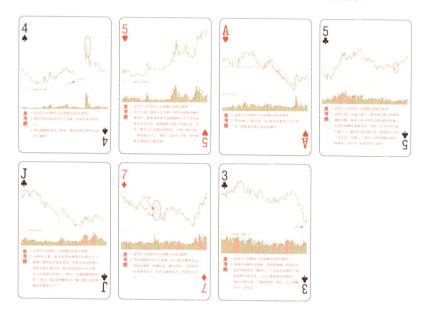

讨论的步骤是：先仔细观察上面几张牌，看一看能不能从中找出熊市见底的一些规律性现象，然后再来判断创出 2440 点新低，究竟是风险大还是机会大（判断时要说明理由）。

专题讨论参考答案：如果现在请大家回答，2019 年 1 月出现的 2440 点是机会大还是风险大这个问题，得到的答复肯定是机会大。因为事实已经作出证明：2440 点就是第七轮大熊市的谷底，接着股市出现了大涨。在 2440 点抄底买进者，后来都赚得钵满盆满。

但是，若让时间回到 2 年多前，即 2019 年 1 月上证指数跌至

2440 点的当时,情况就完全不一样了。

有一位老股民说,当时上证指数先在 2449 点见底,然后反弹,反弹失败后创出 2440 点新低,他心里也感到特别紧张。因为熊市创新低总不是好事。当时,他记得市场上对此都是一些看空做空的言论。专家说,基本面不佳,股市还要往下寻底;股评家说,创新低,从技术上说,就是打开了继续下跌的大门,股市至少要跌到 2000 点下方。他见到周围的股友,大多数都绝望了,忙着割肉离场的人很多。总之,当时的市场就是一片恐慌气氛,几乎没有人在看多做多,更不用说认为 2440 点是机会大,敢于在 2440 点抄底的股民可谓少之又少。

可见,若真的回到 2 年前,真正能从思想上认识 2440 点是风险大还是机会大,确实很难。

那么,有什么好的办法,拨开迷雾,找准方向呢?

一个资深投资者告诉大家,若在当时要看清问题的本质,找准方向,一个积极有效的路径,就是用"回顾历史,对照现实"的方法开展专题讨论。只要找到一些相关的历史资料,经过深入讨论后,自然就会得出一个正确的结论。这样大家就能明辨是非,不会被所谓的专家、股评家忽悠,从而认清 2440 点是一个千载难逢的投资良机,积极逢低吸纳,而不会做出让亲者痛、仇者快,在地板上割肉卖股的傻事了。

有人问,怎么才能寻找到与 2440 点有联系的相关资料呢?上面提供的 7 张股市悬念扑克牌就是开展专题讨论的最重要的相关资料。

上面介绍的 7 张牌中的走势图,显示的是以往 4 次大熊市见底的图形。从图形中看,每次大熊市见底时都出现过 2 次低点,这 2 次低点,俗称"底部两只脚"。

为了让大家看得清楚一些,我们在此对股市历次大熊市见底,是如何出现 2 个低点(即底部两只脚)的情况,作一个详细分析,供大家参考。

①历史上,中国股市第三次大熊市见底时,出现过 2 个低点（即底部两只脚）。若要了解这个情况,我们可以观察"黑桃 4"与"红桃 5"两张牌。下面是这 2 张牌的局部放大图,大家可以仔细看一看。

说明:1995 年 2 月 7 日,上证指数跌至 524 点,出现第一只脚。

524 点
（第一只脚）

512 点
（第二只脚）

说明:1996 年 1 月 19 日,上证指数跌至 512 点,出现第二只脚。

上面 2 张牌中的情况，大家已经看了。接下来，请大家再来看第三次大熊市在低位出现两只脚后的走势是如何发展的（见下图）。

瞧！在第二只脚（512 点）出现后，股市就开始了绝地反击，一轮牛市大行情启动了，这轮牛市行情涨至 2245 点见顶。

注：这轮牛市行情最高升至 2245 点

524 点
（第一只脚）

512 点
（第二只脚）

总手：586.4万↑ MAVOL5: 578.7万↑ MAVOL10 699.4万

②历史上，中国股市第四次大熊市见底时，也出现过 2 个低点（即底部两只脚）。若要了解这个情况，我们可以观察"红桃 A"与"梅花 5"两张牌。

下面是这 2 张牌的局部放大图。大家可以仔细看一看。

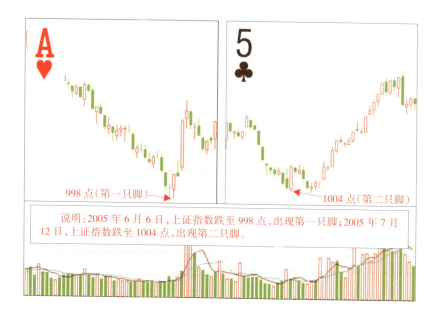

A ♥

5 ♣

998点（第一只脚）

1004点（第二只脚）

说明：2005年6月6日，上证指数跌至998点，出现第一只脚；2005年7月12日，上证指数跌至1004点，出现第二只脚。

上面牌中的情况，大家已经看了。接下来，请大家再来看第四次大熊市在低位出现两只脚后的走势（见右图）。

瞧！第二只脚（1004点）出现后，股市就一骑绝尘，不断往上攀升，直涨至6124点见顶。

注：这轮牛市行情最高升至6124点

998点（第一只脚）

1004点（第二只脚）

③历史上,中国股市第五次大熊市见底时,也出现了 2 个低点(即底部两只脚)。若要了解这个情况,我们可以观察"梅花 J"这张牌。下面是"梅花 J"这张牌的局部放大图,大家可以仔细看一看。

上面牌中的情况,大家已经看了。接下来,请大家再来看第五次大熊市在低点出现两只脚后的走势(见下图)。

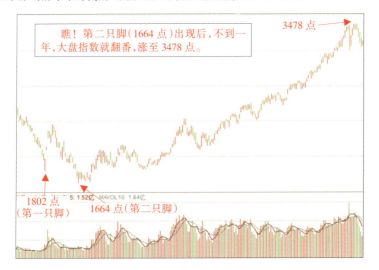

④历史上,中国股市第六次大熊市见底时,也出现过 2 个低点(即底部两只脚)。若要了解这个情况,我们可以观察"方块 7"与"梅花 3"两张牌。下面是这 2 张牌的局部放大图,大家可以仔细看一看。

1949 点
(第一只脚)

说明:2012 年 12 月 4 日,上证指数跌至1949 点,出现第一只脚。

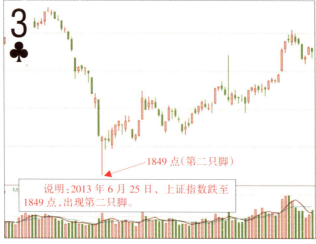

1849 点(第二只脚)

说明:2013 年 6 月 25 日,上证指数跌至1849 点,出现第二只脚。

上面牌中的情况,大家已经看了。接下来,请大家再来看第六次大熊市在低位出现两只脚后的走势(见下图)。

瞧!第二只脚出现后,股市就逐渐进入佳境,不断往上攀升,大盘涨至5178点见顶。

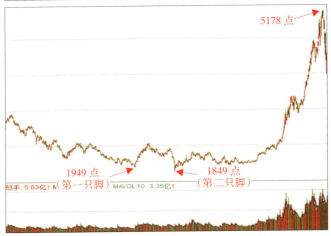

⑤历史上,中国股市第七次大熊市见底时,同样出现了2个低点(即底部两只脚)。请大家仔细观察下面这张图。

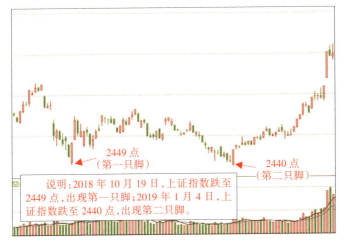

上面牌中的情况,大家已经看了。接下来,请大家再来看第七次大熊市在低位出现两只脚后的走势(见下图):

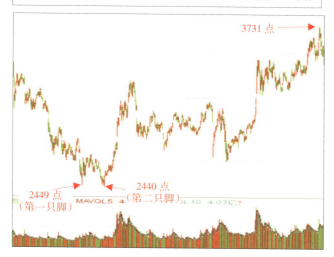

瞧!第二只脚出现后,股市不再创新低,然后就开始绝地反击,形成了震荡向上的走势,2021年2月18日已攀升至3731点。

哈哈,我懂了,熊市见底要有两只脚,一只脚是站不稳的。因此,当第二只脚出现后,就是熊市抄底的最佳机会,千万不要错过喔!

通过上面的历史回顾、图形展示，主持人可以对这次专题讨论作一次总结。

古人云：以史为鉴，可以知兴替。当我们从股市悬念扑克的几张走势图中，了解到以往大熊市见底时都出现过 2 个低点的情况后，那么面对第七轮大熊市出现 2449 点与 2440 点 2 个低点的情况就不会感到奇怪了。大熊市么，一个低点（一只脚）是站不稳的，一般都要有 2 个低点（两只脚）才能站稳，这已成为大熊市见底的共有特征。因此，投资者了解这个规律性现象后，心里就有底了。操作时就可以顺势而为，主动出击。比如，当第二个低点出现时就可判断这是买进做多的绝佳机会，而绝对不会误判是什么新的风险降临。若有谁此时卖出做空，那就大错特错了。

有人说，2019 年初出现的第二个低点 2440 点，比 2018 年末出现的第一个低点 2449 点，位置要低。创新低了，不是很危险吗？其实，只要在低位出现的是两只脚，两只脚的位置谁高谁低都无所谓，无碍大局。中国股市历史上，第三次大熊市、第五次大熊市、第六次大熊市，见底时出现的 2 个低点，都呈现出前高后低的状况，其后，熊市不是照样转为牛市，出现大涨吗？所以，一旦你了解了以往股市熊市见底的真相后，就一点也不用紧张了，就知道所谓创新低，并不是技术上真的破位，而是主力在低位故意打压所致，是主力用它来吓唬那些不懂股市历史的普通投资者。其目的，是要在低位骗取散户手中深套的、带血的筹码。若散户被主力忽悠，盲目卖出就上当了。此时逢低吸纳，重仓买进才是上上策，这绝对是股市的取胜之道。

玩转股市悬念扑克，你就是下一个股市大赢家。

股市悬念扑克玩法(五)

1、制作广告：可尝试用股市悬念扑克制作广告。学会制作广告的好处是：一方面可以提高当事人的思维能力、创意能力；另一方面可以加深当事人对股市悬念中扑克内容的理解。因为只有深刻理解了它的内容，才能制成一款能吸引市场眼球、寓意深刻的股市广告。

据了解，适合做广告，并且值得用广告进行推广的产品，一般要具有"新、奇、实"3个要素。

所谓新，即新颖，拿出新的产品，能让人眼睛一亮，受人关注。

所谓奇，即奇妙，产品的构思、设计都很奇妙，夺人眼球。

所谓实，即实用、实惠，亲民化、大众化，性价比优越，这样的产品才能受欢迎。

现在的《股市操练大全》悬念扑克已基本上具备了"新、奇、实"3个要素，理由是：

第一，这个新产品，别人没做过，市场上是一片空白，它的出现在众人面前独树一帜。

第二，该产品把学习股市历史、股市知识，与扑克联系在一起，守正创新，构思巧妙，让人产生无限遐想。

第三，玩中取乐，玩中学技，股市悬念扑克开创了一条寓教于乐学习股市技巧的新路。

第四，股市悬念扑克，每张牌都设计了一些引人深思的思考题。题题有悬念，题题出精彩。

请问：你能根据《股市操练大全》悬念扑克的"新、奇、实"3要素，制作一幅让人兴奋、夺人眼球的广告吗？

附：制作广告题参考答案：

制作平面广告，一定先要设计好广告词，然后再配上适当的图案，一幅引人入胜的广告即可完成。

现在我们将搜集到的《股市操练大全》悬念扑克的广告词，列举如下，供大家参考。

（一）玩转股市悬念扑克

你就是下一个股市大赢家

——向你推荐一种新型的炒股工具《股市操练大全》悬念扑克

（二）洪荒之作　驰骋股海

——《股市操练大全》悬念扑克助你投资成功

（三）每玩一次股市悬念扑克

炒股技艺就迈上一个新台阶

——《股市操练大全》悬念扑克是你投资道路上最忠实的良师益友

（四）股市悬念扑克，一个崭新的炒股利器面世

洪荒之力，顶尖制作。

悬念扑克，暗藏玄机。

玩中学技，寓教于乐。

脑洞大开，妙不可言。

2、组织比赛（说明：可以用股市悬念扑克组织各种形式的股市比赛。如"接龙比赛"、"改错比赛"、"抢答比赛"、"现实与历史对接比赛"等等。）

下面我们向大家介绍如何开展"接龙比赛"。

上证指数日 K 线全景图接龙大赛预案（供参考）

A、人数不限，可多可少。

B、以最短时间完成接龙者胜出。

C、若参与接龙的人都出现了一些错误,则以错误最少者胜出。

D、若在相同时间,同时出现若干个接龙完全正确的情况,可增加一些考核内容,以此决定名次。

比如,①问:中国 A 股市场上涨幅最大的一次牛市出现在什么时候?

②问:中国 A 股市场上涨幅最小的一次牛市出现在什么时候?

③问:中国 A 股市场上跌幅最大的一次熊市出现在什么时候?

④问:进入 21 世纪后,中国股市就经历一场旷日持久的熊市。你知道这场熊市从何时开始到何时结束?它从什么高位跌至什么低位,整个跌幅有多大?该熊市之后出现了什么情况?

⑤问:……

回答问题时,要求答题者必须拿出相关扑克牌进行举证。

附:上证指数日 K 线全景图接龙大赛参考答案
一、上证指数日 K 线全景图接龙排序(截止 2015 年 6 月 30 日)

1、黑桃 A(90.12.19~90.12.31)

2、方块 8(91 年上)[注]

3、梅花 8(91 年下)

4、黑桃 2(92 年上)

5、红桃 2(92 年下)

6、梅花 7(93 年上)

7、黑桃 3(93 年下)

8、梅花 A(94 年上)

9、方块 2(94 年下)

10、黑桃 4(95 年上)

11、黑桃 5(95 年下)

12、红桃 5(96 年上)

13、黑桃 6(96 年下)

14、方块 9(97 年上)

15、黑桃 7(97 年下)

16、方块 Q(98 年上)

17、红桃 7(98 年下)

18、梅花 4(99 年上)

19、黑桃 8(99 年下)

20、红桃 6(2000 年上)

21、梅花 2(2000 年下)

22、黑桃 9(2001 年上)

23、黑桃 10（2001 年下）　　40、红桃 9（2010 年上）

24、梅花 9（2002 年上）　　41、梅花 10（2010 年下）

25、方块 3（2002 年下）　　42、梅花 Q（2011 年上）

26、方块 4（2003 年上）　　43、方块 6（2011 年下）

27、方块 K（2003 年下）　　44、黑桃 J（2012 年上）

28、方块 5（2004 年上）　　45、方块 7（2012 年下）

29、红桃 10（2004 年下）　　46、梅花 3（2013 年上）

30、红桃 A（2005 年上）　　47、红桃 4（2013 年下）

31、梅花 5（2005 年下）　　48、黑桃 Q（2014 年上）

32、方块 A（2006 年上）　　49、梅花 6（2014 年下）

33、红桃 K（2006 年下）　　50、红桃 3（2015 年上）

34、方块 J（2007 年上）　　51、梅花 K（1990 年 12 月 19 日

35、红桃 J（2007 年下）　　~2002 年 12 月 31 日上证指数日

36、方块 10（2008 年上）　　K 线走势压缩图）

37、梅花 J（2008 年下）　　52、黑桃 K（2003 年 1 月 2 日

38、红桃 8（2009 年上）　　~2015 年 6 月 30 日上证指数日

39、红桃 Q（2009 年下）　　K 线走势压缩图）

（注："91 年上"表示这是 1991 年上半年的上证指数日 K 线走势图，"91 年下"表示这是 1991 年下半年的上证指数日 K 线走势图。其他以此类推。）

二、问答题参考答案：

①中国 A 股市场涨幅最大的一次大牛市，出现在 2005 年 6 月 6 日 ~2007 年 10 月 16 日，上证指数从 998 点起步，一路上涨至 6124 点见顶，最大涨幅为 513.63%。其牛市起涨点至牛市终点的全过程，可详见扑克牌"红桃 A"、"梅花 5"、"方块 A"、"红桃 K"、"方块 J"、"红桃 J"。

②中国 A 股市场最小的一次牛市,出现在 2008 年 10 月 28 日 ~2009 年 8 月 4 日,上证指数从 1664 点起步,涨至 3478 点,最大涨幅为 109%。其牛市起涨点至牛市终点的全过程,可详见扑克牌"梅花 J"、"红桃 8"、"红桃 Q"。

③中国 A 股市场跌幅最深的一次熊市, 出现在 1993 年 2 月 16 日 ~1994 年 7 月 29 日,上证指数从 1558 点一路跌至 325 点,最大跌幅为 79.14%。其牛转熊的拐点至熊市终点的全过程,可详见扑克牌"梅花 7"、"黑桃 3"、"梅花 A"、"方块 2"。

③中国 A 股市场这场旷日持久的熊市,出现在 2001 年 6 月 14 日 ~2005 年 6 月 6 日, 上证指数从 2245 点见顶最后跌至 998 点,最大跌幅为 55.5%。其牛转熊的拐点至熊市终点的全过程,可详见扑克牌 "黑桃 9"、"黑桃 10"、"梅花 9"、"方块 3"、"方块 4"、"方块 K"、"方块 5"、"红桃 10"、"红桃 A"。

这场大熊市结束后就迎来中国股市最大的一次牛市,上证指数从 998 点,一路飙升至 6124 点见顶。

小结:我们在《股市操练大全》悬念扑克玩法说明中,向大家介绍了股市悬念扑克的诸多新颖玩法。这些玩法把学习股市知识、股市操作技巧与扑克游戏紧密联系在一起,它能让玩家通过三者的有机结合,了解股市的历史与股市运行的一些规律,并从中可以学到很多股市知识、实战技巧。这无疑会对投资者的操作水平提升带来很大的帮助。

常言道:高手在民间。只要大家解放思想,勇于实践,自己也可以创造一些更新、更有趣、更加实用、高效的股市悬念扑克玩法。我们相信,股市悬念扑克越是玩得转的股民,其日后的投资收获就越大。我们期待大家的好消息。若你在这方面创造了什么新的玩法,请勿忘告诉我们,我们将代表《股市操练大全》创作团队与广大读者,向你表示深切的感谢!

三、《股市操练大全》悬念扑克谜底解析

说明：本章内容是《股市操练大全》系列产品——股市悬念扑克的谜底解析。推出股市悬念扑克的目的，一方面是为了让读者通过扑克中的上证指数日K线走势图（注：每张牌中展示的是上证指数半年的日K线图），了解中国A股市场的历史是怎么发展的。另一方面，更重要的是为了让读者能联系历史、结合当下，真正了解股市大势应该怎么分析、股票应该如何选择、炒股制胜应该有什么样的投资理念和投资策略。

为此，作者在牌中紧密结合当时的上证指数走势，设计了一些新颖、实用、悬念性很强的思考题。本章则对这些思考题做了全方位的深入解析，读者阅读后会有一种恍然大悟、茅塞顿开的感觉，并能留下深刻的印象。这对投资者了解股市历史、了解历年来各路股市高手的炒股秘诀和炒股经验都会带来很大帮助。

本章资料翔实、内容丰富，介绍的方法简便实用。全章融知识性、趣味性、技巧性于一体，它不仅适合股市中各阶层人士阅读，而且有很强的警示价值与操作性。本章内容可供各类投资者参考，尤其是对中小散户和新股民参与股市实战，具有重要的启发及指导作用。

1. 这是1990年12月19日~1990年12月31日的日K线走势图。

2. 1990年12月19日，上海证券交易所（简称上交所）正式成立，并从当天开始进行交易，此时才正式对外公布了上证指数。因为上交所成立至1990年末只有9个交易日，所以当年只留下了9根K线（见图1）。

127.61点

95.79点

总手 1806↑ MAVOL5 472↑ MAVOL10 2

图1 上证指数1990年12月19日~1990年12月31日的日K线走势

说明： 上交所成立后，上证指数开始正式运行，首日开盘指数为96.05点，最低跌至95.79点，当日收盘指数为99.98点。1990年12月19日~1990年12月31日，上证指数最大涨幅为33.22％。

当下，什么东西都在讲究"溯源"，中国股市的第一步是怎么迈出的，很多人一直不太清楚。现在终于能看清楚了中国A股市场起步时的情形。

解答

1. 这是1992年上半年度上证指数的日K线走势图。

2. 图中出现这样的走势，是因为从1992年5月21日开始，管理层全面放开了股价（即股票交易不设涨跌停限制）。全面放开股价的当天，上证指数收了一根带有600多点下影线的T字线。从图形上看，在没有全面放开股价之前，上证指数每天上涨的幅度是受限制的，所以K线图表现为小幅爬升状态。而全面放开股价的第一天，场内的几只股票（注：当时在上海交易的股票，只有电真空、豫园商城等8只股票，俗称"老八股"）都出现了大涨。当天股市高开后获利盘蜂拥而出，瞬间将股价打至昨日收盘价下方，但接着场外大量资金蜂拥而入，致使股价又迅速回到了当天开盘价附近，这样就在这一天的K线图上留下了一根超长的下影线。因为放开了股价，之后几天的股市交易出现了较大震荡。

3. 图中创出了中国股市，甚至是全球股市交易的3个之最。

第一个"最"——创出了世界股市一天之内大盘指数涨幅之最。 当天上证指数涨了105.27%。众所周知，无论是中国股市还是全球股市，在不设涨跌停限制的情况下，个股能在一天内涨幅超100%已十分罕见，而整个指数在一天之内涨幅超过100%闻所未闻。因此上证指数在1992年5月21日这天暴涨100%以上，确实是人类有股市以来绝无仅有的一件事。从这以后，中国股市在全面放开股价的4年多时间里（注：管理层为了防止过度投机，1996年12月16日后，中国股市又重新恢复了涨跌停限制），再也没有出现过一天之内股市指数涨幅超过100%的现象。我们查了全球其他地方股市，也没有发现过类似的现象。

第二个"最"——创出了世界股市中大盘指数高开之最。1992年5月21日的上证指数高开让老股民记忆犹新，当天上证指数跳高一倍开盘，参与交易的投资者都惊呼起来。大盘指数能如此大幅高开，十分罕见（注：现在大盘指数，即使遇上什么特大利好消息，能跳高涨上百分之四五也是几年难得一见。当时大盘指数一下子高开一倍以上，直可谓："前无古人，后无来者"了）。出现这样奋进的原因是，管理层在这天全面放开了股价，所以股价才会一飞冲天。这个大盘指数的高开纪录，在全球股市中也是空前绝后的。

第三个"最"——创出了世界股市中大盘指数一天之内大幅震荡之最。1992年5月21日这天，上证指数在1260点高开后，先是冲高至1334点，然后急转直下，股指一下子被打到昨天的收盘价之下，后来涌进来的买盘又将其快速推升上去，最后指数收在1266点，仅

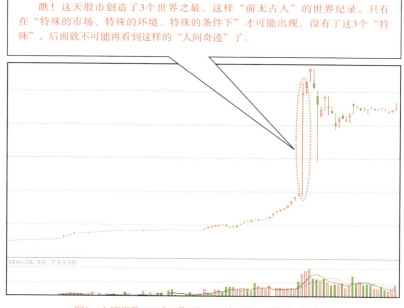

瞧！这天股市创造了3个世界之最。这样"前无古人"的世界纪录，只有在"特殊的市场、特殊的环境、特殊的条件下"才可能出现。没有了这3个"特殊"，后面就不可能再看到这样的"人间奇迹"了。

MAVOL10 71330

图2　上证指数1992年1月2日~1992年6月30日的日K线走势

比开盘高6点。从图形上看，当天收了一根带有超长下影线的T字线（注：这根T字线是T字线的一种变化形态——开盘价、收盘价几乎处于同一位置，但有上影线，不过上影线很短，下影线特别长）。这天股市出现如此激烈的震荡，让投资者看得目瞪口呆，它也创出了全球股市有指数记录以来，一天之内大盘指数大幅震荡的最高纪录。

4. 对"该图中出现两根长下影线表示下档支撑很强，后市可以看好"的观点，我们认为是错的。理由是：虽然K线下方出现长下影线，确实反映了下档有较强的承接盘，否则股价就会一路杀到底。但问题是，这个下档承接盘是不是可靠呢？它究竟是由哪方面力量组成的？如果是由坚定看多的投资力量组成的，那就说明这个下档支撑是长期有效的，或者在很长一段时间内都是有效的。这样，只要空方将股价打至低位，就会出现大量逢低吸纳的买盘，致使股价无法再跌下去。有人把这种因长下影线而探底成功的现象，称为"定海神针"现象。但是，如果下档做多者是由投机力量组成的，那就说明这个下档支撑只是短期有效，但长期是无效的。短期内，因为这些投机力量看到股价在技术上出现了超跌，出于技术原因在下方买入，目的仅仅是抢一把反弹而已。而后，当股价再次下跌至这个位置时，在技术上已不存在超跌现象，这些由投机力量组成的下档买盘就会消失得无影无踪。

那么，怎么来鉴别出现下影线的下档承接盘，是由投资力量还是由投机力量组成的呢？根据经验，一般来说，就要看长下影线是在什么情况下出现的。如果长下影线现象是在股价上升途中出现的（如图2所示的下影线），则下档的承接盘多半是由投机力量组成的。投资者若看到这种形式的长下影线，就要意识到下档的承接盘并不可靠，过后股价还会跌下去，很可能会创出新低（见图3），因此，对后市就不能看好，操作时必须趁股价还未出现大跌时赶快卖出。反之，如果长下影线现象是在股价下跌途中，特别是在大跌之后出现的，则下档的承接盘多半是由投资力量组成的。投资者看到这种形式的长下影线就基本上可以看好后市，操作时应该积极地逢低吸纳，持股待涨。

1429点

瞧！不到半年，大盘指数就跌掉了七成以上

386点

1万 MAVOL10 36.28万

在涨势中出现长下影线，预示着日后股价会下跌，并会创出新低。这句话不幸被言中。果然，在这两根K线拉出超长下影线后不久，上证指数就出现了大跌。

图3　上证指数1992年4月14日~1992年11月23日的日K线走势

股市操作经验漫谈之二

历史经验是无价之宝。比如，高位出现长下影线，很多人误认为是下面有强支撑，是看多做多的信号。但实际上，它是行情走向终点的"催命符"。若把这条历史经验记住了，往后就能派上大用处。比如，2007年6124点见顶、2015年5178点见顶前都出现过高位下影线。此时，记住这条历史经验者，就能主动卖出，规避风险，从而成为高位逃顶的大赢家。

解答

1. 这是1993年下半年上证指数的日K线走势图。

2. 图中有两个画圈处，它们的K线组合图形都叫"乌云盖顶"。乌云盖顶图形的特征是：在上涨行情中，出现阳线后（注：多数是中阳线或大阳线，少数是小阳线），第二天股价跳空高开，但没有高走，反而高开低走，收了一根中阴线或大阴线，阴线的实体已经深入到前面这根阳线实体的二分之一下方。这往往预示着股价上升势头已尽，一轮跌势即将开始。投资者见到此K线图形，应警觉市况有变，以抛售出局为宜。如本图中有两波反弹行情，在行情末端出现乌云盖顶图形后，股价就一路下跌。因此，大家一定要明白，乌云盖顶是杀伤力较大的一种K线图形。若以后见到这种K线图形，应注意规避风险，及时卖出为宜。

3. 只要在图中画两条直线，就可以看出当时上证指数正运行在一个矩形的技术图形中（见图4）。

矩形又称长方形、箱形盘整。矩形的特征是：如果将股价横盘时出现的两个高点用直线连起来，将股价横盘时出现的两个低点也用直线连起来，即可画出一个长条形状的图形。而股价就在这个长条形的图形里不断地上下波动，当股价上升到长条形图形的上边线时就往下回落，而回落到长条形图形的下边线时就往上弹升，直到一方力量耗尽，股价就会选择一个向上或向下方向突破。矩形是一个整理形态，整理的结果究竟是往上走还是往下走，要根据当时多空力量对比而定。因此，在矩形形成过程中没有到最后，朝一个方向有效突破时，谁也不能妄下结论。

画上两条直线，就可清楚地看出当时上证指数在矩形的箱体里做上下波动。面对矩形走势，可采取两种操作策略：①持币观望，等待有明确的向上突破信号后再介入；②用部分资金高抛低吸（在上边线处卖出，在下边线处买进）。但要注意，一旦跌破下边线，必须及时止损离场。

图4　上证指数1993年下半年的日K线走势

矩形在技术上给投资者的提示是：整理、观望。因此，当我们明白这个道理后，就可以知道遇到矩形走势应如何操作了。

第一，从短线操作来说，既然股价被限定在一个框架范围里做上下波动，对市场敏感的投资者就可以抓住这个机会进行适当的高抛低吸（比如，快要碰到上边线时卖出，快要碰到下边线时买进）。

第二，从中长线的操作角度来说，投资者操作时一定要坚持一条原则，只要股价仍在长条形范围里上下波动，就坚持作壁上观，不买股票。但是，要做到这一点并不容易，要经得起诱惑，要严格遵守矩形的操作规范才行。例如，股价在上下波动中有时碰到长条形下边线往上弹升时，会出现连拉数阳，价升量增的现象。这时，一些投资者会觉得这是股价经过长期筑底后的回升，一轮上升行情即将呼之欲出，如果不趁早买进，就会失去一次赚钱的良机，于是，就急匆匆地买进股票。但买进后就会发现，股价碰到长条形的上边线就冲不上去了，仍像往常一样回落。

此时，投资者就陷入了相当被动的局面：走吧，买进的股票已被套住，虽然套得不深，但要割肉又不甘心；不走吧，又怕股价在矩形整理后往下突破，损失更大，真是左右为难。

可见，在股市中看到矩形整理，对大多数投资者而言（因为大多数投资者对市场敏感程度较差，不适合在矩形中进行高抛低吸的短线操作），最佳的做法就是耐心观望，并抱着一个宗旨，只要股价一天不向上突破矩形的上边线，就一天不买股票，这要当作铁的纪律来严格要求自己，这样才能使自己立于不败之地。

另外，如果股价在矩形整理后往下突破矩形的下边线，手里持有股票的投资者应毫不犹豫地清仓离场，这也是投资者面对矩形走势必须要遵守的一条操作纪律，投资者务必认真执行。

股市操作经验漫谈之三

某人向高手请教，究竟怎样才能成为股市赢家。高手回答说，若把"二八"法则合理地用到股市时间分配上，大概率就会在股市中成为一个赢家。很多人对高手的说法不理解或不赞同，但事实证明，高手的观点是对的。因为股市大多数时间是处于混沌状态（如矩形整理）。频繁的买进、卖出，一是要支付大量手续费，二是错多对少。别看一些人在股市里忙得不亦乐乎，其实到头来都是亏多赢少。所以，正确的做法是依据"二八"法则，投资者在大多数时间应该用于观望、等待、研究，只有在趋势性买卖信号出现后，再行动出击。这样就能有效地提升股市操作的成功率。

4 ♠ 思考题参考答案

1. 这是1995年上半年度上证指数的日K线走势图。

2. 图中箭头所指处的K线叫螺旋桨K线，**螺旋桨K线出现在下跌途中为见底信号**。当然这个见底信号的真伪，必须通过后面的K线来验证。如果后面的K线一直在螺旋桨K线的下影线下方运行，那就说明这个见底信号是假的；反之，如果后面的K线一直在螺旋桨K线下影线的上方运行，这个见底信号就是真的。而本图中的螺旋桨K线出现后，连续10多个交易日的K线都在它的下影线上方进行横盘，这说明当时的市场已经认可了螺旋桨K线见底信号的有效性，多方大反攻即将出现，此时投资者及时介入，就能享受到后面大反弹带来的赢利机会。

3. 图中画圈处的图形是"顶部岛形反转"，它是一个见顶看跌的信号。下面我们先来看一张"顶部岛形反转示意图"（见图5）。图中画圈处右边一个向下的跳空缺口，与图中画圈处左边一个向上

顶部岛形反转示意图

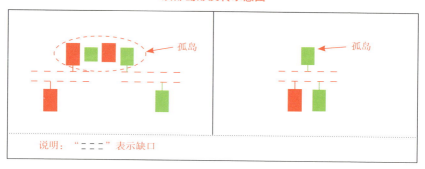

说明："〓〓〓"表示缺口

图5

的跳空缺口，即股市上升时的跳空缺口，基本处于同一区域，于是整个K线图分成了上下两截，在上面画圈处的一部分K线就像远离海岸的孤岛（注：这个孤岛可以由很多根K线组成，也可以由单根K线组成），这是顶部岛形反转的主要特征。

从技术上说，顶部岛形反转一旦确立，说明近期股价向淡已成定局。此时持筹的投资者只能认输出局，如果继续持股必将遭受更大的损失。而空仓的投资者近期最好也不要再过问它，即使中途有什么反弹，也尽量不要参与。扑克牌图中顶部岛形反转的孤岛就是一根K线（见图6），但它的杀伤力同样是非常厉害的。从图中看，在顶部岛形反转出现后，上证指数就呈现一路下滑的走势。因此，在顶部岛形反转出现后，必须马上止损离场，动作稍慢些就会遭受更多的损失。

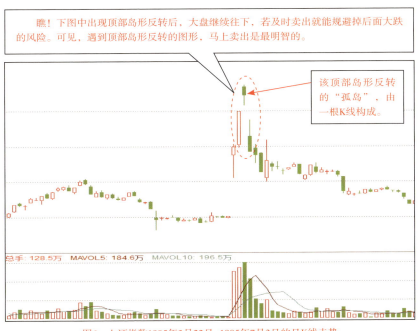

瞧！下图中出现顶部岛形反转后，大盘继续往下，若及时卖出就能规避掉后面大跌的风险。可见，遇到顶部岛形反转的图形，马上卖出是最明智的。

该顶部岛形反转的"孤岛"，由一根K线构成。

总手: 128.5万   MAVOL5: 184.6万   MAVOL10: 196.5万

图6　上证指数1995年3月22日~1995年7月3日的日K线走势

思考题参考答案

1. 这是1995年下半年上证指数的日K线走势图。

2. 图中箭头A所指处的K线叫乌云盖顶，箭头B所指处的K线叫吊颈线。**从技术上说，乌云盖顶、吊颈线都是看跌信号，**投资者见到它们，应该及时卖出，以规避后面继续下跌的风险。

3. 当时上证指数构造了一个三重顶的技术图形。顾名思义，之所以会形成三重顶，说明上方抛压沉重。**一旦三重顶下方的颈线被打穿，往往就会出现连续下跌的走势。**本图中的情况就是如此。故投资者见到三重顶出现时，应意识到风险来临，在颈线未破位时就应该停止做多，一旦颈线被打穿（颈线与卖点的设置见图7），必须按照既定的操作纪律，马上止损离场。

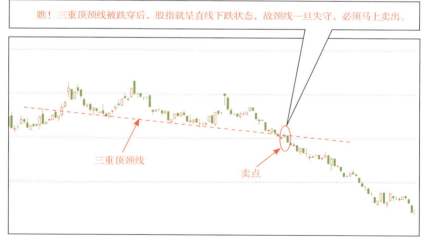

图7　上证指数1995年7月19日~1996年1月22日的日K线走势

6 ♠ 思考题参考答案

解答

1. 这是1996年下半年上证指数的日K线走势图。

2. 图中画圈处是顶部穿头破脚[注]图形。这个穿头破脚非常厉害，画圈处最后一根大阴线，一下子把前面几根阳线都吞吃了，它使行情立即发生了逆转。之后，大盘指数就出现了连续暴跌，仅仅几天时间，大盘指数就跌掉近三成，跑得慢的，特别是持股不抛的投资者可谓损失惨重。

可见，在股市大涨后，突然出现一阴吞几阳并带有大成交量的穿头破脚图形，投资者必须高度警惕。无论是在大盘指数中还是在个股中，一旦见到这样凶神恶煞的K线图形，就应马上卖出。此时，千万不能犹豫，稍一犹豫，出手慢了就会出现更大的损失（见图8）。

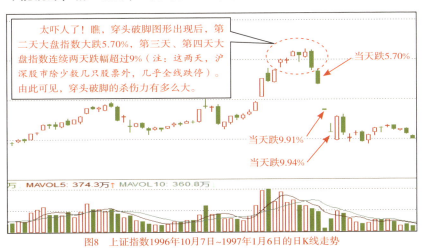

图8　上证指数1996年10月7日~1997年1月6日的日K线走势

【注】　关于"穿头破脚"的特征、技术意义与相关实例，详见《股市操练大全》第一册（修订版）第64~66页、第七册第42~53页。

1. 这是1997年下半年上证指数的日K线走势图。

2. 填充：无趋势图形；耐心等待；等突破方向明确后再动手。

1997年下半年上证指数出现了一种无趋势运行状态，所谓无趋势，是指当时的几根短期均线（如5日、10日、30日均线）搅在一起，一会儿是多头排列、一会儿又是空头排列，交替非常频繁（见图9）。投资者无法根据均线排列来判断大盘指数究竟是向上还是向下。面对这样的情况，投资者应该选择休息观望，因为此时操作出错的概率很大。**其实，股票不是天天可以做的，不能做的时候就不要勉强去做，休息也是一个很好的投资策略。**

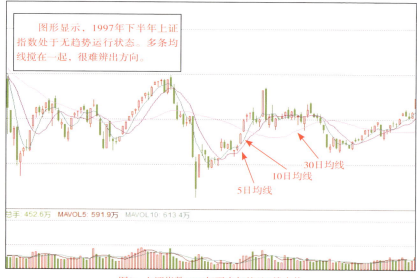

图9 上证指数1997年下半年的日K线走势

思考题参考答案

1. 这是1999年下半年上证指数的日K线走势图。

2. 填充：反弹。

反弹大阳线会在什么状况下出现呢？这里有两种情况。一种情况是指：股价连续下跌后突然出现一根大阳线，但之后股价没有延续升势，稍作上涨后即告回落，或者是第二天就出现了回落。这种形式的大阳线，人们戏称它为"×日游大阳线"或"一日游大阳线"，可见，其行情寿命非常短促。另一种情况是指：反弹行情上升到一定高度时拉出的大阳线。因为反弹之后仍将回落，它并不会改变整体下跌趋势，所以，在反弹到一定高度时出现的大阳线，多半是掩护主力（庄家）出货的信号。显然，本图中的反弹大阳线属于第一种情况，这根反弹大阳线是"一日游大阳线"。

那么，反弹大阳线的特征与作用有哪些呢？①在下跌反弹中出现，成交量激增，甚至出现天量。②第二天或过后几天就会出现股价重心明显下移的现象，有时也会出现盘整后再向下的走势。③大阳线的开盘价一旦被击穿，股价往往就会出现快速下跌的现象。④反弹大阳线就是诱多，主力将在高位未来得及抛售的筹码，以反弹大阳线作掩护进行抛售。⑤反弹大阳线出现，标志着反弹行情结束，股价将展开新一轮跌势。

了解了反弹大阳线的特征与作用后，就可以制定出相应的操作策略了。面对反弹大阳线，投资者的投资策略是：①坚决逢高减仓，绝不能盲目跟进或加仓；②一旦发现大阳线的开盘价被打穿，就应无条件地抛空离场。这里要提醒投资者的是，策略②其实是针对一些对反弹大阳线心存幻想的投资者说的，即无论你怎么留恋手中的股票，或者还寄希望于盘中出现这种形式的大阳线会给投资者带来好运，但有一点必须记住，**大阳线的开盘价被打穿后，一定要坚决把手中的股票卖掉，这个要作为一条铁的纪律来执行**。例如，本图中的反弹大阳线开盘价被打穿后，股价呈现加速下跌的走势，所以，及时卖出就能规避掉后面大跌的风险（见图10）。

> 我们把图放大后就能清楚地看出，图中箭头所指的反弹大阳线是"一日游大阳线"。当大阳线的开盘价被打穿后（见图中画虚线处），必须马上卖出；若不及时卖出，损失就会更大。

图10 上证指数1999年8月20日~1999年12月28日的日K线走势

（编后说明：利用反弹大阳线掩护出货是主力惯用的手法。投资者要了解详情，请参阅《股市操练大全》第八册第32~37页、第548~552页。）

1. 这是2001年上半年上证指数的日K线走势图。

2. 画圈处的K线图形叫"早晨之星"，又称"希望之星"。早晨之星的特征是：由3根K线组成，在下跌过程中，先出现一根中阴线或大阴线，第二天出现一根有上下影线的小阳线（也可以是小阴线），随后市场转跌为升，出现一根中阳线或大阳线。**早晨之星的技术意义是：股价经过大幅回落后，做空能量已大幅释放，股价无力再创新低，呈现底部回升态势，这是很明显的大势转向信号。**投资者见此信号，可考虑适当买进。

3. 图中后半部分出现了股指与成交量相背离的现象，即股指（或股价）在上升，成交量却在下降，**这在技术上称为股价与成交量的顶背离现象**（见图11中画线处）。从技术上说，股市上升时特别是出现较大涨幅后，出现量价（顶）背离现象，预示着盘中做多能量已经不济，股指（股价）随时都会见顶回落。因此，投资者在股价大幅上升后，见到股价与成交量之间出现顶背离的现象时，应做好离场准备。此时，持股者应逐步减仓，一旦发现股指有掉头向下的现象，就马上止损离场；空仓者应继续持币观望，切不可盲目看多做多。

哈哈！这个既有一定娱乐性，又在考验你的股市知识水平的股市扑克游戏，确实让人大开眼界。

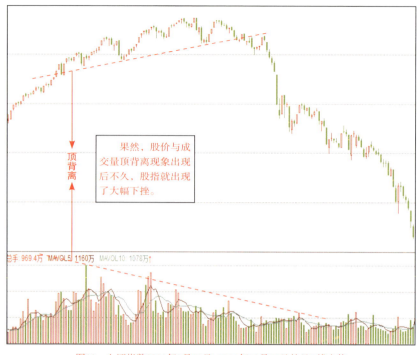

图11　上证指数2001年2月22日~2001年10月22日的日K线走势

股市操作经验漫谈之四

　　据悉，英文中有一句俗语，"**魔鬼藏在细节里**"。在股市中，股价大涨后出现"**顶背离**"就是一个细节。你若不注意，就看不出这个细节有何问题，也不会想到在这小小的细节里竟然会隐藏着一个巨大的陷阱。很多投资者在操作时就是因为没有注意这个细节，被主力忽悠了，最后套在高位弄得全身"遍体"鳞伤。

　　故而，投资者在操作时对"顶背离"这样的细节，一定要仔细观察，密切关注，随时做好离场的准备，切勿被股价大涨迷惑了。若一旦掉进主力设置的陷阱里，那就悔之晚矣，损失会非常大。

1. 这是2001年下半年上证指数的日K线走势图。

2. 当时市场上对图中箭头所指的大阴线有两种意见。一种意见认为，这根大阴线是在股指连续下跌后出现的，有最后一跌的味道，因此，在这根大阴线后盘中做空能量会得到彻底释放，股市就能见底。这种意见表面上看很有道理，因为在股市里确实也有这种情况。例如，有的时候大盘或个股在连续下跌后收了一根大阴线，而后就出现了见底回升的现象。但高手对这种意见进行了否定。高手的意见是，这根大阴线是股市进入熊市的重要标志。事后证明，前一种意见是错的，高手的意见完全正确。

那么，高手当时做出这一判断的依据是什么呢？高手认为，虽然在连续下跌后出现大阴线，有可能是见底信号，但这是有条件的。首先要确定大阴线的性质，因为大阴线有高位、中位与低位大阴线之分，且高位大阴线、中位大阴线都不具备最后一跌，即赶底的功能，只有低位大阴线才有赶底的功能。如果把图中大阴线视为低位大阴线，作为空头能量释放完毕后的中长期见底信号，那么这根大阴线必须在股指大幅下跌（一般要求≥30%）的情况下出现，只有这样才能称为低位大阴线。但事实上，这根大阴线创出的最低价与本轮行情的最高点相比，下跌幅度不足13%，所以它不可能是低位大阴线。第二个条件是，大阴线必须远离年线（即250日均线），技术上出现严重超跌后才会产生回升的动力，但这个条件当时也不具备。所以，高手就断然否定了当时有人把这根大阴线视为最后一跌，有可能是见底信号的意见。

另外更重要的是，让高手做出股市走熊必须离场的判断，是因为高手看到了这根大阴线的巨大做空能量，在大阴线出现后，股指还有相当大的下跌空间。高手告诉我们，如果当时盘中不出现这根大阴线，或许大盘还有一点希望，甚至牛市还能继续。但当这根大阴线出现时，股市就彻底走熊了。可以说，**这根大阴线是当时股市进入熊市的最重要标志**。有人想，问题真的有这样严重吗？高手通过图形进行了解析。

下面先看高手展示的第一张图（见图12）。从这张图看，在没有出现这根大阴线前，上证指数基本上运行在年线之上。众所周知，年线是鉴别牛市与熊市的分界线。只要上证指数没有跌破年线，就不能说大盘走熊了。

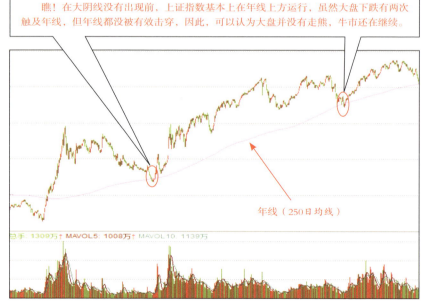

图12　上证指数1999年3月15日~2001年7月27日的日K线走势

接下来再看高手展示的第二张图（见图13）。从图中看，图最后面出现了一根大阴线（当天跌掉5.27%），而且这根大阴线出现的当天，先是向下跳空，然后一路下杀。这根大阴线意义非同寻常，因为它一下把大盘指数狠狠地甩在年线下方，空方在盘中十分猖狂，但多方在盘中毫无抵抗。要说跌破年线，在这轮行情上来时，也出现过几次跌穿年线的情况，但当时都是小幅跌穿，而且很快被拉了回来。之所以会出现这种"跌而不破，重新走强"的现象，一方面说明当时空方打压的力度不强，击穿年线时未见大阴线出现；另一方面说明当时多方的力量还是很强的，跌破年线后很快就把股指拉回到了年线上方。但是，这次情况发生了根本变化，一是击破年线是以"**向下跳空 + 大阴线**"的方式，将上证指数直接打到年线下方；二是多方在盘中毫无反抗，彻底缴械投降了，当日大盘

> 将上证指数几次跌破年线的情况做一个对比，就可以看出最后一次跌穿年线的情况是真的而不是假的。投资者对此必须引起高度警惕，麻木不仁就要吃大亏。

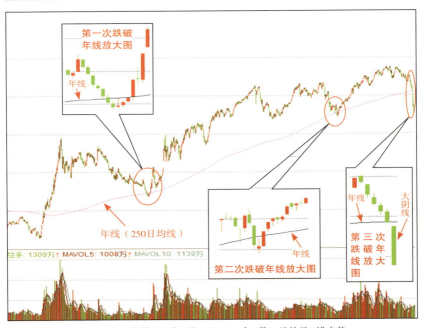

图13　上证指数1999年3月15日~2001年7月30日的日K线走势

指数是一直杀跌到底的。高手说，这种情况在这之前从来没有发生过，现在发生了，当然要引起高度重视。**高手认为，前几次跌穿年线是假跌，而这一次跌穿年线是真跌。如果是真跌，说明股市已进入熊市，而这根大阴线就是进入熊市的最重要标志。一旦股市被确认走熊后，就会有很大的下跌空间**（见图14）。所以他建议大家看到这根大阴线，应该马上把股票抛掉，以求规避后面大跌的风险。

> 年线失守，且年线是被一根向下跳空的大阴线打穿的，这是一个极为重要的离场信号，不走就晚了。该图显示，自这根大阴线之后，股市就彻底走熊，而且一熊就熊了4年，直跌至998点才见底。

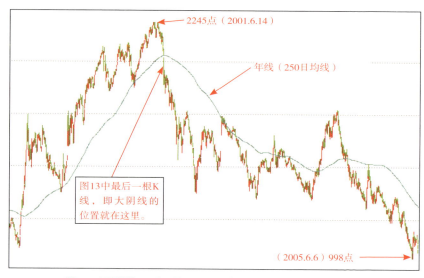

图14　上证指数1999年3月23日~2005年7月11日的日K线走势压缩图

高手的观点被后来的事实验证了，中国A股市场果然连熊了几年，持股不卖者损失惨重。高手的看盘经验也给我们做了重要提醒，这就是：在股市中，规避系统性风险是最重要的，当大盘走熊的信号出现时，一定要学会及时止损离场。

1. 这是2012年上半年上证指数的日K线走势图。

2. 据了解，张先生在箭头A处卖出股票的主要理由是：此轮反弹高点已接近前期的高点，**按照"只差一点点"必须做空的原则**（见图15），**应在此处卖出**。另外，当天收出的是一根"吊颈线"，吊颈线K线为见顶信号。两个因素合在一起，张先生在此选择了清空离场。

有人问，"只差一点点"究竟是什么意思呢？这里给大家做一个解释：它是指大盘或个股在反弹时往往会在接近前面高点（包括历史高点）处回落，其最高股价与前面高点（包括历史高点）的股价仅为一步之遥。这已经成了一种规律性现象，有人把这种现象简称为"只差一点点"（又称"一山比一山低"）。

为了让大家对"只差一点点"有一个直观的了解，我们在这里举一个典型的例子。

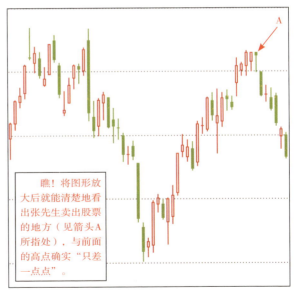

2012年上半年的上证指数日K线见顶部位放大图形

瞧！将图形放大后就能清楚地看出张先生卖出股票的地方（见箭头A所指处），与前面的高点确实"只差一点点"。

图15　上证指数2012年2月21日~2012年5月16日的日K线走势

图16是沪市主板市场的一只股票，名叫中国船舶（600150）。该股在2007年的大牛市中股价一度涨到300元（注：这是当时沪深股市中的第一高价股），然后见顶回落。该股股价在跌至190元后，出现了一轮反弹行情，这轮反弹行情就在离前面300元高点仅差一点点的地方画上了句号。可见，这个反弹高点（296.98元）就是投资者又一次极佳的逃命机会。如果不逃，后面的股价将跌得非常凄惨。

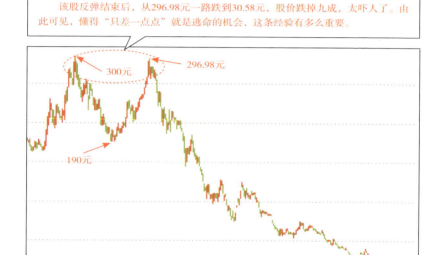

该股反弹结束后，从296.98元一路跌到30.58元，股价跌掉九成，太吓人了。由此可见，懂得"只差一点点"就是逃命的机会，这条经验有多么重要。

300元　296.98元

190元

30.58元

图16　中国船舶（600150）2007年4月12日~2008年12月1日的日K线走势

这里要提醒大家的是："只差一点点"的技巧不像其他技巧有一个明确的量化标准。它的缺点就是缺少一个量化指标，即具体到多少才能称为"只差一点点"。对这个问题我们是这样看的，作为中国人，对汉语的理解能力是很强的，什么情况下才能被称为"只差一点点"，投资者应该搞得明白，不会出现很大的偏差。至于一定要确定一个量化标准，确实有一定难度，因为市场强弱不同、个股的股性不一样，大资金操作的习惯各有差异，因此很难定出统一的标准。**高手在这方面的经验是：针对强势股，可以把"只差一点点"定在与前面高点相差 3%~5% 之处。**比如，某股出现一轮强势反弹，其前面的高点是 100 元，那么投资者就应该在 95~97 元处将它卖出。**针对非强势股，可以把"只差一点点"定在与前面高点相差 8%~10% 处。**

张先生告诉我们：从表面上看，对于"只差一点点"似乎大家都懂，算不上什么技术，更谈不上是什么关键技术。其实不然，在我们周围，很多大家应该明白的事情，因为事情太平常、太简单反而被大家忽视了。例如，保护环境比发展经济更重要，这是最简单的常识，但是有些地方为了发展经济，把环境搞得一团糟，污水横流，天空昏暗，连人们的正常生活都无法进行，弄得天怒人怨，不得已政府再花重金来治理环境，这岂不是得不偿失吗？这样的事情太多了，已不足为奇。又如，用自己的钱炒股心里踏实，借钱炒股风险大，这个道理大家都明白，但实际上很多人做不到。行情来时拼命借钱融资炒股；行情大跌时，借钱融资炒股者亏得很惨，爆仓的不在少数。

可见，忽视常识、把虽然简单但非常重要的事情搁置在一边而我行我素的投资者，在股市里数不胜数。所以我们经常看到，每次反弹的头部，每轮短线黑马行情的顶端，在离前面高点"只差一点点"距离的地方，都会有很多中小散户奋不顾身地冲进去，结果被一网打尽，套在高位。另外，也有一些原来应该获利的投资者，但因为持股不抛，幻想股价继续上涨，期望赚取更多利润，最终因股价下跌，希望落空，弄得白忙活一场。

也正因为如此，**"只差一点点"这个简单的技巧，已变得如此重要。有人估计，投资者在捕捉短线黑马，乃至中长线黑马，或参与反弹行情时，如果记住并能在实战中熟练地使用这个技巧，至少可以躲过 50% 被套在山峰上的风险**（注：因本书篇幅所限，更多的实例，详见《股市操练大全》第十册第 105~113 页、第 536~537 页）。

接下来看王先生。他在箭头B处卖出股票的主要理由是：此处上方出现了一个跳空缺口，多方在此毫无抵抗，当天股指一直在缺口下方运行，收了一根大阴线，可定性为向下突破缺口（见图17）。向下突破缺口是重要的看跌信号，所以，王先生在此选择了卖出。

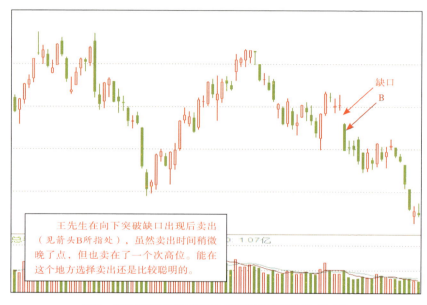

图17　上证指数2012年2月20日～2012年6月27日的日K线走势

说到缺口，有些读者感到比较陌生。这里先给大家简单地介绍"缺口"与"向下突破缺口"的知识。**所谓缺口，是指股价在运行过程中，受多空某方力量突增的影响，次日开盘价格，或者会高于前一天的最高价，或者会低于前一天的最低价，从而形成一个没有发生交易的价格空白区间，这个价格空白区间就是缺口。**若在上涨过程中出现的缺口，称为向上跳空缺口；若在下跌过程中出现的缺口，称为向下跳空缺口。根据缺口所处的位置与性质，缺口又分成为突破缺口、持续缺口、竭尽缺口3种类型。

一般来说，从高处跌下来的第一次向下缺口，叫做向下突破缺

口。向下突破缺口出现后，预示着后面会有一段较大的跌势。所以看到向下突破缺口，正确的做法是及时抛股离场，这样就可以规避后面大跌的风险。

最后来看唐先生。他在箭头C处卖出股票的理由是：此处已将双顶颈线打穿，双顶正式宣告成立（见图18）。一旦双顶成立，后面的杀跌就会很厉害，所以唐先生在此将股票全部抛出。

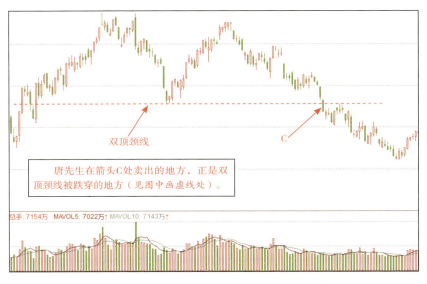

双顶颈线

C

唐先生在箭头C处卖出的地方，正是双顶颈线被跌穿的地方（见图中画虚线处）。

总手：7154万   MAVOL5: 7022万↑   MAVOL10: 7143万↑

图18　上证指数2012年1月4日~2012年8月9日的日K线走势

考虑到有的读者对什么是双顶与双顶形成的机理、特点还比较陌生，这里简单地向大家介绍一些有关这方面的知识。

什么是双顶呢？双顶，又称双头、M头，是一种出现频繁且非常重要的顶部形态。双顶形成的机理是：由于市场经过一段时间的上涨后，股价涨幅已大，一些投资者获利颇丰，产生一种居高思危的警觉。因此，当股价在某一阶段遭突发利空或主力人为打压时，大量的获利盘会卖出，因而造成股价出现深幅回调；但当股价回落到某一水平时，会引起一些短线投资者的兴趣，进行抄底买入。另外，前面卖出获利的投资者也可能在这个水平位置再次买入补回，于是行情开始再次上升。当股价上升接近前期高点时，对该股信心不足的投资者会因为觉得错过了在第一次高点卖出的机会，怕再错失一次卖出的好机会而不断抛售。此时，再加上短线投资者有了一定获利后也在卖出，双重抛售的压力，促使股价再次下跌。由于两次股价上涨都在某一高点附近受阻而回落，致使很多人感到失望，不再看好后市。于是，越来越多的投资者开始卖出股票，最后因为场内做空的力量越来越强，多方招架不住，股价就会跌破上次回落的低点（即颈线），整个双重顶形态便告形成。

双顶的特征是：（1）股价有两个比较明显的山峰，而且两个峰顶的价位也大致相同。一般来说，后一个山峰的高点比前一个山峰的高点要略低一点。（2）股价第二次反弹上冲时成交量比第一次上冲时的成交量要小。（3）股价在第二次碰顶后拐头向下，股价下跌时会跌破前一次回落的低点。（4）双顶走势跌破颈线后常有反抽出现，但反抽时成交量明显萎缩，受阻于颈线位，以确认向下突破的有效性（见图19）。

双顶颈线破位示意图

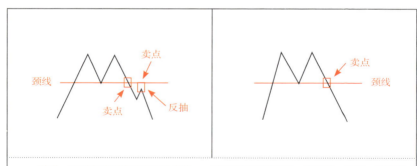

说明：双顶突破颈线后有两种走势：一种是突破颈线后有一个反抽，这时，就会出现两个卖点，如左上图；另一种是突破颈线后一路下泻，这时，只有一个明显的卖点出现，如右上图。

图19

在了解了双顶形成的机理与特征后，大家再回过头来看扑克牌中的图形，就会发现当时上证指数确实在构建一个双顶图形。唐先生在箭头C处卖出，是因为此处双顶颈线已向下破位。这样操作完全正确。虽然唐先生在这个点位卖出比在箭头A、B处卖出股价要低很多，但不卖出而继续持股损失会更大（见图20）。

瞧！若双顶颈线破位后不及时卖出，后面就跌惨了。

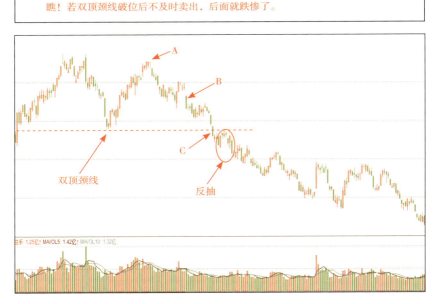

图20　上证指数2011年1月16日~2012年12月4日的日K线走势

最后我们来说说，如何评价张先生、王先生、唐先生的投资行为呢？从图中看，张先生在箭头A处卖出，股价卖得最高，应该属于最敏感投资者；王先生在箭头B处卖出，卖出的股价稍微低了一点，但成绩还算不错，应该属于敏感投资者；唐先生在箭头C处卖出，卖出的股价最低。唐先生的成绩虽然比张先生、王先生差，但唐先生在股价出现明显破位时能选择卖出，这相比一些不看图形或看不懂图形、在卖出信号出现后仍一味看多做多、不懂得止损离场从而造成巨大亏损的投资者来说，成绩还算相当不错的，所以应该属于较敏感的投资者。

总体上来说，在箭头A、B、C处卖出的都属于赢家，只不过其成绩各有差异罢了。作为后来人，要想成为股市中的赢家，就要向他们学习，当然最值得学习的是最敏感的投资者的做法。

股市操作经验漫谈之五

据了解，在股市中，无论是大盘还是个股，也无论是价值股还是题材股，双顶是其见顶的一个最主要形式。原因是，当股价上冲出现第一个顶部时，虽然上涨动能已经衰竭，主力已经出逃，但大多数股民还蒙在鼓里，以为股价上涨受阻，冲高回落，是主力在洗盘，因此很多股民在股价回落到一个低点后，又不断在往里拥挤，从而出现了股价继续上涨的假象。但通常情况是：股价在离第一个顶部"只差一点点"之处掉头向下了。

此时有经验的投资者知道，这是在构筑双顶了，应马上出逃。若做到这一点，那就可以成为在次高点卖出的赢家了。当股价跌破双顶颈线时卖出，虽然晚了一点，但基本上也能保住赢家的"晚节"，不至于造成大幅亏损。如连这点都做不到，在股市中就是一个后知后觉的输家了。

解答

1. 这是2014年上半年上证指数的日K线走势图。

2. 填充：弱市；潜伏。

高手是如何看待当时市场的？他说的炒股绝招究竟是什么？关于这个问题，我们还是听听高手自己怎么说的。据了解，高手于2014年6月在《股市操练大全》培训班上进行了演讲，阐述了他对当时市场的看法与自己的投资策略。

高手说，当下股市走势很弱，屡买屡套成了常态，很多人对市场感到失望，甚至绝望。那么，在这样的市场里能不能找到投资机会呢？高手给出的答案是，不但能，而且很有可能找到改变人的一生命运的致富机会。

听高手这么一说，很多人在惊讶的同时又持高度怀疑态度。高手为了消除大家的疑虑，将自己的投资生涯娓娓道来，并告诉大家**他从散户做到超大户，就是因为抓住了弱市中的投资机会，可以说自己90%以上的财富都是从弱市中淘金淘来的。**

高手说，他是1986年进股市的，当时还没有上海证券交易所，证券交易是在上海市静安区一家很小的营业部（面积只有五六十平方米）里进行的，当时买卖双方都在柜台前实施交割，挂牌交易的仅有飞乐音响等少数几只股票，一天交易不了几笔，交易量还不及

哈哈，弱市淘金，没听说过。弱市不就是熊市吗？熊市，大家躲都来不及，还能淘金，这太奇怪了。我倒要看看，弱市怎么淘金了？若拿不出什么铁的证据，我是不会相信的！

现在一个中户一天的交易量大，交易十分清淡。但这个时候恰恰是买股票进行潜伏的最好时机，因为当时交易的所有股票，在上交所成立后的一两年里，都至少暴涨了20倍以上，多的暴涨了100多倍。

高手说，这件事给了他很大启发，从此以后，他就认定股市里最大的投资机会就在弱市中，**弱市中学会潜伏是赢家的胜利法宝**。

高手说，股市后来的发展证实他的看法是对的，从自己的粗略统计看，**20多年来，上海股市至少出现过8次重大的投资机会，而且这8次重大的投资机会都发生在弱市最黑暗的时期。**

那么，上海股市从1984年11月公开发行第一只股票飞乐音响以来，迄今为止究竟出现过哪8大投资机会呢？

高手向我们一一道来。

第一次重大的投资机会出现在上海第一批原始股上柜交易后跌破面值时。时间大约在上海证券交易所成立之前的一两年。这个时期是股票交易的第一个冰冻时期。当时上柜交易的股票只有六七只，它们或是跌破面值^[注]，或是在面值附近苦苦挣扎，交易十分清淡，在这段时间关心、问津股票的人非常少，绝大多数人都错过了这个百年难遇的投资机会。这里给大家举一个典型例子。高手说，有一个在新闻界工作的朋友，当年他曾经好不容易买进了50股豫园商城股票（编者按：当时豫园商城是按照面值发行的，100元为1股，相当于现在的100股，50股即相当于现在的5000股），后来，他看见豫园商城股票

【注】 新中国成立后，直至1984年才在上海出现了第一只公开发行的股票——飞乐音响，后来又陆续发行了延中实业（现改名为"方正科技"）、爱使电子（现改名为"ST游久"）、申华实业（现改名为"申华控股"）、真空电子（现改名为"云赛智联"）等六七只股票。当时的股票不像现在是1元面值一股，而是50元、100元面值一股。比如，真空电子发行时100元一股，每人限购20股（相当于现在的2000股）。发行时都是按照面值发行的，20股就是2000元，没有什么溢价，这是真正的原始股（编者按：股票溢价发行是从上交所成立后开始的，一直延续至今，现在的股票都是溢价发行，动辄几十元一股）。当时这些原始股在上柜交易后不久，就纷纷跌破了面值，并且长时间在面值之下徘徊，就是这样便宜的股票，那个时候也很少有人问津。上交所是在1990年12月成立的，在上交所成立前的证券不仅交易品种很少，交易量也极小，一天交易上万元已经是很大的成交量，市场可以说非常冷清。

长期在面值附近徘徊，觉得没有什么希望，就忍不住将这些原始股按面值的价格转让给了别人。就这样，已经到手的大黑马就轻易让给了别人。没想到，这一"让"一下子就让出了几十万元利润（编者按：在上交所成立后，短短一年多时间，豫园商城就涨到了1万多元1股，与面值相比足足涨了100倍，其间最高价是10600元，50股就是50多万元）。而这位新闻界的朋友因为割肉，连买原始股的本钱都没捞回来，此事让他一直耿耿于怀，至今想起来仍后悔不已。

第二次重大的投资机会出现在上海证券交易所成立初期。即当时交易的"老八股"，从"白马王子"沦落为"丑小鸭"这一段时期，时间大约在1991年春天。上海证券交易所刚开张时，能交易的股票只有延中实业、真空电子、申华实业等8只股票，人称"老八股"。当时交易时股价也是实行涨跌停板，因为股票供不应求，每天股票一开盘就封在涨停价上，买股票要半夜起来排队，有的人排了几天也买不到一只股票，直急得那些一心想买进股票发财的人干瞪眼。但天有不测风云，刚开张一个多月的上海股市突然进入了空头市场，有人称之为"小熊市"。此后股价纷纷大跌，延中实业、飞乐股份、真空电子等股票天天撞在跌停板上，就连后来成为申城第一大牛股的申华实业，也变成了人见人弃的丑小鸭。而那些原来排队抢购股票但始终未能如愿的投资者，此时态度出现了180度大转弯，大多数人溜之大吉了。可以说，那时股价非常低，比现在溢价发行的原始股还要便宜好多。当时如果花个8万元、10万元买进一些，一两年后个个都变成了百万富翁。但就是这样的好机会，不少人又放弃了。这次小熊市经历的时间不长，小熊市的时间未超过4个月，1991年5月下旬股市开始转入牛市。之后，这些"老八股"又变成了人见人爱的"白马王子"。这些在小熊市中无人要的"老八股"，一下子又变得十分吃香了，每天交易都封在涨停板上，这个时候很难买到它们了。我们曾接触到一名投资者，据他回忆，当时在股市熊转牛后，他连续排了一个月队，但最后一股都没有买到。

第三次重大的投资机会出现在曾引起万人羡慕的30元一张的认购证，到最后打对折也无人问津时。至今，很多人还记得上海发行第一批认购证，造就了一批股市新贵的神话。原本30元一张的认购证，被炒到了几千元，甚至1万多元。花3000元买100张认购证，不费吹灰之力就成了百万富翁。第一批认购证发行结束后，没有买进的人懊悔不已。据了解，有一名投资者当时曾说过：下次再发行认购证，就是砸锅卖铁，也不会放过这个机会。但股市也真会和人开玩笑，1992年5月，上海股市在1429点见顶，然后一路向下。在1992年11月上海股市跌到400点附近时，最后一批已经摇号对上奖的认购证一下子变得不吃香了，有的按成本价打对折都找不到买家，有的甚至把中签可买股票的认购证随手撕了扔掉。而那名曾经发誓要砸锅卖铁都不放过购买第一批认购证机会的投资者，此时再也听不到他的响声了。不过，这最后一批对奖的认购证贬值时间非常短，凡是那时有魄力趁低收进认购证、买进原始股的投资者，不出两个月个个都赚得盆满钵满，笑得合不拢嘴。

　　第四次重大的投资机会出现在上海股市第二次跌到300多点之后。如果说上海股市1992年第一次跌到300多点，是因为大家缺乏投资经验而错过了一次发财机会的话，那么上海股市1994年第二次跌到300多点，就应该经验丰富了。但面对这样一个发财机会，很多投资者又犹豫不决了，最后眼睁睁地看着这个发财机会离自己远去。据了解，若当时在300多点买进，几年后股价平均涨幅在6倍以上，涨幅大的股票股价涨了几十倍。最典型的一个例子是云南白药（000538）。该股是在1993年12月15日上市的，上市后就一路下跌，跌至300多点时，股价最低跌至2.35元。但截至2015年5月29日，复权价（已将历年分红送股都算进去了）已达1375元，也就是说，该股在这22年中足足涨了584倍。可见，这是多么惊人的涨幅！

　　第五次重大的投资机会出现在1996年第一季度，上海股市又一次滑落到了500多点。当时一批每股收益很高的绩优股都跌到了净资产值附近，有的还跌破了净资产值，市盈率最低的已不足4倍，这分明是把金凤凰当成草鸡在卖。虽然有些人在当时看到了里面的投资机会，但想归想，就是不敢动手买。因此，他们又一次与上海股市512点这个历史性大底擦肩而过。（注：据了解，当时市盈率只有几倍的股票，2年后，绝大多数股价都涨了五六倍，高的涨了十几倍。可见，在弱市中耐心潜伏下来，往后的收益肯定十分惊人。）

第六次重大的投资机会出现在1999年四五月份，这是沪深股市历史上著名的"5·19"行情发动的前夜。当时市场因为连续下跌，一片沉寂，再加上这两年全国各地自然灾害（如长江特大洪水）频繁，很多人都不看好后市，卖出股票远离股市。其实，这是黎明前的黑暗，是一个非常好的投资机会。可惜很多人都没有看出这个机会，或者虽然看到了这个机会，但因耐不住寂寞而离场了。可是谁也没有想到，就在股市十分冷落时，以网络科技股为首的"5·19"行情突然爆发了，而且行情启动时就出现了高举高打、连续逼空的走势，股价快速上涨，市场上做多的主力不给低位离场者任何机会，大盘指数出现了火箭式的飙升。短短1个多月，上证指数就大涨了70%。综艺股份、清华同方、广电信息等网络科技股在不到2个月的时间内，股价竟涨了好几倍，这让一些当时在股市十分冷清时潜伏进场的投资者狠狠地大赚了一笔，同时也让当时低位离场的投资者心情十分沮丧，欲哭无泪。

第七次重大的投资机会出现在2005年夏天。当时沪深股市的大熊市已持续了4年，上证指数几年后又重新回到1000点。或许是股市跌得太惨了，有人竟然把股市与毒品联系在一起，"远离毒品、远离股市"成了当时很流行的口号。想想也是，很多股票都跌破了发行价、增发价、净资产值，一元股票大扩容，市场上出现了近百只一元股，股价被贱卖的现象十分严重。但就在投资大众对股市几近绝望时，一些先知先觉的投资者嗅到了市场机会，他们提前埋伏在那里，之后股市就奇迹般地起死回生了。2006年、2007年的2年中，沪深股市涨了5倍有余，个股上涨10倍、20倍都不鲜见，涨了5倍以上的有几百只，这让一些在千点附近进场的投资者，赚得盆满钵满。

第八次重大的投资机会出现在2008年冬季。 2008年冬天是一个严寒的冬天，但比冬天更冷的是股市。股市中有一句名言，暴涨之后必有暴跌。2005年6月~2007年10月，沪深股市大涨了500%多，当上证指数攀上6000点高峰后，股市突然出现报复性下跌，其下跌犹如"飞流直下三千尺"，上证指数竟然在一年里，从6000多点狂泻到1600多点。如此凶狠的跌法，大家过去都没有见到过，投资者的财富被快速蒸发，跌到1600多点时很多人神经都快崩溃了，选择轻生者有之，发病卧床不起者有之。但市场就是不可捉摸，就在人们担心股市会继续下跌、出现崩溃时，市场悄悄地见底了，然后慢慢地向上，一轮强劲的反弹就此应运而生，仅半年多时间，上证指数从1664点就涨到了3478点，大盘指数上涨了107%。更令人欣喜的是，一批行业新秀与中小盘个股的股价不仅收回了失地，还创了历史新高（编者按：有的个股在这轮行情中，上涨后的价格比上证指数在6124点时的股价还要高出一大截）。据了解，一些有经验的投资者在上证指数跌破2000点后就开始逢低建仓，预先埋伏在那里，后来，这些投资者都获利不菲，在2009年这轮行情中成了大赢家。

上面说的投资机会都是重大的投资机会，在20多年的股市发展中，还出现了很多中等的或者比较小的投资机会，这里就不细说了。

（编者按：高手说的8次重大投资机会，是在2014年6月讲课时说的。现在又过去了好几年时间，但弱市中隐藏着重大投资机会，这个观点永远不会过时。能不能抓住这样的重大投资机会，就看各人的眼光与耐心了。）

有人问：重大的投资机会意味着什么？说白了就是发大财的机会。在上面介绍的这八次重大投资机会中，通常只要抓住一次，就可以赚上几倍利润，多的还可能赚上10倍，甚至几十倍利润。一位投资大师说，一个人一生只要抓住一两次重大的投资机会，就可以改变一生的命运了。可见，重大的投资机会对投资者来说是多么重要。

有些投资者反映，自己手里资金少、信息不灵，而主力（庄家）非常凶狠，沪深股市环境又这样险恶，因此，不要说能抓住这样重大的投资机会，就是不输钱也很难。高手对这个观点做了分析。高手认为，这话既对又不对。说它对，在股市里赚钱确实不容易，尤其是中小散户是市场中的弱者，更容易受到市场方方面面的挤压，输多赢少已成为一种普遍现象，这是事实。说它不对，具体表现在三个方面：

其一，中小散户做股票输多赢少，并不只是沪深股市里独有的现象。其实，在任何股市里中小散户都是输多赢少，即使在全球成熟股市中，也只是少数人赚钱多数人赔钱。这是因为，股市说到底是一场零和博弈，一部分人赢了，就必然有另一部分人亏了。

其二，在股市中能赚钱的，尤其能赚大钱的，都是抓住过重大投资机会的。据统计，沪深股市里有一批手握几百万元、几千万元甚至几亿元资金的大户，就是从几千元、几万元做起的。当初他们也是散户，现在变成了手握重金的大户，就是因为他们抓住了重大的投资机会，把自己做大做强了。

其三，股市中的重大投资机会，不会只给别人不给你，只给主力（庄家）不给中小散户。试想，上面说的八次重大投资机会，每一次都是在股市极为冷清的时候出现的，而每一次冷清的时间，短则几个月，长则半年、一年。在这么长的时间里，人人都可以从容地去买股票，从容地去选择投资品种。这怎么可以说，股市中重大的投资机会只给别人不给你呢？但问题是，当股市中出现重大的投资机会时，你能不能发现它？发现了又能不能有勇气去接受它、逢低建仓并潜伏在那里？如果你连这些都没有做到，那就不要怨天尤人，要怪只能怪自己。实践已经证明，在弱市中学会潜伏是赢家制胜的一个法宝。重大的投资机会来了，就要不顾一切地抓住它，这才是硬道理。

高手在列举中国A股市场出现过的八次重大机会后，话锋一转，他问大家，当下的股市如此低迷，是不是也蕴藏着一次重大投资机会呢？高手说，他先不下结论，请大家讨论后他再来分析。

在高手的提议下，培训班学员进行了分组讨论，然后高手做了分析与总结。

高手说，弱市中有重大的投资机会。那么，首先要了解什么是弱市。高手认为，成熟的投资者对弱市的认识、理解，与普通散户对弱市的认识、理解有很大的不同。例如，普通散户看到股市出现下跌趋势，股价暴跌，成交量萎缩，人气减少，就认为市场转弱了。因此，从熊市开始一直到熊市结束，大家把这个漫长的过程都看作弱市。但是，成熟的投资者对"弱市"这个概念的认识与理解却不一样。他们认为，股市里涨涨跌跌是很平常的事，不能一见股市下跌就判断市场进入弱势了。在他们看来，真正的弱市有它的特定含义，它通常是指市场进入了最黑暗的时期，度过了这个最黑暗的时期，黎明就出现了。所以在这个阶段进行潜伏，就好比股市已跌到了山脚附近进行潜伏。在这个时候买进，即使短期被套，总体上也不会出现深套，中长期走势是可以看好的，而且这种吃套也只是暂时现象，不久后就会有曙光出现，股价即会回升。从这个意义上说，弱市学会潜伏，最后必定是赢多输少。

高手向大家举了一个实例。高手说，2007年他从5000点高位成功逃顶后，就一直按兵不动，上证指数从6124点跌到3000点，市场一度认为这轮熊市已经到底了，但自己仍然在旁观望，没有出手，直到2008年上证指数跌穿2000点后，他才开始逢低吸纳。后来的事实证明，上证指数在1664点见底后，出现了一轮强劲反弹，上证指数涨到3478点才见顶，这一次"弱市进行潜伏"，又让他大赚了一笔。

那么，为什么当初上证指数从6124点跌到3000点时，跌幅已经很大，市场在这个位置见到了阶段性底部，而高手却仍然在旁观望，不肯进行"弱市潜伏"呢？高手向大家解释说，当时，他并不认为上证指数从6000多点跌到3000点，股市就进入弱市了，所以他没有进去。高手说，**他判断市场进入弱市有3个标准：**

①　**市场人气极度低迷。**其表现是：报摊上证券类报刊无人问津（编者按：2005年4~7月、2008年8~11月，是沪深股市最低迷的时期。据了解，当时遍布上海各个角落的上海东方书报亭中的证券类报刊严重滞销，有的报刊亭出现了连续几周因无人购买证券报，最后都被悉数退回给报社的现象。时至2021年，因自媒体、微信等快速发展，东方报刊亭在上海已难觅踪影，当前用证券类报刊是否滞销来判断市场人气是否低迷已不合时宜。但有一点不变的是，市场人气极度低迷时，观看媒体上股市节目，买股票书、证券类报刊的人会大幅减少，出现门可罗雀的现象）。怨恨股市的流言蜚语满天飞（比如，市场上到处流传"远离毒品，远离股市"的流言）。证券营业大厅空空荡荡，股市上对利好消息麻木不仁、对利空消息过度放大，市场上出现了恐慌性杀跌（比如，2008年9月，上证指数跌到1800多点时，股市上出现了罕见的工商银行、建设银行、交通银行这些庞然大物连续跌停的现象。可见，当时市场恐慌已到了非常惊人的程度）。

②　**"三破发"成为常态。**"三破发"是指新股发行价被跌破、增发价被跌破、上市公司的每股净资产被跌破。在弱市最黑暗时期，"三破发"个股很多，会形成扎堆现象。

③　**所有的板块都跌过了，股价已跌进历史低位。**股市形成下跌趋势后，先是高价股跌，然后再是中价股、低价股下跌，等低价股跌了后，又反过来拉动高价股再次下跌。另外到熊市后期，强势股、抗跌股都扛不住了，出现补跌，这样又进一步打压市场人气，致使中低价股再次下跌。总之，弱市最黑暗时期，所有板块都跌了（只是各自下跌的程度不同而已）。到弱市最黑暗的时候，最明显的现象是：高价股纷纷回落，二三元的低价股大幅扩容，一元股频频亮相。

高手说，2007年10月上证指数从6124点出现下跌，半年多时间就跌到3000点，这个下跌确实很厉害。但尽管如此，自己还是认为当时股市里人气并没有散，有的板块在逆大势而动，比如奥运板块的个股走势就很强，情况还没有到最糟糕的程度。这种现象与他理解的弱市标准尚有很大一段距离。因此，他判断当时的3000点还不是真正意义上的弱市，所以仍然在观望，没有潜伏进去。而当上证指数跌破2000点后，所有板块都跌过了（包括奥运板块也出现了补跌），他认为那个时候的股市状况与他理解的弱市标准已很接近，于是，他才开始分批进场，对他所关注的个股预先打了一些埋伏。后来行情从1664点起来后，他预先埋伏的个股都出现了很好的涨幅，这次又让他赚了一笔。

高手说，总结自己20多年来的投资经验，他得出一个结论：**股市最大的投资机会在弱市中，弱市中学会潜伏是做投资和捕捉大牛股、大黑马的最好时机。**

高手在解释了什么是弱市后，他问大家，当下的中国A股市场（注：指2014年上半年）是不是已经到了弱市呢？在同学们回答后，高手肯定地说，当下的中国A股市场就是一个典型的弱市。为什么做出如此判断呢？高手给了两方面的理由：

第一，从基本面、市场面上看，以前弱市中出现过的所有现象都出现了，比如，"三破发"已成为常态，所有的板块都跌过了，市场人气极度低迷。另外，它还比以往熊市最黑暗的时期多了两个现象：一是整个股市的平均市盈率为历史上最低，银行板块市盈率跌至5倍以下都无人问津，这在以前是闻所未闻；二是有大量中小投资者因对股市极度失望，到证券公司主动销户（数量高达上百万），这是以前的熊市中没有发生的事。这些现象说明，当下股市的积弱程度比历史上任何一次熊市都要厉害。

第二，从技术面上看，股指走势已到了崩盘与重生的关口。若空方再施压，多方缴械，股市就会崩盘；若多方奋力反击，空方后退，股市就会绝地逢生。

那么，怎么看出多方与空方到了最后摊牌阶段呢？高手给大家做了解析。高手说，多空最后大决战的情况，可以从日K线图、月K

线图上看出。

　　高手先让大家看日K线图（见图21）。2014年上半年的上证指数走的是一个收敛三角形走势。马上就要选择突破方向，到底是向上突破还是向下突破，目前还没有一个定数，这让人心里一直悬着。

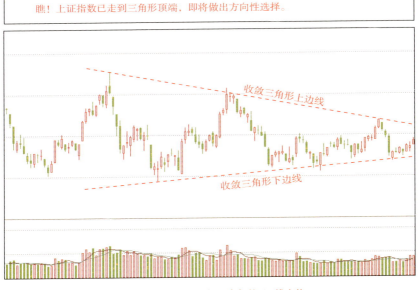

瞧！上证指数已走到三角形顶端，即将做出方向性选择。

收敛三角形上边线

收敛三角形下边线

图21　上证指数2014年上半年的日K线走势

　　高手再让大家看月K线图（见图22）。从月K线图上可以看出，上证指数在2014年上半年已出现"四星并列"的现象。"四星并列"在以前股市中从未出现过，而现在出现有它特殊的意义，说明这4个月多空双方争斗打了个平手，空方已无力将多方打下去，多方也暂时没有力量将空方顶回去。不过，从K线理论上说，在股市大幅下跌后出现"四星并列"多为见底信号，这多少给市场带来一定的希望。

　　高手说，从日K线图、月K线图上分析，股市已到了最黑暗时期，多空最后摊牌即将出现。根据历史经验，再加上政府也不会允许股市崩盘，一定会极力呵护，所以多方一定会最后胜出。因此，

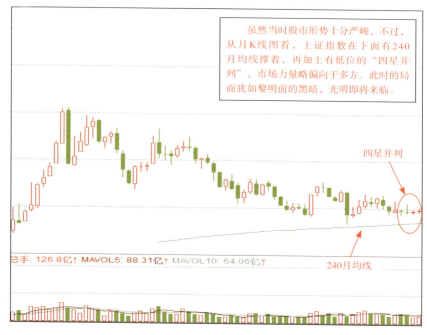

图22 上证指数2014年上半年的月K线走势

当下大家要抓紧时间在弱市潜伏，逢低吸纳，耐心持股，迎接大牛市的到来。

高手的判断是正确的，果然2014年下半年股市熊去牛来，上证指数出现连续大涨。这让听从高手建议、在2014年上半年进行弱市潜伏的投资者，获得了不菲的收益。

高手通过讲述自己的投资生涯，用大量事实证明股市中最大的投资机会就在弱市中。**高手认为"弱市学会潜伏"，是投资者最实用、最有效的炒股方法，这也是他从散户做到超大户的炒股绝招。高手强调，弱市学会潜伏的方法过去管用，现在也管用，将来仍有其用武之地，因为这里面蕴藏着太多的挖掘人生第一桶金的暴富机会。高手坚定地相信，今后只要坚持这个投资理念并能在实践中努力贯彻运用的投资者，都能成为股市赢家，甚至是股市大赢家。**

上海股市早期历史回顾与投资启示

（说明：本书完稿后，向读者征求意见时，有些读者向我们提出，他们很想了解上海证券交易所成立之前的一段上海股市历史，这样更有利于以史为鉴，做好股票。现应读者的要求，我们在这里向大家简单介绍一下早期上海股市的情况，以供参考。）

一、早期的上海股市

上海证券交易所成立前的早期上海股市的历史，特指1984年11月~1990年12月这段时间。这段股市历史大致可以分为3个阶段。

（一）、短暂的辉煌阶段

1984年11月，上海向社会公开发行了第一只股票飞乐音响，这也是新中国成立以来全国第一只公开发行的股票，之后上海又继续公开发行了延中实业、真空电子等股票，这就是上海最早发行的原始股。上海第一批原始股发行时盛况空前，记得1986年真空电子发行时，队伍排了有几条马路长，有大批警察出来维持交通秩序。之后发行的飞乐股份，为了防止影响交通，通宵排队的投资者在凌晨3：00被"请进"了一家体育馆。据当事人回忆，进入体育馆后，大家连水都喝不上一口，更不用说吃的，饥肠辘辘，一直熬到上午9：00才开始登记，最后一批登记的投资者临近中午才等到一张只能买上5股（编者按：当时飞乐股份发行价是100元1股，后拆细成100股，5股即相当于现在的500股）的预约单。后来，第一批原始股票上柜交易后，其每年比银行利率稍高的现金红利分配和股价能高出面值进行交易，曾令精明的上海人羡慕不已。一名早期股票投资者说，他买进第一批原始股赚了些钱，他的一些亲朋好友知道了，都埋怨他这么好的发财机会也不通知他们一声。但是，当时上海第一批原始股的辉煌时期很短，它很快就进入了中国股市历史上第一个冰冻时期。

（二）、长时间无人问津阶段

有人问，何谓股市上的冰冻时期呢？说白了，就是指当时这些原始股上柜交易后价格越走越低；更糟糕的是，价格低仍然没人接盘。这就像现在股价封至跌停板想卖也卖不掉一样，市场交易十分清淡，而反观当时的国债交易却十分热闹。这一冷一热的反差，给当时拿着原始股的投资者带来巨大压力。大家讥笑他们是"最没有经济头脑的傻瓜"。

为什么当时这些原始股刚开始发行时会有很多人抢购，但很快就被市场冷落了呢？这里有一个重要原因。起初，大家对这些原始股感兴趣抢着要，是因为原始股每年分配的红利（指现金分配）比银行的利率要高出几个百分点，另外买这些原始股还有摇号中奖的机会（如中彩电、冰箱等），再加上向社会公开发行股票是改革开放后出现的一个"新生事物"，这也吸引了一部分人的眼球。但这些情况后来发生了很大的变化。在20世纪80年代末期，我国出现了罕见的通货膨胀，社会上出现了抢购潮，国家为了抑制通货膨胀，提高了银行利率，并实行了保值补贴，这时存银行每年得到的利息大大超过了这些原始股每年分配的现金红利（**编者按：当时的股票，除了每年分配一定的现金红利，还没有什么送股、转增股票之类的事情发生**）。在当时那个年代，人们的金融知识很贫乏，股票是什么，大家都不知道，市场上也没有出现股票被炒作的事（**编者按：请注意，早期的上海股市不像现在，股票还可以投机炒作，投资者能从中赚一些差价，当时根本没有实力机构去炒作股票这回事**）。即使刚开始这些原始股每年的现金红利比银行利率高出几个百分点，股价上市后最多也就是比发行价高10%~20%。后来当这些原始股的现金红利分配比不上存银行的利息时，股价马上就跌到了发行价下方（注：当时股票发行价是以股票面值发行的，1元面值的股票发行价就是1元，不像现在的新股，1元面值的股票，可以以几十元的溢价对外发行），长期在面值下方徘徊。更使精明的上海人难以接受的是，一方面，股票买进后不能退货（编者按：这个问题从现在看很幼稚，买股票后当然不能退给上市公司，但当时很多人却认为股票买了"不能退货"是很不合理的，有人甚至要求有关部门解决这个问题）；另一方面，股票挂牌交易又没有多少人愿意买进，有价无市的情况十分突出。因此，股票变现出现了很大困难。据悉，当时有很多持股者感叹，守着这些既不能赚钱、又不能变现（卖不掉）的股票，资金都被搁死了。有的人发牢骚说，这件事做得太蠢了，早知道这样，当初发行这些原始股时就不应该排队抢购，这完全是花钱买罪受。

偌大一个上海，当时每天股票交易就集中在上海静安区一个只有几十平方米的小屋里进行，一天柜台交易下来也成交不了几笔，这种冷清凄凉的场面是现在做股票的人无法想象的。20世纪80年代后期，股票市场无人问津的状态在上海持续了二三年之久，一直延续到1990年4月才出现了转机。但出乎大家意料的是，这个转机，以及随即迎来的股市第一个春天——股价出现大涨，竟然是被一批远离上海的外地炒家炒出来的。

（三）、大众觉醒阶段

1990年4月，上海静安区一条马路出现了一些神秘的身影。这些人是谁？他们来干什么？当时谁也不清楚。只见这些衣冠楚楚的绅士专门找路边的黄牛进行洽谈。后来才知道，这些人是从深圳到上海来挖金的实力大户，他们携带巨款到上海来收购尚在面值下方苦苦挣扎的原始股。他们委托上海的黄牛代他们收购这些原始股，开出的价格是按面值收购（即按发行价收购），每收购一股就给一笔犒劳费。对于这种无风险的生意，黄牛当然很乐意干，而当时这个生意确实很好做，因为股价跌破面值已有很长时间了，很多持股者早已忍受不住这种折磨，急于把本钱收回来，一些斤斤计较的上海小男人尤其如此。当一些几年里被这些跌破面值的股票弄得食之无味、夜不能寐的上海人，听到有人愿意按面值收购他们手中的股票时，几乎个个都是喜出望外，因此，黄牛很容易就完成了深圳大户交给他们的任务，并由此拿到了一笔可观的犒劳费。

正当这些原来拿着无人问津的股票，被深圳大户"解放"而感到浑身轻松的上海人，还来不及庆祝自己的"解放"时，就陷入了更大的后悔与痛苦之中。原来在深圳大户按面值收购了大量的原始股后，马上就施出了一个狠招，短短的一两个月就把原本十分冷清的上海股市炒翻了天。当时所有在柜台挂牌交易的股票都犹如乘上了火箭，天天往上飙升，此情此景，让精明的上海人傻了眼。例如，当时上海股本中最大的一只股票真空电子，短短一两个月内就从每股100元（该股当时面值是100元1股，1股相当于现在的100股）涨到了800多元，另一个小盘股豫园商场从每股100元炒到了1200多元。到了这个时候上海人才如梦初醒，原来一直被他们看成鸡肋的原始股，竟然是一座未被人认识的金矿，这座金矿现在被远道而来的深圳人轻松挖走了。可想而知，当时按面值把这些原始股卖掉的人心情是何等沮丧。

当然，股价暴涨之后必然会出现暴跌，当时深圳大户把上海这些原始股炒至高位，并在高位放空筹码后就悄悄地溜走了。1990年秋，原来那些乘火箭直升的股票都急速地掉头向下，形成了快速下跌的走势。

例如，当时股市中的龙头老大真空电子，从850元高位回落，半个月后股价就遭到腰斩，最后在350~450元之间进行了长期的盘整。有人问，当时深圳大户从高位撤退时，是哪些人在高位接过他们卖出的筹码呢？据了解，主要还是一些被深圳大户雇佣的上海黄牛，以及在上海股市火爆后，从全国各地闻讯赶来的投资者（**其中也包括一部分上海本地的投资者**），他们受股市暴涨的诱惑，追高买进，成了上海股市第一批高位站岗的吃套人。

又有人问，上海的黄牛都是贼精贼精的，他们当时怎么也会成为高位套牢者呢？其实，上海的黄牛本来是不看好上海股市的，在深圳大户到上海来收购原始股这段时间，他们只是受其雇佣，向市民收购原始股，赚一笔犒劳费而已。但黄牛们怎么也没有想到，深圳大户在实现了收购原始股的目的后就将他们甩在一边，独自操盘，短短一两个月就将上海股市炒翻天。这个场面极大地刺激了这些黄牛的神经，他们认为与股价飙升相比，深圳大户给他们的犒劳费实在是太少了，而当时这些飞涨的股票恰恰又是经黄牛之手转到深圳大户手里的。眼看着这些深圳大户大发横财，而他们却被冷落在一边，心里感到实在不是滋味。痛定思痛，上海的黄牛决心要把这些能赚快钱的股票从深圳大户的手里抢过来，于是才出现了上海黄牛高位追涨的一幕。后来，在深圳大户在高位全线撤退后，上海黄牛才发现上当了，自己又钻进了深圳大户的圈套，成为高位接盘的放哨人[注]。

1990年冬，上海股市又恢复了往日的平静。虽然股价不久前从高位回落出现了暴跌，但股价在高位被腰折后就很难再跌下去了。这个腰斩的股价比起深圳大户来沪挖金前的原始股的股价，还足足要高出好几倍。专家论证，这很可能是当时的股票真实价格的反映。这个事实也促使上海的投资者进行认真思考：前几年，大家把

【注】 股市往往会出现戏剧性变化。从后面的发展来看，1990年秋，原始股暴涨之后的暴跌，只不过是整个原始股上涨途中的一个小插曲而已（因为整个原始股的价值还没有被充分挖掘出来）。"高位"吃套仅是一个暂时现象，接下来更大的上涨还等在后面。上交所成立后的一两年中，一些原来在1990年秋"高位"买进吃套的投资者，后来他们的股票价格都出现了大涨，如豫园商场股价就涨到了每股1万元之上（当时豫园商场是100元1股，1股相当于现在的100股）。而1990年秋，豫园商城见顶时的股价仅仅是1200多元。因此，前面的高位，从后面的发展看，其实还是一个很低的位置。由于当初上海黄牛在1990年秋从深圳炒家手中买进了大量股票，而这些股票在上交所成立后都出现了大涨，所以，黄牛们获利非常丰厚，上海第一批股票大户中的很多人就是从当年的黄牛演变过来的。

这些原始股的价格一直压着，让它们在面值附近徘徊是不是错了？那些质地很不错的原始股，以低于面值的价格出售，这是不是把凤凰当成草鸡卖了的一种贱卖行为？当初大家连这样低的股价都没看见，或看见了也无动于衷，从而与千载难逢的投资良机擦肩而过，这是不是太傻了呢？事实教育了大家，它让一大批从不过问股市的投资者开始关注这个神秘莫测的股票市场。从这之后，市场人气得到了充分聚集，股票交易量比行情启动前有了大幅增加。显然，这一切都说明上海的投资者乃至全国的投资者开始觉醒了。

有一位资深的投资者评论说，正是因为有了1990年初深圳炒家到上海来挖金矿这件事，上海人的投资意识才得到了空前的提高。这个提高极为重要，它为日后全国第一家证券交易所落户上海奠定了非常扎实的群众基础。事实也确实是这样。假如到1990年12月上海证券交易所开张时，上海大众的投资意识都没有觉醒，整个股市的股票价格都在股票面值下方进行交易，且一天也交易不了几笔，那情况就糟透了。这就像一个大饭店开张了，但来店就餐的老是只有几个人，这样的饭店还能继续开张下去吗？更何况作为全国性的证券交易所，规模不知要比大饭店的规模大多少倍，若开张后没有一定的群众基础，没有人气，没有交易量，这样的市场又如何维持呢？可见，上海市民的投资意识提高，对上海证券交易所的胜利开张及日后股市的正常运转起到了非常重要的作用。

二、早期上海股市给我们的投资启示

上面我们向大家介绍了早期上海股市的这段历史。通过这段历史的回顾，或许大家能得到以下几点有益的投资启示。

启示一：眼光就是财富。有眼光就能在股市里赚大钱，无眼光在股市里就只能亏钱，甚至亏大钱。

前面的历史故事告诉我们一个简单的事实：上海证券交易所成立之前的早期上海股市，其实就是一座未被开掘的金矿，而这个金矿在上海静安区一个小屋里沉睡了6年，6年中竟然很少有人问津。据了解，类似这种原始股金矿在大都市中长期被大众冷落的现象，在世界股市发展史上也十分罕见。

有人问：将早期的上海股市定性为未开掘的金矿，根据是什么？如果它是金矿，这个金矿的含金量究竟有多大呢？关于这个问题，大家看了下面列举的一些数据就能找到答案了。

1. 假如某人在早期上海股市进入冰冻期、股价跌破面值时，买上三四万元的股票，然后一直拿到上海证券交易所成立三四年后，他手中的资产就能增至百万元，甚至千万元[注1]，这个人就可以轻松地变成百万富翁，甚至千万富翁了。

2. 1990年夏，深圳炒家对上海的本地原始股大炒了一把，短期内出现了暴涨暴跌的走势。即使某些人不幸在暴涨时的最高价处买进而被深度套牢（编者按：当时的情况是，这些被炒高的原始股暴跌后，股价普遍遭到腰斩，如真空电子从850元跌到了400多元），但过了两年，深度套牢者不仅全线解套，而且能大赚特赚，有的个股上涨幅度与1990年夏的最高价相比，竟然相差近10倍（编者按：如豫园商城，1990年夏天，深圳大户把它炒到1200元后溜之大吉，但仅仅过了两年，该股最高就涨到了10600元；显然对10600元而言，1200元还属于该股的地板价[注2]范畴），持股者获利非常丰厚。

3 上海证券交易所成立后，沪深股市经历了几轮大熊市，其中跌得最惨的一次是1994年的大熊市，上证指数从1558点跌至325点时，绝大部分个股跌幅都超过了八成。但是，如果拿上证指数325点时的股价与早期上海股市冰冻时期的股价相比，仍然要高出好几

【注1】 早期挂牌交易的上海本地股共有7只股票，这些股票在上交所成立后的三四年中都出现了大涨。据了解，它们的股价（按复权价计算），少则（与最初的发行价相比）涨了几十倍，多则涨了几百倍，故而资产能增至百万元，甚至千万元。

【注2】 该股当时是100元1股，在上海证券交易所成立后，1股拆细成100股，故而10600元的股价，相当于现在106元的股价。

倍。可见，早期上海股市的股价是多么便宜（有人做过统计，若按可比价格计算，早期上海股市冰冻时期的指数仅为30点左右，但1994年大熊市谷底指数是325点，后者要比前者高出10倍）。

4. 中国A股市场已有30多年历史，其中涨幅超过1000倍以上的超级大牛股中，头号种子是爱使电子。它历史上最大涨幅竟达到了7000倍[注]。当然该股后来因为基本面恶化，上涨的股价绝大部分又跌了回去，并戴上了ST的帽子。但这已是另外一件事了，这里就不细说了。

上面的数据可以证实，早期上海股市确实是一个名副其实的金矿。但为什么这个大金矿在当时会沉睡 6 年之久，知之者甚少呢？答案只有一个：市场中缺少识别这个金矿的眼光。这使我们想起了美国一位一生抓住无数财富机会的经商奇才菲勒说过的一句话："我们身边并不缺少发财机会，而是缺少发现财富的眼光。"回顾 20 多年前，很多上海人身在庐山不识真面目，手里拿着像宝贝一样的原始股却不知是何物，最后以极低的价格卖给了他人。出现这种情况，就是因为这些上海人缺少最起码的投资眼光，犯了一个连他们自己都终身不肯原谅的低级错误——拱手将能改变他们命运的超级大牛股送给了他人。这个教训极为深刻。可见"眼光即财富"不是诳语，而是发家致富的一个绝招。一个人的眼光有多远，发财机会就有多大，早期的上海股市中所发生的事情证明这个道理是千真万确的。

启示二：精明不等于聪明。过于精明的人，在投资上很难获得成功。

上海人的精明在全国最出名，但精明与聪明不是一回事。精明

【注】 计算这些股票实际涨了多少，可按其复权价计算。例如，爱使股份（现改名为"ST游久"）。2015年6月11日，依据同花顺软件，该股后复权价为355847.90元，若除以其早先上市之初的发行价，当时最大涨幅竟达到了7115倍。但之后股价出现连续下跌，截至2020年末，股价已跌掉90%以上。

最多只能赚点小钱，弄不好还要亏钱，一个人只有变得聪明了，也就是有了大智慧后才能赚大钱。

20多年前上海发行第一批原始股时盛况空前，但发行结束上柜交易后，不久就一片冷清。当时出现这一热一冷的现象，其主要原因就是因为上海人太精明了。比如，当初发行股票时之所以热，是因为一些上海人得知这些公开发行的原始股，每年分配的现金红利比同期银行存款利率高出了几个百分点，再加上买原始股还有摇号中奖的机会，才不惜通宵排队的。这一点充分显示了上海人的精明。但原始股发行结束上柜交易后很快就由热变冷，则是因为一些上海人获悉银行的利率反超原始股每年分配的现金红利，态度即刻出现了180度的大变化。此时，已经买到原始股的一些上海人就开始坐立不安，巴不得马上把这些原始股卖掉，后来发现这些原始股很难出手，于是，他们就为此食不知味、夜不能寐。另外一些没有这些股票的上海人，则暗暗庆幸自己还好没有买进这些原始股，并对长期跌破面值的原始股采取了一种不屑一顾的态度。正因为这样，造成了当时股票交易极为冷清的状况。出现这种状况，细分析起来，此事同样是反映了上海小市民阶层斤斤计较，不能吃一点小亏的精明。

但是，**从成功学进行考量，这种斤斤计较、不愿吃一点小亏的精明恰恰是成功的最大障碍。**历史经验表明，一个人只有学会从大处着眼，抓大放小，不计较一时得失，志存高远，成功才会向他招手。**所以，精明绝不是聪明。所谓聪明人，往往是大智若愚者。做股票就要大智若愚。有人说，倘若这些精明的上海人当时稍微大智若愚一点，不斤斤计较，甘愿吃一点小亏，把这些跌破面值、无人问津的原始股捏在手里不放，几年后几乎个个都发了大财。可见，把已经到手的超级大牛股放跑了，最重要的一个原因就是不愿吃一点小亏。**很显然，是过于精明才最终堵死了一些上海人的发财之路，这个历史教训太深刻了，大家一定要铭记在心。

思考题参考答案

1. 这是2003年1月2日~2015年6月30日的上证指数日K线走势压缩图。

2. 股市悬念扑克中有25张牌的上证指数日K线走势图，可以在这段上证指数日K线走势压缩图里找到它们相应的位置。为了让大家看得清楚一些，我们把这张走势图分为3个时间段。

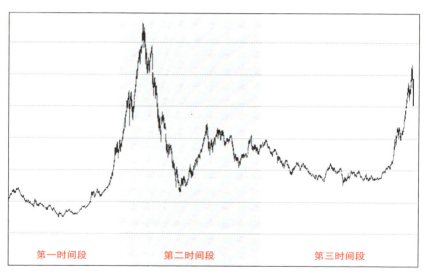

图23　2003年1月2日~2015年6月30日的上证指数日K线走势压缩图

第一时间段（2003年1月2日~2006年12月29日），可嵌入方块4等8张扑克牌的上证指数日K线走势图。其顺序是：①方块4；②方块K；③方块5；④红桃10；⑤红桃A；⑥梅花5；⑦方块A；⑧红桃K。

第二时间段（2007年1月4日~2010年12月31日），可嵌入方块J等8张扑克牌的上证指数日K线走势图。其顺序是：①方块J；②红桃J；③方块10；④梅花J；⑤红桃8；⑥红桃Q；⑦红桃9；⑧梅花10。

　　第三时间段（2011年1月4日~2015年6月30日），可嵌入梅花Q等9张扑克牌的上证指数日K线走势图。其顺序是：①梅花Q；②方块6；③黑桃J；④方块7；⑤梅花3；⑥红桃4；⑦黑桃Q；⑧梅花6；⑨红桃3。

股市操作经验漫谈之六

　　你知道吗？很多投资者的失利竟然是钟摆心理所致。那么什么是钟摆心理呢？即当看到行情上涨时就会过度乐观，当看到行情下跌时就会过度悲观。这种忽喜忽忧的极端心理就称之为钟摆心理。经验证明，在股市中具有强烈的钟摆心理的股民，最容易栽大跟头。比如行情火爆时，他们往往会忘乎所以，盲目追高套在股市山顶上；反之，行情冰冷时，他们往往会感到十分恐慌，盲目割肉割在股市地板上。总之，两头都输，输得很惨。那么，如何来克服、消除投资中的钟摆心理呢？一个很实用、很有效的方法，就是静下心来认真学习、研究中国股市历史。因为历史是最好的教科书，也是治疗钟摆心理的良药。深入了解股市历史后，你就会知道股市运行是有规律可循的，牛市、熊市转换都有一个周期，都会发出相关信号，这就如同自然界的四季更换一样。当投资者把这些问题，这些现象都能看明白时，心里就有底了。过度乐观或过度悲观，忽大喜忽大忧的钟摆心理就会得到消除。比如，行情特别火爆时，你就会采取逢高止盈的策略，行情跌到冰点时，你就会主动采取逢低吸纳的策略。这样的话，过去在钟摆心理影响下出现的"两头输"的情况，就会得到根本改变。届时，你就会被变成一个知晓股市历史，踏准股市涨跌节拍，让众人感到羡慕的"股市达人"。

思考题参考答案

1. 这是2005年上半年上证指数的日K线走势图。

2. 在股市大幅下挫（注：当时中国股市已熊了几年，指数跌幅已接近50%）后，一些有经验的投资者意识到股市离熊市底部又近了一步，但他们也知道，熊市越临近底部，杀跌现象会愈加严重。例如，指数跌掉5%~10%，而个股股价跌掉20%~50%的现象屡见不鲜。因此，此时很多投资者的心情很忐忑，想抄底，又怕看错了导致底没有抄成反而被深套。针对这个问题，**高手开出的良策是：用直线来锁定机会与风险**。本图中3根直线就是起到这个作用的。

先看第一根直线，这是一根水平线（见图24）。其作用是：若日后股指运行时不跌破这根水平线，就预示着熊市的底部可能在这

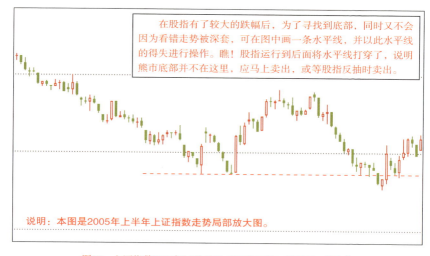

在股指有了较大的跌幅后，为了寻找到底部，同时又不会因为看错走势被深套，可在图中画一条水平线，并以此水平线的得失进行操作。瞧！股指运行到后面将水平线打穿了，说明熊市底部并不在这里，应马上卖出，或等股指反抽时卖出。

说明：本图是2005年上半年上证指数走势局部放大图。

图24 上证指数2004年11月22日~2005年4月27日的日K线走势

里；若日后股指运行时跌破这根水平线，就说明后面还有下跌空间，熊市还没有见底。操作方法是：当股指在水平线上运行时，可耐心观望，若发现几次跌至水平线都能止跌回升，就可判断熊市底部或许就在这里，抄底买进的胜算率很大，此时可考虑适量买入。但是，若发现这根水平线被跌破了，原先买进的筹码就必须卖出（或等其反抽向上时抛售）。

再看两根向下的直线，这两根直线是构成股指向下的通道线。其作用是：可观察股指在下降通道中运行的状况，若发现股指在下降通道末端出现向上突破的现象，意识到熊市底部或许出现了，此时可考虑适量买入（当然前提是，后面不能再创新低；若创新低，还是要考虑止损离场）。若发现股指在下降通道末端出现向下突破的现象，说明熊市的底部还没有探明，还需要耐心等待，此时，应继续持币观望（见图25）。

果然，后来的事实证明，此次下降通道的末端停留在998点，这就是这轮熊市的谷底，而当股指从下降通道走出来，就是抄底买入机会。

998点

图25　上证指数2005年上半年的日K线走势

解答

1. 这是1992年下半年上证指数的日K线走势图。

2. 当时上证指数创造了一项中国A股市场历时最短的大熊市纪录。1992年5月26日，上证指数在1429.01点见顶，过后不久就出现一路狂泻的走势，直至1992年11月17日跌至386.85点才见底。这是中国A股市场经历的第一轮大熊市，这轮熊市跌幅为72.93%，下跌时间为5个半月。

仅仅5个半月就走完了一轮大熊市，这在现在是不可想象的，但当时的情况就是这样。虽然中国A股市场在这之后又经历了几轮大熊市（注：大熊市是指跌幅超过50%以上的熊市，跌幅小于50%的熊市称为小熊市），这些大熊市跌得也非常厉害，但就整个熊市的下跌时间来说，都大大超过了中国A股市场第一轮大熊市的时间。例如：

中国A股市场第二次大熊市跌幅为79.10%，熊市历时近一年半（当时上证指数从1993年2月16日的1558.95点，一直跌至1994年7月29日的325.89点）。

中国A股市场第三次大熊市跌幅为55.54%，熊市历时近四年（当时上证指数从2001年6月14日的2245.42点，一直跌至2005年6月6日的998.23点）。

中国A股市场第四次大熊市跌幅为72.81%，熊市历时超过一年（当时上证指数从2007年10月16日的6124.04点，一直跌至2008年10月28日的1664.93点）。

1992年5月~1992年11月的上海股市这轮大熊市是中国A股市场第二大熊市，跌幅比它大的只有1993年2月~1994年7月的这轮大熊市。但这轮熊市历经时间是最短的，这样的情况在全球股市中也是很罕见的，因为在全球股市中，还没有发现哪一个国家股市中的一轮超级大熊市，仅仅用了5个多月就画上句号的。

3. 假底与真底的区别：

第一，看位置。位置高的是假底，位置低的是真底。比如图26中画圈处，不用分析就知道它是假底。因为其低点离熊市的高点距离很近，离图中第2根吊颈线的下影线末端至少还有1/3的距离。显然，如此浅的跌幅不会构成熊市的底部。而图27中最后一个底，它的下跌幅度很深，大盘指数腰斩后再来一个腰斩，此时，股指位置已经很低，这样低的位置，见底的可能性就很大。

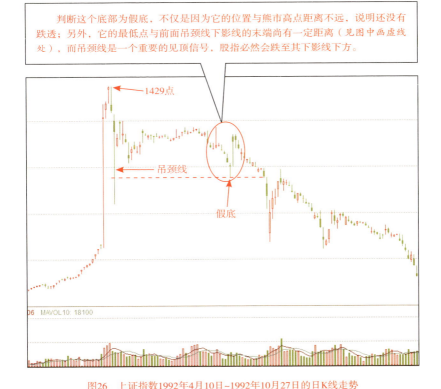

判断这个底部为假底，不仅是因为它的位置与熊市高点距离不远，说明还没有跌透；另外，它的最低点与前面吊颈线下影线的末端尚有一定距离（见图中画虚线处），而吊颈线是一个重要的见顶信号，股指必然会跌至其下影线下方。

1429点

吊颈线

假底

06   MAVOL10: 18100

图26   上证指数1992年4月10日~1992年10月27日的日K线走势

第二，看成交量。见底后股指回升时能有大成交量放出的是真底，反之，就是假底。我们从图26中看到，几次假底出现时都没有放出大的成交量，这说明市场主力根本没有在做多，股指反弹后再创新低就是不可避免的事了，所以这些底都是假底。而到最后一个底部时，股价见底回升时成交量大增的现象十分明显，这说明此时主力在积极做多，这样的底就会成为真底。

第三，看趋势线。被下降趋势线压着抬不起头的是假底（见图27中箭头A、B、C所指处）；反之，能突破下降趋势线并能抬起头、气势高昂的则是真底（见图27箭头D所指处）。

瞧！图中箭头A、B、C所指处的几个底都被下降趋势线死死地压着抬不起头，所以这些底都是假底。而只有箭头D所指的底才是真底，因为股指冲破了下降趋势线，并能成功地站在下降趋势线的上方运行。可见，用下降趋势线来检测真底、假底，作用非常明显。

下降趋势线

A
B
C
D

↑MAVOL10 73045↑

成交量大增

图27　上证指数1992年7月1日~1992年12月31日的日K线走势

总之，投资者只要将这3点综合起来研判，就能区别出什么是假底、什么是真底，抄底的成功率就会显著提高。

解答

1. 这是2015年上半年上证指数的日K线走势图。

2. 众所周知，2015年6月中国A股市场出现了连续暴跌，短短18天上证指数从5178点跌至3373点，最大跌幅达到34.85%。其下跌速度创造了20多年来中国A股市场下跌速度之最。其中2015年6月26日这天，出现了2000多只股票集体跌停，这也创出了中国A股市场股票跌停数量最多的新纪录。如此大跌，说白了就是一场股灾，在股灾发生前，股市欣欣向荣，似乎谁都没有想到会出现这样的惨跌。因此，能顺利逃脱这场股灾而成为众人皆醉我独醒的投资者可谓少之又少。但是，确实也有少数先知先觉者，在暴跌前就已抛股清空离场。特别是其中有位高手，用了"整数关"的理论做指导，几乎在这轮上涨行情的最高点胜利退出，其骄人的成绩着实让人羡慕不已。

那么，什么是整数关？其作用原理是什么？投资者见到整数关应该怎么操作？有关这方面的知识，我们不妨先来看看10多年前就已出版的《股市操练大全》第四册究竟是怎么说的，或许对我们理解这个问题有所帮助。（注：以下内容摘自《股市操练大全》第四册第320~322页。）

> **股市操作特别提醒：** 股市上的整数关，一定要经过多次反复冲击后才能通过。因此，投资者在头两三次冲击整数关时，原则上应采取抛空策略。另外，还要注意，股市上的重大整数关，未经长时间考验，不要轻言它已被攻克。

以往对此提醒的准确率统计（抽样调查）：约85%

专家对此提醒进行操作的安全系数评定等级：AA级

以此提醒进行操作的胜负比例估计：8：2

此提醒适合操作对象：普通投资者

"股市操作特别提醒"的解析与操作建议：股市从某种意义上来说是一场心理战。心理战的表现形式多种多样。其中，多空双方在股市整数关面前搏杀而形成的"整数效应"，就是心理战的一个突出案例。

股市整数关对投资者来说，犹如一个美若天仙而又高傲气盛的公主，向其求婚者不经过几番重大考验，是很难觅得公主芳心的。我们只要看看中国股市，哪一道整数关不是经过几番来回拉锯才被越过的，而且某些重要的整数关口，冲过去了，几年以后又被拉了回来，这不得不使人感叹：跨越整数关，难于上青天。

例如，上海股市在1991年从100点起步后，在500点、1000点、1500点、2000点这些整数关面前，多方每攻克一个整数关都费了九牛二虎之力。1992年虽然冲过了500点、1000点涨到了1429点，但于当年又跌回到了386点。1993年冲过了500点、1000点，但在1994年又滑落到了325点，直到1996年才总算在500点以上站稳脚跟（1996年最低跌至512点）。至于1000点，更是冲击了五六次，直到1998年后才终于在1000点上稳住（1998年最低跌至1025点）。但冲击1500点就不那么容易了，10年中6次冲过1500点，但这6次之后又都重新回落到1500点之下。至于2000点这个整数关就更不用谈了，虽然2000年、2001年共有3次冲过2000点，但很快就被拉了回来。

"整数效应"不仅在中国股市里被发挥得淋漓尽致，就是在美国、中国香港这些成熟的股市中也表现得非常明显，就拿当年美国、中国香港股市冲击1万点整数关来说，第一次、第二次、第三次冲过去后都好景不长，很快被拉了回来，直至后来连续冲击了好几次，才艰难地跨过这道坎的。

为什么整数关如此难以逾越呢？从市场层面深入分析，可以发现整数关是一道天堑，是兵家必争之地，多空双方在此殊死搏杀、来回争夺是必然的。因此，整数关得而复失的情况也就频频出现了。有人统计过，在重大整数关前，头两三次冲击肯定过不了关，以后冲击的次数多了，也许有朝一日会冲过去，但最终能否站稳，不经过几年时间的考验，是很难下定论的。

实际情况也的确如此。虽然上海股市500点、1000点整数关在1992年、1993年都曾冲了过去，但在时间老人的考验下败下阵来。500点、1000点整数关经过时间长达六七年的考验，总算获得通过。此后股市无论怎样下跌，要再下穿1000点、500点几乎是不太可能的事了。冲击1500点更激烈，多空双方为1500点争夺了10年，失而复得，得而复失，反反复复地来回拉锯。虽然，1999年的"5·19"行情一举攻克了1500点大关，之后在2001年最高涨到了2200多点，但1999年"5·19"行情至今时间满打满算还不到4年，或许考验的时间还不够长，因而2002年、2003年股市走熊时，又数次击破了1500点，1500点整数关在多方手里又多次得而复失。

整数效应是客观存在的。很好地利用它就会给投资者带来许多盈利的机会，并能减少许多风险。利用整数效应时，应掌握以下两个要点：

（1）在股市上冲某一整数关时，头两三次冲击这个点数，无论是冲过还是暂时没有冲过，都应采取抛空策略，直到后面几次冲过这个点数时，才可采取持筹待涨的策略。

（2）当多方突破重大的整数关后，需要至少经过几年时间的考验，才能说它真正在这整数关上站稳。如果考验的时间不够充分，一旦股市走弱，这个整数关就仍有可能得而复失。因此，投资者在操作中需注意，当大势下滑时，未经时间考验的整数关，其支撑力度是很有限的，多数情况下会被击破。了解这一点，对把握股市的下跌空间、避免在股市的半山腰盲目抄底有很大的帮助。

请注意： 上面是《股市操练大全》10多年前（注：《股市操练大全》第四册出版时间为2003年8月）阐述过的内容。现在我们重新读一遍，用在当下，非常有指导意义。比如，这次在5000点上方成功逃顶的高手告诉我们，《股市操练大全》第四册在论述整数关理论时，有一张表格（见表1）指出，5000点整数关为"超强度级别"的整数关，投资者对它要"特别警惕"。所以高手对5000点整数关有一种敬畏之心。2015年6月，上证指数冲上5000点后，高手发现指数上涨乏力，马上就做了抛股离场的决定，从而逃过后面的暴跌。

表1   整数关强度一览表

序号	整数关（指数点位）	强度级别	风险提示
1	100、1000、10000……	超强	特别警惕
2	200、2000……	强	警惕
3	300、3000……	强	警惕
4	400、4000……	强	警惕
5	500、5000……	超强	特别警惕
6	600、6000……	强	警惕
7	700、7000……	强	警惕
8	800、8000……	强	警惕
9	900、9000……	强	警惕

高手说，要在5000点上方成功逃顶，说起来既简单，也不简单。说简单，是指看到5000点就卖出，谁都会做；说不简单是指，投资者首先要对整数关的理论有一个清晰的认识。如果没有清晰的认识，当时在5000点上方，股市欣欣向荣，媒体、股评一致唱多，每天都有几百只股票在涨停，市场诱惑是巨大的，投资者又怎么去抵挡住诱惑、主动抛股离场呢？其次，要对重大整数关有敬畏之心。5000点整数关，是强度级别极高的一个整数关，指数到了这个

整数关出现激烈震荡是必然的，只不过出现震荡的时间有先有后罢了。投资者要充分意识到，大盘指数冲上5000点后，一定会在某个时候突然发生一次股市大地震，逃之不及者，即使不被震死，也一定会伤痕累累。所以为了身家性命的安全，必须在指数窜上5000点后提前出逃，避开这次股市大地震。换句话说，投资者只有对5000点这个强度级别极高的整数关有了敬畏之心，才可能有主动离场的行动出现。

那么，如何运用整数关的理论做指导来规避风险呢？高手的经验是：①指数冲上5000点后，选择主动退出，即不管当时的K线走势如何，都要抛股离场。②结合技术信号选择退出，技术信号只要出现滞涨信号就要退出，出现见顶信号更应马上退出。高手经验中的操作①最简单，比如指数上了5000点后就不断卖出，每个人都会操作，关键在执行。高手经验中的操作②稍微复杂点，但并不难。因为大盘在整数关前止步下跌，事先一定会有征兆。大家只要做个有心人，就能发现这些征兆，这样在整数关大地震来临之前出逃就不困难了。高手说，现在我们就以本轮行情上证指数在5178点见顶为例，看看当时大盘在5000点整数关变盘前，究竟有哪些值得投资者警惕的信号。

信号一：吊颈线。吊颈线在涨势中，特别是在涨幅较大的情况下出现，是重要的见顶信号。从下页图28来看，吊颈线出现后，大盘并没有马上见顶，仍在继续往上涨，但依据历史经验，吊颈线中的长下影线对大盘指数有一种向下回拉的作用，至于什么时候出现回拉，只不过在时间上有先有后罢了。所以，这根吊颈线时刻在威胁着大盘，说不定哪天指数就见顶了。因此，要想摆脱吊颈线对大盘的负面影响，唯一的可能就是在吊颈线后，大盘继续上涨时出现超强势状态，比如跳空高开或连拉大阳线。但是，这种情况我们一直没有看到。当时大盘在2015年6月4日拉出吊颈线后，后面的几天都是小阳小阴线，大盘走势并不强。也就是说，吊颈线显示的见顶信号，对大盘的威胁并没有因为其上涨而得到消除。

信号二：**股指滞涨**。从下面图28来看，2015年6月8日～2015年6月15日的6个交易日，虽然上证指数收盘都收在5000点上方，但已有不祥征兆。因为这6个交易日大盘指数不但没有上涨，反而出现了微跌，从其第1个交易日收盘指数的5131点，跌至第6个交易日收盘指数的5062点，大盘指数跌了69点，指数跌幅为1.34%。K线图形显示，几根小阳线、小阴线横排着出现略有下倾的走势。这一情况表明，上证指数攀上5000点后走势很沉重，指数滞涨的现象十分明显。

信号三：**5日均量线与10日均量线形成了死亡交叉**。从下面图28中看，5日均量线向下穿过10日均量线，已出现死亡交叉。均量线死

> 古诗说：山雨欲来风满楼。2015年6月上证指数攀上5000点后出现了多种看跌信号。此时指数尽管还在5000点上方，但危机已显现，按整数关理论，必须马上卖出。如果卖出了，就能逃过一劫。

图28　上证指数2015年3月11日～2015年6月15日的日K线走势

亡交叉是看跌信号，显示大盘指数有可能会出现进一步下跌。

很明显，当时上证指数攀上5000点后，3个看跌的预警信号都明摆在那里。如果遵循整数关的投资理论，按照高手经验中方法②进行操作，此时就应该坚决抛股离场了。

可见，投资者只要熟悉整数关理论，并严格执行整数关操作纪律，无论按照高手经验中的方法①还是方法②进行操作，都能在整数关的巨大风险来临之前从容地将股票卖出，做到在股市大地震发生前全身而退。

高手说，在大盘指数第一次向重大整数关冲击时，无论冲上去或未冲上去都存在变盘的风险，这已经成为股市中一种规律性现象，下面高手给我们介绍了几个实例。

实例一：美国纳斯达克指数冲击重大整数关见顶图。

瞧！当年美国纳指第一次冲上5000点重大整数关后，仅仅在5000点上方停留了几个交易日，接着，指数就出现了大跌。这个跌势十分厉害，两年后直跌至1108点才见底（见图29中小图），当年在5000点上方不卖出的投资者输得很惨。

图29　美国纳斯达克指数2000年1月28日~2000年5月26日的日K线走势

实例二：奥地利ATX指数冲击重大整数关见顶图。

该指数第一次冲上5000点重大整数关后，仅在5000点上方停留了2天，之后，股指就出现了狂泻。一年多后，该指数跌至1379点（见图30中小图）。高位未及时出逃者，损失惨重。

图30 奥地利ATX指数2007年5月14日~2007年8月21日的日K线走势

实例三：上证指数2007年冲击重大整数关见顶图。

2007年上证指数冲过了5000点整数关，由于在重大整数关口没有经过充分的消化整理，基础十分脆弱。虽然后来指数冲至6124点，但最终还是逃脱不了跌回5000点重大整数关之下的命运。而且这一跌，就跌出了个大熊市，一年后股指直跌至1664点才见底（见图31中小图），当初在5000点上方不卖出者都成了输家。

图31 上证指数2007年8月29日~2008年2月26日的日K线走势

实例四：法国巴黎CAC40指数冲击重大整数关见顶图。

　　这是法国巴黎CAC40指数第二次冲上5000点重大整数关，攀上6168点的见顶图（注：该指数第一次冲击5000点重大整数关而遭到重挫的时间是2000年9月）。但这一次也是好景不长，很快就从6000点上方摔至5000点重大整数关下方，而且这次也跌得很惨，几乎与上次一样，都是跌至2400多点才见底（见图32中小图）。可见，5000点重大整数关不是那么容易冲过去的。

图32　法国巴黎CAC40指数2007年3月23日~2007年8月21日的日K线走势

实例五：中国台湾加权指数冲击重大整数关见顶图。

　　这是中国台湾加权指数第3次冲击10000点重大整数关的日K线走势图（注：前面两次冲击10000点整数关发生的时间分别是1990年2月、1997年8月，这两次都失败了）。当时图中构筑了一个双顶。后来，双顶颈线被击破后，股指出现了暴跌（见图33中小图）。台湾股市每次冲击万点整数关都会出现一场劫难，这说明万点整数关阻力是非常大的。

图33　台湾加权指数1999年12月28日~2000年6月29日的日K线走势

高手说，从上面实例中我们可以充分领略到重大整数关的巨大杀伤力。因此，投资者看到重大整数关一定要有敬畏之心。坚定地按照整数关的规则进行操作，如此才能躲过整数关带来的巨大风险。

一位券商资管基金经理是怎样躲过2015年股灾大跌的

【背景资料】从2015年6月15日开始，至6月29日连续11个交易日，A股经历了一轮断崖式暴跌，盘中屡次出现千股跌停现象，当时沪深两市总市值蒸发逾15万亿元。这是中国A股历史上出现的最大一次股灾。

当时任齐鲁证券资产管理公司总裁助理，齐鲁星空、星汉等集合理财投资经理的叶展，在煎熬中躲过了这场危机。他管理的齐鲁星汉2号集合资产管理计划（简称"星汉2号"）成功躲过了这次"股灾"。

那么，叶展是如何躲过这场股灾的？他经历了怎样的心理较量去克服人性的贪婪和恐惧的呢？

据了解，在当时这一段艰难岁月，叶展至少写了7封信给投资者，其中两封信提到了5000点，这说明该基金经理对5000点整数关是很敬畏的。正因为对整数关的敬畏，使他成功地逃过了2015年6月的暴跌。下面就是叶展给投资者的两封信。

2015年6月16日叶展发给投资者的一封信，信中说：
坏事总在你意想不到的时候来临

叶展在信中强调：在5000点以上，我们已经全面降低了仓位，即使因此净值短期跑得没那么快，我们也恪守投资的基本原则：别人贪婪我恐惧。现在，净值给了理性的奖励。

叶展在信中说：调整何时结束无人知晓，我们能做的，是一如既往地坚持理性投资的原则，秉承绝对收益为先的理念，让客户安心赚钱。

2015年6月19日叶展发给投资者的一封信，信中说：
股市会变脸，但星汉安心赚钱的承诺不会变

叶展在信中告诉投资者：我在4500点以上开始减仓，5000点清仓。市场躁动时，保守和稳健显得不合时宜，但踩踏来临之际，理性会得到奖赏。我知道，投资人之所以愿意把钱交给我，绝不是让我用来赌博和冒险的，唯有时时如履薄冰，才能实现绝对收益、长期复利的既定目标。

因此，安全边际、风险收益比、回撤控制这些概念会在星汉的运作中被一再强调，过去如此，将来也同样如此。我希望星汉的持有人在任何市场环境中，都能夜夜安枕。

（以上内容摘自2015年7月2日的《东方早报》）

股市操作经验漫谈之七

在股市里呆的时间长了，就会深切体会到冲击整数关的艰难。老股民都知道，每次看看好像是冲过去了，但过了一段时间又跌了回来。跨过1000点、2000点都需要数十次，历经数年才能越过这道坎。更让人感到震惊的是3000点整数关，来回折腾了七八十次，历经10多年，每次冲过最后都是无功而返，这也太艰难了。当然，我们相信，股市在发展，最后3000点是一定会被真正冲过去的。但这也告诉大家一个道理，"经过九死一生才能跨越整数关"。所以，遇到重大整数关，一开始，以退为好，是规避风险的制胜之道。在股指（股价）没有站稳重大整数关时，盲目看多做多，将要承担巨大风险。这个深刻教训，一定要牢记不忘。唯有如此，才能在股市里立于不败之地。

思考题参考答案

1. 这是2013年下半年上证指数的日K线走势图。

2. 图中画圈处的K线图形，叫"三星并列"，所谓三星并列，是指十字线或带有上下影线的小阴线（也可以是小阳线）并排在一起的K线组合图形。三星并列在上涨中出现是见顶信号。投资者见到它应主动减仓，如股指（股价）出现拐头向下的现象，即马上止损离场。**据了解，三星并列是杀伤力很强的见顶信号，**因为三星中每一颗星，在K线中都是一种看跌图形，3个看跌图形并列在一起，就更加强化了见顶的意义。2013年12月上证指数出现三星并列后，就出现了一轮较大的跌势（见图34）。

当时，盘中出现三星并列后，股指出现了连续下跌，最大跌幅达到了11.29%。

图34　上证指数2013年8月6日~2014年1月27日的日K线走势

三星并列见顶的意义重大，所以，投资者若在大盘或股价上涨过程中看到三星并列图形，应高度关注，切不可不当一回事。若麻痹大意、放松警惕，是要吃大亏的。下面我们再举几个实例，让大家了解"三星并列"的厉害。

实例一：伟星股份（002003）。

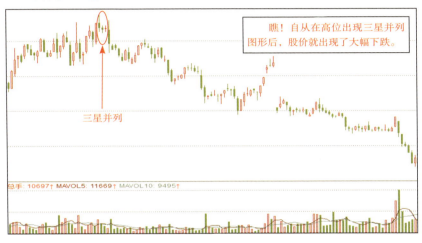

瞧！自从在高位出现三星并列图形后，股价就出现了大幅下跌。

三星并列

总手：10697↑ MAVOL5：11669↑ MAVOL10：9495↑

图35　伟星股份（002003）2010年10月18日~2011年4月29日的日K线走势

实例二：综艺股份（600770）。

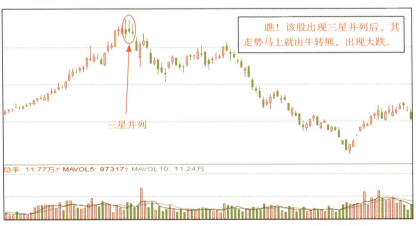

瞧！该股出现三星并列后，其走势马上就由牛转熊，出现大跌。

三星并列

总手：11.77万↑ MAVOL5：87317↑ MAVOL10：11.24万

图36　综艺股份（600770）2007年11月28日~2008年5月20日的日K线走势

实例三：科泰电源（300153）。

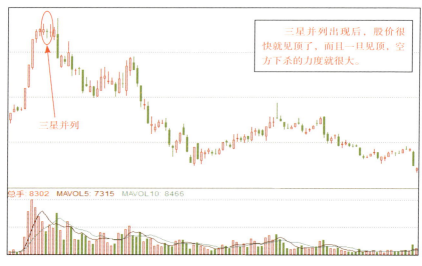

三星并列出现后，股价很快就见顶了，而且一旦见顶，空方下杀的力度就很大。

三星并列

图37　科泰电源（300153）2011年11月2日~2012年4月25日的日K线走势

3. 2013年下半年上证指数后半部分的走势是一个矩形走势（见图38中画线处）。

矩形上边线

矩形下边线

图38　上证指数2013年下半年的日K线走势

矩形又叫长方形，箱形盘整。矩形的特征是：如果将股价横盘时出现的两个最高点用直线连起来，将股价横盘时出现的两个最低点也用直线连起来，即可画出一个长条形状。而股价就在这个长条形的宽度里不断地上下波动，当股价上升到长条形的上边线时就往下回落，而回落到长条形的下边线时就往上弹升，直到一方力量耗尽，股价就会选择一个向上或向下方向突破。**矩形是整理形态，整理的结果究竟是往上还是往下，这要根据当时多空力量对比而定，在矩形形成过程中没有最后朝一个方向有效突破时，谁也不能妄下结论。**矩形在技术上给投资者的启示是：整理、观望。因此，当我们明白这个道理后，就知道遇矩形走势应该如何操作了。如果你是个稳健型的投资者，就要坚持一条原则：只要股价仍在长条形范围里上下运动，就坚决作壁上观，不买股票，只有在股价有效突破矩形上边线时才可以看多做多。不过要做到这一点并不容易，要经得起短线诱惑，并能严格遵守矩形的操作规范才行。如果你是个激进型的投资者，可根据矩形整理的特点，进行适当的高抛低吸。但这里要提醒大家的是，不管你是什么类型的投资者，只要发现股价跌破了矩形的下边线，就应该坚决离场，这必须当作纪律来执行。

股市操作经验漫谈之八

有人问，投资者有了好的操作方法是不是就能成为股市赢家呢？答案是：不一定。因为有了好的方法，但如果执行力度不够，最后还是枉然。比如，股市大涨后又出现连续跳空大阳线时，虽然你知道这是股市在加速赶顶，但因为心中贪欲，想多赚一点再卖出，不能主动止盈，仍持股不放。一旦风向突变，股价在高位掉头向下，出现连续跌停的情况，此时想卖也卖不掉了。原来赢利的很快就变成大亏了。所以，在股市中光有好方法还不行，一定要"好方法 十 执行力"才能成为股市赢家，两者缺一不可。

思考题参考答案

1. 这是1996年上半年度上证指数的日K线走势图。

2. 1996年上半年上证指数从最低点512点涨至819点，半年里指数涨了60%。这个涨幅是很大的，如果当时有谁在500多点买进、800多点卖出，获利就会非常丰厚。但要操作好这段行情非常困难，因为当时大盘上涨时，一步三回头，上涨一段时间后指数就会出现大幅震荡。而当时很多投资者因受到前面股市走熊连续下跌的负面影响，生怕高位再次吃套，所以一见股市大幅震荡就忙不迭地选择了卖出，结果大多数投资者这次判断又错了。因为形势发生了变化，市场做多的条件已经具备，因此，主力这次是往上做而不是往下做。当然主力往上做，是不能让散户知道的，否则散户就会与主力抢筹。因此，主力又使用了惯用的花招，不断制造假的头部，不断制造空头陷阱，迫使散户提早下车。其实，当时盘中大幅震荡，主力的目的不是为了出货而是为了洗盘，那些在震荡中选择卖出的投资者正好中了他们的圈套，被洗了出去，从而踏空了后面的上涨行情，致使在震荡中过早卖出的投资者十分后悔。

有人说，这件事回过头来看，谁都能看明白其中的奥秘，但事前又如何知道这样的震荡，主力不是在出货而是在洗盘呢？高手提供了一条很实用且很有效果的鉴别行情性质的方法，即在股指震荡的低点画一条水平线。若指数回落跌穿水平线，就可以视为主力在出货；反之，若股指回落至水平线附近止跌回升，就可以视为主力在洗盘。

根据这个方法，我们可以在本图中画两条水平线（见图39）。线画好后马上就可以看出，大盘指数冲高回落，跌到水平线处即止跌了。这个止跌说明主力在震荡洗盘，止跌的地方就是新的买点。**持股的投资者只要看到水平线没有被击破，就可以坚持看多做多——任凭股市风浪起，稳坐钓鱼台（持股待涨），这样就不会被主力忽悠提早下车，或被主力洗盘出局，就能做好这半年的行情，享受股市上涨带来的赢利机会。**

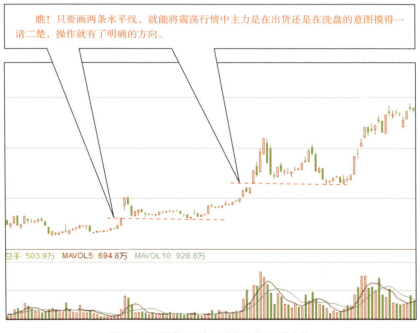

瞧！只要画两条水平线，就能将震荡行情中主力是在出货还是在洗盘的意图摸得一清二楚，操作就有了明确的方向。

总手: 503.9万　MAVOL5: 694.8万　MAVOL10: 928.8万

图39　上证指数1996年上半年度的日K线走势

　　股市运行是有规律可循的，股市冲高回落只要不创新低，说明行情向上的动力仍在，此时，就应该继续看多做多，看高一线。

1. 这是2000年上半年上证指数的日K线走势图。

2. 类似图中画圈处的图形，我们在1996年上半年的上证日K线走势图中也见到过。1996年上半年上证指数从512点涨至819点，指数涨了60%，但是，当时上证指数上涨并不容易，一步三回头，几经波折才涨到819点。不过，这个一步三回头的走势也是有规律可循的，即指数跳空后往上一冲就马上熄火了，然后指数就在缺口上沿处或下沿处保持水平震荡的走势，即股指无论怎样冲高回落，一旦跌至缺口的上沿或下沿处，就不会再跌下去了。而这个跌不下去的地方，对普通投资者来说，就是一个很好的买点。

一般来说，当大盘上涨时出现一步三回头，在缺口附近出现水平震荡的走势时，说明盘中的浮筹很多，主力需要通过在有限的范围里反复震荡，才能将浮筹清洗干净。但主力既然是在洗盘，就有其洗盘原则，即无论出现多大的震荡，都不会跌破主力预先设置的心理底线。这个底线就是主力洗盘时的生命线，这个生命线主力一定会坚守的。因此，投资者只要知道当时主力的心理底线在什么地方，操作时就不会犯方向性错误。

那么，如何确定主力洗盘时打压股价的底线呢？根据以往的经验，投资者只要在缺口的上沿或下沿处画一条水平线就可以了。若后面的股指（或股价）冲高回落时不跌到水平线下方，就可以认为主力是在洗盘，打压股价的底线就在水平线处。当然，若后面的股指（或股价）跌穿了水平线，那就要当心主力不是在洗盘而是在出货了。因此，投资者只要盯着水平线（见图40中画水平虚线处），操作时就会有方向，就能踏准股市的涨跌节拍（对市场敏感的投资者还可以按此水平线做一些高抛低吸），享受到后面股指上涨带来的赢利机会。

瞧！当时只要画一条水平线就能锁定风险，踏准股市涨跌节拍。方法是：股指冲高回落跌至水平线处止跌，就看多做多；若冲高回落跌穿水平线，就看空做空，止损离场。

图40　上证指数2000年上半年度的日K线走势

"宝剑锋从磨砺出，梅花香自苦寒来。"做股票亦是如此，肯下功夫学习股市知识，肯下功夫进行严格炒股训练，就能达人所不达，见人所未见，成为股市中的佼佼者。

1. 这是1998年下半年度上证指数的日K线走势图。

2. 图中箭头所指的这根大阴线是低位大阴线[注]，在技术上具有赶底的意义。也就是说，当它出现时，股市的底部即将或者已经到了。投资者见到它就不应该再看空做空了，尤其在这根大阴线上方还有一个向下跳空缺口的情况下，更不要盲目割肉离场，因为这个向下缺口是竭尽缺口，也有见底意义，此时割肉说不定就割到地板上了，这样损失就很大。

图41　上证指数1998年5月7日~1998年11月26日的日K线走势

【注】　大阴线的特征、技术意义，详见《股市操练大全》第一册（修订版）第23~26页。

类似的例子很多，我们这里再举一些实例以飨读者，让大家更加清楚地看到，临近底部时，主力是如何利用大阴线来制造恐慌情绪，诱使投资者割肉出局的。此时，投资者千万不能上当，一旦盲目做空，就会掉入主力设置的空头陷阱中。

实例一：建设银行（601939）。2008年9月该股快要跌到底部时，出现了加速下跌的态势，最后砸出了两根跌停大阴线，股价才真正见底（见图42）。

瞧！"向下跳空缺口 + 跌停大阴线"，空方的力量得到了最后的宣泄，股价也就见底了，3.46元就是该股这轮熊市的谷底价。

跌停大阴线

缺口

跌停大阴线

3.46元

图42　建设银行（601939）2008年4月29日~2008年11月14日的日K线走势

实例二：登海种业（002041）。2006年10月，该股突然平台向下破位后，出现了一根接近跌停的大阴线和一根跌停大阴线，而后股价很快就见底了（见图43）。

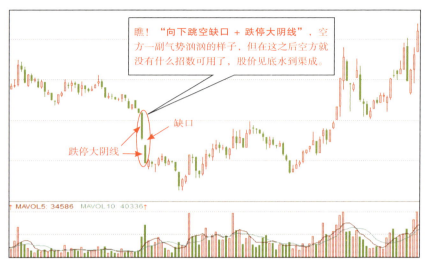

瞧！"向下跳空缺口 + 跌停大阴线"，空方一副气势汹汹的样子，但在这之后空方就没有什么招数可用了，股价见底水到渠成。

缺口

跌停大阴线

图43　登海种业（002041）2006年8月28日~2007年3月2日的日K线走势

实例三：华谊兄弟（300027）。该股是2013年创业板的大牛股。股价从12.15元一路上涨到81.80元才见顶回落。但是，2012年10月此轮行情起步前，该股也出现了大阴线赶底的现象（见图44）。

瞧！"跌停大阴线 + 向下跳空缺口"，空方的力量得到了最后的宣泄，股价也就见底了。

缺口

跌停大阴线

图44　华谊兄弟（300027）2012年9月12日~2013年2月20日的日K线走势

思考题参考答案

1. 这是2009年上半年上证指数的日K线走势图。

2. 股谚云："一把直尺走天下。"意思是在股市里，你只要学会画线，将线画准确了，并按照画线的提示去操作，就能成为一个赢家。

本题中的高手擅长画线，他仅画了两条直线就将这轮行情掌控在手，并按照上升通道的要求进行操作，所以操作非常成功。

要想知道高手是如何操作的，我们不妨先了解上升通道操作有哪些规则。**根据经典的技术理论，上升通道线有以下几条操作规则：**

①股指（股价）只要在上升通道中运行，投资者就可以放心持股待涨。

②股指（股价）触及通道上轨就是一个短线卖点，触及通道下轨就是一个短线买点（见图45）。

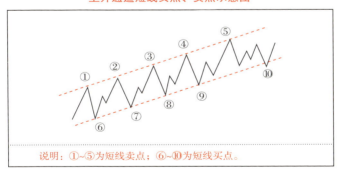

上升通道短线买点、卖点示意图

说明：①~⑤为短线卖点；⑥~⑩为短线买点。

图45

③股指（股价）往上突破上升通道上轨有两种情况：一种为假突破；一种为真突破。向上假突破，一般是因为得不到K线与成交

量的支持（例如，向上突破时拉出的K线只是一般的小阳线，向上突破时成交量也没有明显放大）；反之，向上真突破，往往是因为得到了K线与成交量的支持（例如，向上突破时连拉大阳或中阳，成交量也出现了明显放大的现象）。从统计数据上看，一个大的上升通道形成后，若发生突破上升通道的现象，多数为假突破，少数为真突破。因此，投资者对突破上升通道的现象需谨慎，因为一般都是假突破，冲上去后最终还会跌回通道之内，所以要学会逢高减仓，而不是盲目追涨（见图46）。

上升通道向上假突破示意图

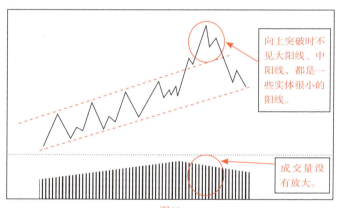

图46

当然，若碰到真的向上突破则另当别论，此时投资者可继续持股待涨，轻仓者还可以加仓（见图47）。但是，因为向上真突破的现象出现的概率较小，所以要认真加以鉴别，不要误判，一旦弄错了，就会给投资带来重大损失（注意：向上真突破多半出现在大盘走势处于特别强势之时，或超级强势股身上）。

④股指（股价）往下突破上升通道下轨也有两种情况：一种为假突破；一种为真突破。向下假突破一般是因为做空力度不足所致（例如，打穿通道下轨线都是一些小阴线，下跌时成交量很小）；反之，向下真突破则往往是因为做空力度很强而出现的一种结果

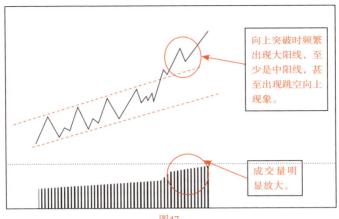

上升通道向上真突破示意图

向上突破时频繁出现大阳线，至少是中阳线，甚至出现跳空向上现象。

成交量明显放大。

图47

（例如，打穿通道下轨线是大阴线，下跌时成交量放大）。从统计数据上看，上升通道形成后，最后出现向下突破的现象，多数为真的向下突破，少数为假的向下突破。因此，投资者对突破上升通道下轨的现象一定要高度警惕。一旦发现真的向下突破现象，就必须眼疾手快及时止损离场，卖晚了就会损失很大（见图48）。当然，对主力（庄家）在洗盘所出现的往下假突破现象就不必紧张了，不

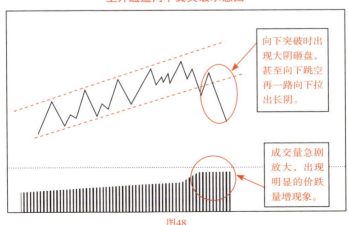

上升通道向下真突破示意图

向下突破时出现大阴砸盘，甚至向下跳空再一路向下拉出长阴。

成交量急剧放大，出现明显的价跌量增现象。

图48

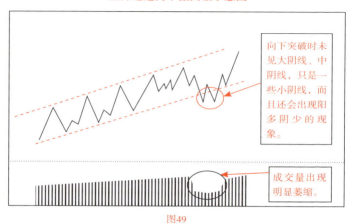

上升通道向下假突破示意图

向下突破时未见大阴线、中阴线，只是一些小阴线，而且还会出现阳多阴少的现象。

成交量出现明显萎缩。

图49

要盲目止损离场（见图49）。但究竟是真的向下突破还是假的向下突破，一定要看清楚（操作时应认真地从阴线大小、成交量多少等方面加以仔细鉴别），若看错了就会犯方向性错误，给投资造成重大损失。

在了解了上升通道的操作规则后，我们再来看当时高手是如何操作的，很多事情就能看明白了。例如，2009年7月上证指数冲破通道上轨线创出新高。这个时候很多人追了进去，结果被套在山顶上，而高手根据通道交易规则，很快就判断出当时上证指数冲破上轨线创出新高是假突破（理由是：冲破上轨线时未见大阳线，成交量也没有放大，显然是主力在诱多）。于是，高手做好了随时撤退的准备，在突破上轨线的第四天，盘中拉出了一根T字形的K线后，高手感觉不能再等了，将股票全部卖了（因为T字线为见顶信号）。高手这次操作非常成功，它以利益最大化的结果胜利而归（见图50）。当然高手获胜不是偶然的，其骄人成绩是建立在对通道操作原理的深刻理解上。

高手的操作经验给我们的启示是：只要将一项技术研究透了，就能派上大用场。炒股技术不在于多而在于精，谁真正做到了，谁就是赢家。

图50　上证指数2009年1月13日~2009年8月31日的日K线走势

股市操作经验漫谈之九

　　成功的背后是艰辛、是苦难，尤其是在股市中要想获得财富自由，那就更加艰难了。股市波谲云诡，前进路上到处是坎坷、陷阱，可以说没有一条路是好走的。若没有过硬的股市操作本领，就很难在这条路上走下去。所以，每一个要想在股市中做出好成绩的投资者，都要下苦功夫，勤学苦练，练就一身过硬的炒股本领。别人练一遍，自己练十遍、百遍。唯有如此，才能后来居上，实现在股市中腾飞的梦想。

解答

1. 这是2010年度上半年上证指数的日K线走势图。

2. 图中箭头所指处必须卖出。理由是：

第一，此处已跌破了上升趋势线（见图51）。上升趋势线被跌破，后市应该看空，所以要及时止损离场。

瞧！此处已跌破上升趋势线，若不马上斩仓出局，损失会越来越大。

上升趋势线

图51　上证指数2010年上半年的日K线走势

第二，图中出现了向下跳空缺口（见图52）。这个向下跳空缺口，在技术上称为向下突破缺口。**向下突破缺口的出现，说明市况已发生逆转，原来的升势已经结束，接下来就是一轮跌势，而这个跌势才刚刚开始，下跌的空间还很大。**因此，投资者见到向下突破缺口要及时做空，尽量以退出观望为宜。

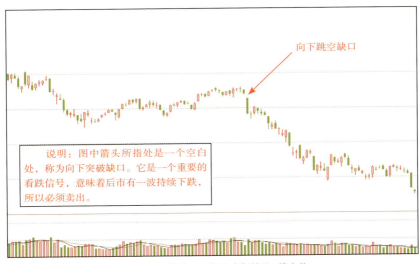

向下跳空缺口

说明：图中箭头所指处是一个空白处，称为向下突破缺口。它是一个重要的看跌信号，意味着后市有一波持续下跌，所以必须卖出。

图52 上证指数2010年上半年的日K线走势

第三，图中出现了一根大阴线（见图53）。大阴线出现是盘中做空力量集中释放的结果，它的出现对多方是严重打击，意味着后市还有很大的下跌空间，投资者对此应顺势而为，及时止损离场。

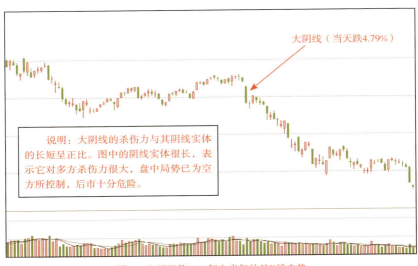

大阴线（当天跌4.79%）

说明：大阴线的杀伤力与其阴线实体的长短呈正比。图中的阴线实体很长，表示它对多方杀伤力很大，盘中局势已为空方所控制，后市十分危险。

图53 上证指数2010年上半年的日K线走势

1. 这是2004年下半年度上证指数的日K线走势图。

2. 高手审视一个市场是弱势还是强势，通常是用均线来判断的。就拿本图来说，高手先用5日、10日、30日这一组短期均线组合，分析判断出当时的市场处于弱势状态（见图54）。从图中看，当时上证指数大部分时间都处于均线空头排列之中，偶尔有一段脉冲式的上涨行情，但上涨时间都很短，几天之内指数就见顶回落。

> 在这半年中，上证指数只出现过两波小幅反弹行情，这两波反弹行情都只持续了9天就画上了句号，而且反弹力度一次比一次差。除了这两波反弹行情外，大部分时间都因为均线空头排列而处于跌跌不休状态中，其走势之弱可见一斑。

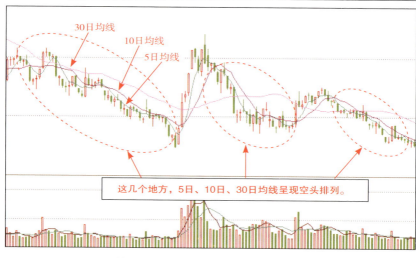

图54　上证指数2004年下半年的日K线走势

接着，高手又用半年线（120日均线）来判断市场的强弱。若当时市场是强势，半年线就会从下行状态逐渐转为上升状态，且指数也会站在半年线之上；反之，若当时市场是弱势，半年线就会出现持续下行状态，而且指数在触底反弹时，反弹到半年线处就会受阻回落。高手解释说，**为什么要用半年线来测量市场强弱呢？因为半年线是鉴别牛熊的准分界线**，只有半年线走强，市场才能转危为安，而后再突破年线，迎来新一轮牛市行情；而半年线走弱，就说明市场危机非常严重，市场还有继续下跌的空间。换句话说，熊市还会继续，最黑暗的时刻还没有到来。面对这样的市场，投资者需要高度警惕，切忌盲目抄底做多。高手说，我们在图中加了半年线后就会发现，2004年下半年的上证指数被半年线压着，出现了一路向下的现象，这说明当时市场走势非常弱（见图55）。

高手告诉我们，遇见弱势市场，对大多数投资者来说，最好的操作策略就是离场休息，持币观望。因为弱势市场风险大、机会

在图中加入了半年线，当时上证指数走势就一目了然，反弹到什么地方结束、何处是卖点，可谓清清楚楚。

图55　上证指数2004年下半年的日K线走势

少，操作出现失误的频率高，而且一旦套住，止损不及时，就会越陷越深。当然，对一些市场敏感的投资者来说，弱势市场也会有短线机会，若把握得好，赢利的可能性还是存在的。例如，本图中出现了两波反弹，若能在技术指标超卖时逢低加入，到反弹高点离场，短期收益还是很可观的。不过操作时要记住，反弹到半年线处必须离场。因为是弱势市场，主力做到半年线就鸣金收兵了，冲上半年线的可能性很小，即使勉强冲上去了也很快会跌下来。**所以指数反弹到半年线就一定要卖出，这要作为纪律来执行。若疏忽了，投资就会出现重大损失。**

股市操作经验漫谈之十

古语云："文武之道，一张一弛。"这是古人的智慧，对现代人的工作、生活也很有指导意义。比如在股市里，了解"文武之道，一张一弛"精髓的投资者，操作股票就很有章法，胜率远比一般股民高得多。因为他们知道，做股票不能老是手里拿着股票，看多做多，一定要学会空仓、休息。不会空仓、休息的投资者，在股市里要么坐N次电梯，牛市赚的钱到熊市里都赔了，最后是竹篮打水一场空；要么是因盲目地买进、卖出，不断地搏杀，最后把本金都输光了。经验证明，而要解决股市中此类顽疾，最好的良方就是炒股也必须遵循"文武之道，一张一弛"。知之行者，就能懂得随股市高低节奏起舞，就不会在股市里做不会空仓、不会休息的蠢事了。

那么，什么情况下需要空仓、休息呢？一是股市趋势向下时，比如半年线（120日均线）连续压着股价往下运行，此时就应该空仓、休息。二是投资者在操作中，做错的次数大于做多的次数时，这时候也应该空仓、休息，坐下来总结经验。并严格要求自己多学一些股市有关知识，多做一些股市实战练习，学好了、练好了再战。三是账面上已有丰厚利润时，也要做到见好就收，主动止盈。因为账面盈利越丰厚时，隐藏的危险也越大。

思考题参考答案

解答

1. 这是2007年下半年上证指数的日K线走势图。

2. 图中画圈处的头部，是迄今为止中国A股市场上最大的一个头部。2007年10月上证指数在6124点见顶后，牛市就转入熊市，然后股市就一路下泻，一年后最低跌至1664点。因此，说起这个头部，老股民对它印象特别深刻。

头部出现后，当然应该跑，尤其是6124点这个头部，后面跌得如此凶狠，那就更应该跑了。这个道理大家都懂，但问题是，头部出现后，很多人并不知道这就是头部，仍在那里看多做多，所以出现了深套，甚至输得血本无归。这样的教训是非常深刻的。

那么，股市上涨中什么时候会出现头部，投资者又如何来识别头部呢？高手以6124点头部为例，告诉了我们空方尖兵、双顶、顶背离等6种识别头部的方法。这里逐一向大家进行介绍。

见顶信号一：**空方尖兵**。上证指数在6124点见顶时，曾出现了一个空方尖兵的图形（见图56中画框处）。空方尖兵是一个K线组合，其图形的特征是：最左边的K线是一根阴线并带有很长的下影线，而后股价就出现了回升，收出若干根小阳线，正当人们认为盘面平安无事时，空方又突然发起进攻，连收阴线，股价就此形成连续下跌的走势。从图形上看，最左边的带有长下影线的阴线，是空方在大规模杀跌前所做的一次试探性进攻，有人把这根长下影线视为空方深入多方阵地的尖兵，这就是空方尖兵名称的由来。空方尖兵是一个看跌图形，该图形出现后，股价往往会出现一轮深幅调整。

值得注意的是，空方尖兵的图形有很大的欺骗性。我们发现，在沪深股市的历史中，大盘有好几次构筑头部时，主力都用它来掩护出货，上当受骗的投资者非常多。因此，我们认为，无论是大盘还是个股，在涨幅较大的情况下出现空方尖兵的图形都是一个危险的信号。投资者如果遇到这种情况，就必须无条件地退出观望。这要作为一条铁的纪律来执行，不要犹豫，不要拖。这是防止受骗上当、避免在顶部吃套的一个非常有效的方法。

图56　上证指数2007年8月22日~2007年11月28日的日K线走势

　　见顶信号二：双顶颈线破位。图中画上一根颈线后就会发现，一根长阴线已经将双顶的颈线击穿（见图57）。从技术理论上说，双顶颈线被打穿后，就会出现一轮大的跌势。因此，双顶的颈线历来被多方视为生命线，一旦生命线失守，多方阵脚马上就会大乱，兵败如山倒的现象就会发生，后果将不堪设想。所以在双顶颈线失守后，投资者只能认赔出局，否则灾难将接踵而至，损失会越来越大。

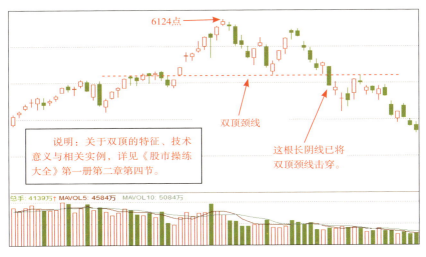

图57　上证指数2007年8月22日~2007年11月28日的日K线走势

见顶信号三：股指走势与成交量走势出现顶背离。从图中看，当时上证指数在上升的最后一个阶段，虽然指数在向上走，但成交量明显不配合，阳线量（指收阳线时放出的成交量）出现萎缩状态，与指数上升走势呈现顶背离状态（见图58画虚线处），这在技术上也是一个重要的见顶信号。

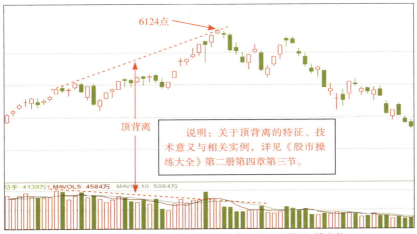

图58　上证指数2007年8月22日~2007年11月28日的日K线走势

见顶信号四：天量天价。股市有句名言，"天量之后是天价"。当时上证指数在6124点见顶前的第三天拉出了一根吊颈线，吊颈线是见顶信号，当日的成交量放出了近期的天量。"吊颈线 + 天量"是一个严重的见顶信号。果然，在这之后第三天此轮牛市行情就在6124点画上了句号（见图59）。

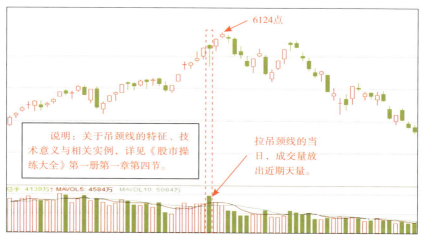

说明：关于吊颈线的特征、技术意义与相关实例，详见《股市操练大全》第一册第一章第四节。

6124点

拉吊颈线的当日，成交量放出近期天量。

图59　上证指数2007年8月22日~2007年11月28日的日K线走势

见顶信号五：向下跳空缺口。2007年10月，上证指数在6124点见顶，回落至5462点后曾出现了一波反弹走势，股指反弹至6005点再次掉头向下，并在图60中箭头所指处出现了一个向下跳空缺口（见图60）。从技术上来说，这个缺口是一个向下突破缺口，对趋势起着引导作用。一般来说，向下突破缺口出现后，预示股市的大调整拉开了序幕，形势变得对多方越来越不利。此时，稍有技术分析常识的投资者都会选择离开，退出观望。

股市见顶时有这么多见顶信号，懂技术的人早跑了。看来炒股票不懂技术不行，盲目炒股的风险太大。

图中标注：
6124点
6005点
向下跳空缺口
5462点

说明：关于缺口的特征、技术意义与相关实例，详见《股市操练大全》第一册第二章第十一节。

总手: 4139万↑ MAVOL5: 4584万　MAVOL10: 5084万

图60　上证指数2007年8月22日~2007年11月28日的日K线走势

　　见顶信号六：20日均线被击穿，上山爬坡形的形态遭破坏。从图中看，上证指数摸高6124点后的第8天，出现了1根跌幅达4.86%的大阴线，一下子将20日均线拦腰切断（见图61）。上证指数前期沿着20日均线往上爬升的上山爬坡形的形态遭到了破坏（编者按：有关上山爬坡形的特征与技术意义，详见《股市操练大全》第二册第60~63页），这对多方来说是一个很严重的问题。按照均线理论，如果短期内上山爬坡形的形态无法修复，股指必将有一次劫难。因此，投资者见此情形，只能三十六计走为上计，先卖出再说。

　　每次大盘见顶时都会套住很多人，但被套的人回想一下，当初发现了这些见顶信号吗？如果对它一无所知，那么在股市山顶被套又能怪谁呢？

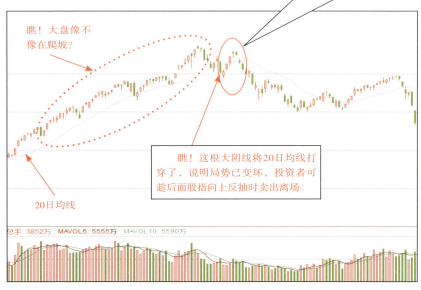

总体来看，大盘前半段走的是一个上山爬坡形图形，这个"坡"就是20日均线。画圈处的右侧显示，20日均线已被跌破，这是一个重要的卖出信号，此时应立即卖出。

瞧！大盘像不像在爬坡？

瞧！这根大阴线将20日均线打穿了，说明局势已变坏，投资者可趁后面股指向上反抽时卖出离场。

20日均线

总手: 3852万　MAVOL5: 5555万　MAVOL10: 5590万

图61　上证指数2007年7月18日~2008年1月22日的日K线走势

除了上面讲的6个卖出信号外[注]，当时盘面上还出现了一些卖出信号，如均线组合上出现了死亡谷，日线MACD形成了死亡交叉，这里就不详细介绍了。总之，从当时的上证指数在6124点见顶这段走势看，它的卖出信号有很多，全部明显地摆在大家面前。投资者只要仔细观察、认真分析，发现并抓住这些卖出信号并不难。只要抓住了这些卖出信号，就可以做到在高位成功逃顶，成为这轮行情的赢家。

【注】　为了叙述方便，同时也为了让读者对卖出信号看得更明白，我们将这些卖出信号分开来叙述。但在操作时，投资者应将这些卖出信号综合起来分析，以求提高对行情判断的准确率。

1. 这是2009年下半年上证指数的日K线走势图。

2. "凡事预则立，不预则废。"这是高手炒股的一个基本原则。高手炒股与普通散户炒股有很大不同，他们的行动都是有准备、有计划的，而大多数散户炒股都是脚踏西瓜皮，滑到哪里是哪里。

我们采访了很多高手，发现在2008年大熊市结束后，他们都忙得不亦乐乎，或是对市场进行调查研究，或是查阅一些资料，或是召开座谈会、交流会，在高手之间进行相互切磋。其中，讨论最多的问题是：2008年大熊市结束后出现的见底回升行情属于什么性质？这轮行情能走多远？可能会在什么地方见顶？见顶后局势将怎么发展？面对这样的行情应采取什么策略？

首先，我们来解答第一个问题。说说高手们为什么会如此重视2008年大熊市结束后出现的见底回升行情的性质。这是因为，高手认为行情的性质不同，操作方法就有很大的不同。一旦把行情性质弄错了，后面的麻烦就大了，轻则花了大力气结果赚不到什么钱，重则花了大力气还要赔钱，甚至赔大钱。

据了解，在2008年大熊市结束后，高手们经过反复研究，最终达成共识，认为2008年大熊市结束后的见底回升行情（即2009年出现的一波上升行情）的性质，应该与1994年大熊市结束后出现的见底回升行情性质类似，属于大熊市后的恢复性上涨行情。

这个定性非常重要，因为恢复性上涨行情有以下特点：第一，它不同于熊市中的反弹行情。它的上涨幅度要比熊市中的反弹行情大，而且不像一般的反弹行情结束回落时会创出历史新低，它回落的最低点要高于前面熊市的最低点。第二，它也不同于牛市中的上升行情。因为牛市中的上升行情在阶段性见顶后，经过短期回调，会继续展开升势，而恢复性的上升行情结束后，会出现长时间的震荡调整，并且这个震荡调整往往与熊市类似，投资者会感到很痛苦。恢复性上涨行情是特殊时期、特殊条件下产生的与众不同的独立行情，这个行情有其自身的特点，能否正确认识它、理解它非常重要，这将直接关系到投资者的操作成败。

高手告诉我们，若要充分了解2008年大熊市结束后出现的这轮上涨行情的性质及其未来的发展趋势，就有必要回顾一下1994年超级大熊市结束后，为什么会出现一轮恢复性上涨行情？这里的主要原因是：因为超级大熊市不同于一般性熊市。超级大熊市的特点是，跌幅特别深、下跌速度特别快，而一般性熊市跌幅浅、下跌速度缓慢，一轮熊市要跌上几年时间。超级大熊市对投资者的杀伤力远大于一般性熊市。所以在其熊市结束后出现的上涨行情基础很不稳固。很多人已被前面的大熊市跌怕了，一旦市场中有什么风吹草动，落袋为安的思想就会占上风，此时盘中做空力量就会暴增。这就决定了恢复性上涨行情走不高，到了一定高度行情就会戛然而止。

不过，恢复性上涨行情不是熊市中的反弹行情，两者有本质区别。因为在恢复性上涨行情出现时，导致股市走熊的一些基本面因素已经消失，行情走不高主要是投资者情绪不稳定所致。因此，股市冲高回落后再度走成大熊市，创出新低的可能性就不存在了。这样恢复性上涨行情结束后，股市走势就会在一个上有顶（即后面指数上涨不会超过恢复性上涨行情的高点）、下有底（即后面指数下跌的最低点比前面超级大熊市的谷底要高出一截）的箱体里进行长期震荡。通过这种长期震荡，才能将投资者情绪逐步稳定下来，盘中才能积聚较强的做多力量。只有到了这个时候，大盘才会选择向上突破，展开新一轮上涨行情。

下面请大家仔细看看1992年10月~1997年5月的上证指数月K线

走势图（见图62），就会发现1994年的大熊市，是中国A股市场跌幅最大的一次熊市，仅仅一年多时间，上证指数就跌掉了79.14%。在熊市见底后，马上出现了一轮恢复性上涨行情；恢复性上涨行情结束后，大盘经过几年时间的震荡整理，而后才逐步走强，出现了新一轮的上攻行情。

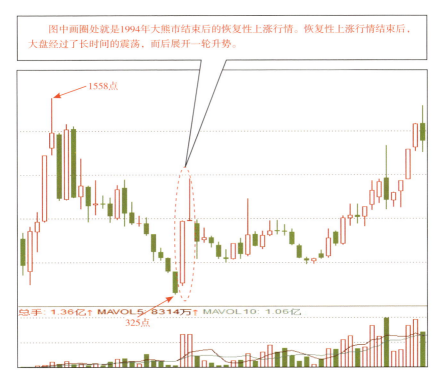

图中画圈处就是1994年大熊市结束后的恢复性上涨行情。恢复性上涨行情结束后，大盘经过了长时间的震荡，而后展开一轮升势。

1558点

总手: 1.36亿↑ MAVOL5: 8314万↑ MAVOL10: 1.06亿

325点

图62　上证指数1992年10月~1997年5月的月K线走势

　　高手说，2008年大熊市前后的情况与1994年大熊市前后的情况相似，因此可以拿来进行比较。如果仔细观察，当时它们都是先出现暴涨，后出现暴跌的，然后再出现一段小幅回升的走势，其走势犹如英文字母"N"形状（见图63、图64）。

　　高手说，股市的历史有惊人的相似之处。在一般情况下，我们

说明："日价位线图"是将每日收盘价连在一起而形成的走势图。从日价位线图可以清楚地看出，当时两者的走势都呈现"N"形状。

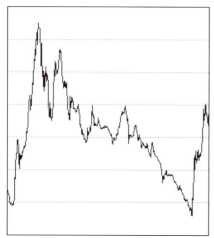

图63　上证指数1992年11月17日~1994年9月13日的日价位线

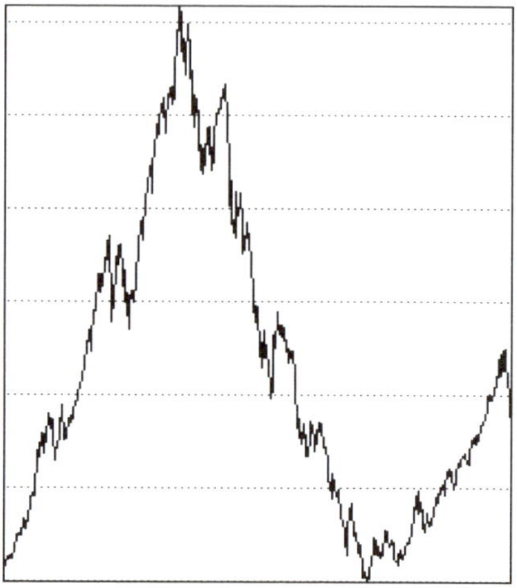

图64　上证指数2006年11月6日~2009年8月4日的日价位线

只要知道前者的走势是怎么走的，就可以判断后者的走势也会怎么走。这里并不需要什么特别的技巧，只要你坚定地相信"股市历史会重演的"道理，就能对行情趋势做出正确的判断。我们还是回到图上来，既然沪市在1994年恢复性上涨行情结束后，出现了连续几年的低位震荡走势，那么，2008年末~2009年的恢复性上涨行情结束后，也一定会出现几年的低位震荡走势。当然这个低位震荡走势是不会创出历史新低的，这个大家不用担心。而且在长期震荡后，大盘最终会选择向上突破的。

高手说，了解了什么是恢复性上涨行情，以及恢复性上涨行情结束后局势会怎么变化，就能帮助投资者制定出正确的操作策略。高手谦虚地表示，其实本人的操作没有什么特别的地方，仅仅是按照恢复性上涨行情出现后的操作要求进行买卖而已，是照章行事，所以最后我们赢了。而在恢复性上涨行情中做得不成功的投资者，主要原因就是没有对当时行情的性质做出正确的判断，对什么是恢复性上涨行情的知识，知之甚少，甚至一无所知，故而在操作时手忙脚乱，看错了方向，亏钱也就在所难免了。

接下来解答第二个问题。2009年的恢复性上涨行情究竟会在何处见顶？这也是高手重点关注的一个问题。一些高手经过深入研究后发现，它极有可能在3000~3400点之间见顶。理由是：

（1）按照黄金分割理论，2009年恢复性上涨行情在回升至前面熊市下跌的0.382处附近，遇阻回落的可能性极大。据了解，2007年10月~2008年10月这轮大熊市从6124点跌至1664点，总共跌掉4460点，4460×0.382=1704点，1664点 + 1704点 = 3368 点。也就是说，若按回升0.382计算，这轮恢复性上涨行情见顶的位置就可能出现在3368点附近。

有人问，2009年恢复性上涨行情，为什么不可以在黄金分割位0.5或0.618处见顶呢？这里有两个原因：第一，3700点附近的密集成交区会使大盘知难而退。比方说，若是按照回升0.5计算，那么恢复性上涨行情见顶的位置就可能移至3894点附近，而要达到这个点位就会遇到一个重大障碍——3700点附近的密集成交区。这个密集成交区就是阻止大盘继续上行的拦路石，要搬掉这块拦路石是相当难的。

据了解，2008年大熊市期间，上证指数从5000多点一路跌至2900多点时，管理层针对股市连续大跌而推出了一些重要的利好政策。当时大盘在利好政策的刺激下，上证指数从2990点反弹至3786点。但无奈这个时候大熊市格局已定，短期的利好政策只有一时的刺激作用，但它不能扭转熊市的向下趋势，沪股在3700点附近停留了一段时间，最终还是选择了向下突破（大盘之后就一路狂泻，一直跌至1664点熊市才见底）。这样，当时3700点附近反弹被套的大量筹码，就成了阻止将来大盘上升的一个密集成交区。对这样的密集成交区，考虑到恢复性上涨行情中投资者情绪还不稳定、盘中做多力量也不是特别强盛等因素，大盘是很难冲过这道关口的。市场主力对此心知肚明，他们会在此之前就鸣金收兵，所以恢复性上涨行情回升的高度只能在0.382附近，而不可能在0.5或0.618处附近。

（2）30月均线将会压制大盘上行。2009年恢复性上涨行情有个先天不足之处，即在它上涨时，30月均线却横在半空中。这样在它上涨接触到30月均线时，30月均线就会对它的上行起到一个强制的下压作用，迫使它掉头下行。也许有人会想，如果上天眷顾，大盘会不会冲破30月均线的阻挠，继续上行呢？答案应该是否定的。如真要出现这种局面，除非盘中积聚了极大的做多能量，一般情况下是绝对冲不过去的。而遗憾的是，恢复性上涨行情本来就是投资者情绪不稳、做多力量不足的上涨行情，在这种情况下，大盘碰到了30月均线只会被打压下来，而不可能冲上去（见图65）。

瞧！2009年恢复性上涨行情走到30月均线的地方，就画上了句号。30月均线横在半空中，将大盘指数打弯了腰，大盘指数只能掉头向下。可见，当时30月均线横在半空中，对大盘杀伤力有多么厉害。

图65　上证指数2005年6月~2010年6月的月K线走势

最后再来解答第三个问题，面对这样的行情应该怎么操作。高手告诉我们，首先，投资者要确定行情的性质，当知道这是恢复性上涨行情，投资者就要采取阶段性看多做多的策略，到了一定位置就必须卖出，而不能像在大牛市中那样捂着股票不动。其次，要在恢复性上涨行情预定的目标位（如3300点～3400点）到达时主动止盈出局，或者看到K线见顶信号出现时马上卖出，止损离场。最后，卖出后可参照1994年恢复性上涨行情结束后的震荡走势，确定一个震荡范围进行高抛低吸（比如，将2000点～3000点作为一个箱体，在3000点处附近卖出，在2000点处附近买进）。

当然，震荡行情最后还是会走出来的，走出来的方向多半是向上而不是向下。一旦到了这个时候，就不要再高抛低吸了，要及时改变操作方法，重点要学会捂股待涨，因为一轮新的牛市上升行情或许就出现了。

股市操作经验漫谈之十一

中国股市30多年来，出现了不少股市大赢家。但据了解，几乎所有的股市大赢家都在股市中栽过跟头，甚至大跟头。他们之所以后来成为股市赢家，一是敢于面对现实，承认失败，不断总结经验、修正错误，不在同样的地方摔两次跟头。二是善于学习前人的成功之术，克服了贪婪、恐慌情绪，找到了适合自己的操作方法，积小胜为大胜。正是坚持了这两条，他们才能从股市中脱颖而出，成为真正的强者。

思考题参考答案

1. 这是2006年下半年度上证指数的日K线走势图。

2. 图中画圈处的K线图形叫"冉冉上升形"。冉冉上升形的K线图形特征是：股价经过一段时间横盘后出现了向上倾斜的一组小K线（一般不少于8根），其中以小阳线居多，中间也可夹着一些小阴线（见图66）。这种不起眼的小幅上升走势就如冉冉上升的旭日，故名"冉冉上升形"。它往往是股价日后大涨的前兆，如若成交量也呈温和放大态势，这种可能性就很大。从沪深股市历年来的走势看，大牛市行情启动初期，就是常以这种形式表现出来的。另外，在一些大牛股上涨初期的K线图形中也经常会有冉冉上升形的图形出现。因此，投资者在分析大盘走势或挖掘牛股时，若见此K线图形，可先试着做多，如果日后股价出现拉升现象，再继续加码买进。例如，本图中出现冉冉上升形K线图形时，当时的上证指数还在1800点下方运行，之后，股市就一路上涨，一直攀升至6124点才见顶。若当时有谁根据冉冉上升形的K线信号，积极看多做多，后面获利空间就非常大。

图66 "冉冉上升形"K线组合图形示意图

1. 这是1994年上半年度上证指数的日K线走势图。

2. 从图中看，当时上证指数在这半年中呈现一路下跌的走势，盘中做空力量非常强大，持股做多者输得很厉害。

其实，盘中做空力量强，从一开始的K线图形中就能看出。比如图中第一个画圈处是一个穿头破脚[注1]的K线图形，就显示出它有极强的做空动能。图中靠右边的一根长阴线把前面的几根阳线都覆盖了。这种现象有人形容为"狮子大开口"（指这根长阴线一下子把前面的几根阳线都吞吃了）。可见，当高位出现这种气势汹汹的穿头破脚图形时，投资者应予以高度警惕。此时，首先是绝对不能再买进股票了，其次要赶紧将留在手中的股票处理掉，处理得越早，损失越少。

如果说在图中第一个画圈处还看不明白盘中做空力量有多强，那么，到了第二个画圈处，主力砸盘动作表现得非常明显，此时稍有股市经验的投资者，无论如何都能看出盘中做空力量特别强大。

下面我们就对第二个画圈处的K线图形做一些解析，看看当时盘中到底发出了哪些重要的看跌信号。

第一，吊颈线[注2]（见第2个画圈处最左边的1根K线）。图面显

【注1】 关于"穿头破脚"K线组合的特征、技术意义与相关实例，详见《股市操练大全》第一册（修订版）第64~66页、第七册第42~53页。

【注2】 关于"吊颈线"的特征、技术意义与相关实例，详见《股市操练大全》第一册（修订版）第29~30页。

示，当时大盘跳空高开，留下一个跳空缺口后拉出这根吊颈线。虽然当天是放量上涨的，但收了一根吊颈线却是不祥之兆。因为从技术上说，吊颈线是一个看跌信号。

第二，吊颈线加上后面的一根阴线，又组合成一个穿头破脚的图形。在这个穿头破脚图形中，后面的一根阴线将前面的一根吊颈线覆盖了。这一方面说明，前面吊颈线看跌信号的有效性已被市场验证。如果吊颈线出现后大盘继续高开高走，那么这根吊颈线的看跌信号就是假的，我们还不能以此判断主力在刻意做空。但在吊颈线的后面出现了这根阴线，此时就能正式确定这根吊颈线的看跌信号是真的了。另一方面，跳空缺口上方马上就出现了一个凶神恶煞似的穿头破脚图形，说明当时大盘的形势非常严峻。这对多方来说是极为不利的，后市岌岌可危。

第三，乌云盖顶。第2个画圈处的第3、第4根K线合在一起就是一个乌云盖顶的K线组合，这也是一个重要的见顶信号。

第四，下跌三连阴。第2个画圈中的最后3根K线都是阴线，合在一起就是一个下跌三连阴走势。下跌三连阴是股市中经常见到的下跌形态，而且这个下跌三连阴已经将前面向上跳空缺口完全封闭。大家知道，向上跳空缺口很快就被封闭，说明盘中看空、做空的人很多，而做多的人很少，所以才会导致这样的现象出现。

第五，成交量暴增。在第2个画圈处众多见顶信号出现时，下面的成交量比以前成倍增加，如此大的成交量出现在下跌途中，用一句行话来说，就是价跌量增，后市看跌。其实，在股市里待久了就会知道，这样暴增的量，不用分析就能判断这是主力大量卖出所致。

综上所述，第2个画圈处反映盘中做空的力量非常强，在此情况下，投资者唯一的选择就是马上卖出。因为在这么强大的做空力量压制下，股市后面还有很大的下跌空间，卖晚了，特别是继续看多做多，损失就会非常大。

该案例给我们的重要启示是：

（1）当盘中存在较大的做空动能时，投资者应顺势而为，停止看多做多，马上止损离场，这就是规避市场风险的最明智的做法。

（2）做股票要想获得成功，就要努力成为先知先觉者。例如，能在图中第一个画圈处（见图67）出逃的投资者就是先知先觉者；在第二个画圈处出逃的是后知后觉者；在第二个画圈处仍在不断买进股票或者持股不抛者，则是不知不觉者。股市里输钱输得最厉害的就是不知不觉者。

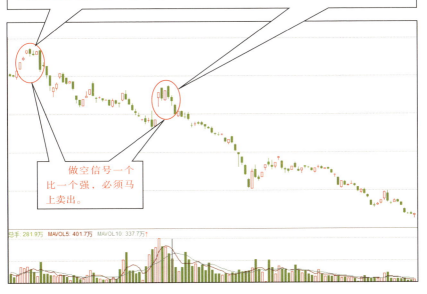

炒股票要顺势而为。那么，什么是顺势而为呢？说白了，就是要看盘中的图形信号，进行顺势操作。比如，本图中不断发出强烈的做空信号，能看懂图中信号并能坚决执行及时卖出者，就是顺势而为；反之，继续看多做多者就是逆势操作，自取灭亡。

做空信号一个比一个强，必须马上卖出。

图67　上证指数1994年上半年度的日K线走势

看图识图是炒股的基本功。能知其奥秘者，就能顺势而为，成为股市中的先知先觉者。不会看图、不知其中奥秘者，就很容易成为股市中的韭菜，被人收割。

2
♣

思考题参考答案

解答

1. 这是2000年下半年上证指数的日K线走势图。

2. 填充：空方尖兵。

空方尖兵是一个见顶图形。其特征是：靠近左边的K线是一根阴线并带有很长的下影线，而后股价就出现了回升，收出若干根小阳线，正当人们认为盘面平安无事时，空方又突然发起进攻，连收阴线，股价就此形成急速下跌的走势（见图68空方尖兵放大图形）。

值得注意的是，在沪深股市的历史中，大盘有好几次构筑头部时，主力都用它来掩护出货，上当受骗的投资者非常多。故此，无论是大盘还是个股，在涨幅较大的情况下出现空方尖兵的图形都是一个危险信号。投资者如遇见它，必须无条件地退出观望，这要作为一条铁的纪律来执行。不要犹豫，立即卖出，这是防止受骗上当、避免在顶部吃套的一个非常有效的方法。

说明：我们把2000年下半年上证指数见顶时的空方尖兵图形进行放大，就能清楚地看出该图形的欺骗性。例如，箭头A所指处是一根长下影线，使大家误以为探底成功了，特别是在这之后连收4阳，更让大家误以为多方要发力上攻了；但箭头B所指的一根中阴线则暴露了主力的意图；再后面箭头C所指的一根大阴线就把主力造顶出货的目的完全揭露了。大家了解了这个图形特征，今后就不会再被它骗了。

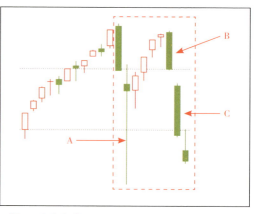

图68　空方尖兵

解答

1. 这是2013年上半年上证指数的日K线走势图。

2. 高手的判断是对的。理由是：

第一，从图中看，箭头所指的低点是当时股市加速赶底形成的一个低点，它符合股市快速见底的特征——先缓慢下跌，后快速下跌；先拉小阴线，后拉大阴线，最后出现一根带有长下影线的锤头线。锤头线在此出现是一个见底信号，而且这根锤头线的下影线特别长，股价从下影线的最低点拉回到收盘价有很长一段距离，股价回上来时，力度很强，并且呈现放量回升的态势。从技术上说，这种形式的单针探底可靠性较强，至少短期内很难再创出新低。

第二，高手告诉我们，**下影线特别长的单针探底获得成功在股市上有很多先例**。高手给我们举了一个例子（见图69）。从图中看，当时沪指出现了一根很长的下影线，股指后面没有再创过新低，过后不久，就出现了一轮上攻行情。

第三，从

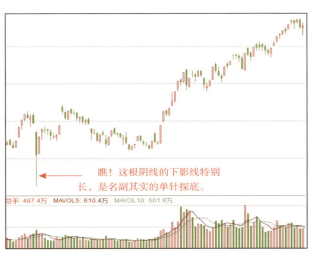

瞧！这根阴线的下影线特别长，是名副其实的单针探底。

总手: 487.4万　MAVOL5: 610.4万　MAVOL10: 601.9万

图69　上证指数1997年12月26日~1998年6月5日的日K线走势

历史经验看，这轮下跌的空间与时间均已调整到位。**高手说，"股市历史不断重演"是股市中的一个规律性现象。投资者做股票时，无论是分析大盘还是个股走势，都要参照历史经验，这样获胜的概率就会显著提高。**就拿 2013 年上半年的上证指数走势来说，在它单针探底出现 1849 点这个低点前的一段时间，曾经出现过一个 1949 点的低点（见图 70）。这样的情况与上证指数在 1994 年 11 月 ~ 1996 年 2 月的走势极为相似，当时上证指数在恢复性上涨行情见顶、指数被腰斩后，出现过 524 点、512 点两个低点（见图 71）。据了解，上证指数在出现 512 点这个低点后，股市就没有再创过新低，之后就出现了一轮牛市大行情。以此对比，是否就可以推断出，2013 年 6 月出现 1849 点后，大盘指数不会再创新低，而是也会开启一轮牛市行情呢？

图70　上证指数2012年11月13日~2013年6月26日的日K线走势

图71　上证指数1994年12月8日~1996年2月9日的日K线走势

高手这样推断是有道理的：因为上证指数在1994年恢复性上涨行情见顶后出现的一段下跌走势，其性质是小熊市。小熊市的最低点一定会比前面大熊市的最低点要高，这是由其市场性质决定的（注：关于大熊市、小熊市的特点与两者之间的区分，详见《股市操练大全》第十册第502~512页）。图71中，前面大熊市的最低点是325点，而小熊市中的最低点是512点，512点离325点不足200点。在小熊市里空方的力量不及大熊市里空方的力量，所以指数跌到512点后就跌不下去了。512点就成了当时这轮小熊市的最低点，之后不久就出现了一轮牛市大行情。同样的道理，上证指数在2009年8月恢复性上涨行情见顶后出现的一段下跌走势，其性质上也应该是小熊市。因为在它之前也出现过一个大熊市，大熊市的最低点为1664点。而现在大盘指数跌至1849点（见图70），1849点离1664点距离同样不到200点，所以，很有可能是这轮小熊市的最低点。以后的事实证明，高手的这个判断是正确的，上证指数在2013年6月探至1849点后就未再创新低，经过一段时间的筑底之后，走出了一轮牛市大行情（见图72）。

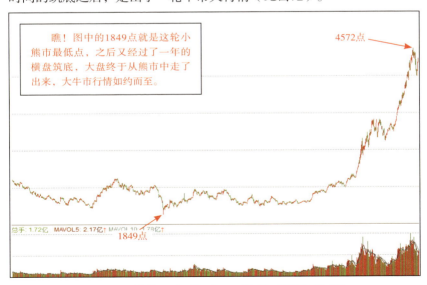

图72　上证指数2012年5月7日~2015年5月13日的日K线走势

第四，月K线图显示（见图73），2013年6月上证指数被砸到1849点，这个点位极有可能是2009年8月上证指数在摸高3478点见顶后，连续几年调整下来的最低点。由此可以推断，这轮小熊市在1849点见底了。其见底的最重要标志是，当指数跌至1849点时被240月均线有力地托起。240月均线是中国A股市场全体投资者20年来持股的平均成本线。从1990年12月上海证券交易所成立算起，我们国家的股市总共只有20多年的历史。如果当时连240月均线都被击破了，那就意味着1993年以后入市的投资者（包括机构投资者）整体上都是亏钱的，这显然是不可想象的。所以，240月均线就是中国A股市场的生命线，这条生命线，管理层与股市中的各方人士（包括投资者）都十分看重，它不会被空方击破。另外，空方打到这个地步，也会因为敬畏这条生命线而收手，空方也惧怕在这个地方抛出的筹码会被无形之手统统拿走，偷鸡不成反蚀把米。高手通过对几方面因素的综合考虑，得出一个结论：2013年6月上证指数快速跌至1849点是盘中做空力量充分释放所致，它被240月均线挡在门外是必然的，1849点就是这轮小熊市的最低点。高手认为，既然小熊市低点已探明，大家可以趁股市还在筑底时逢低吸纳，耐心持股，日后必有丰厚的投资回报。

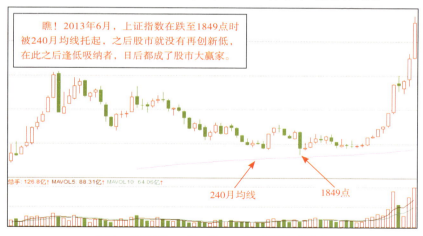

瞧！2013年6月，上证指数在跌至1849点时被240月均线托起，之后股市就没有再创新低，在此之后逢低吸纳者，日后都成了股市大赢家。

总手: 126.8亿↑ MAVOL5: 88.31亿↑ MAVOL10: 64.06亿↑

240月均线

1849点

图73　上证指数2008年11月~2015年4月的月K线走势

1. 这是1999年上半年度上证指数的日K线走势图。当时因管理层推出积极的利好政策（比如清理整顿场外交易市场、开辟证券公司合法融资渠道、扩大证券投资基金试点等一系列政策），中国A股市场在5月份由科技股引领，爆发了一轮井喷行情。因为这轮行情是从5月19日开始的，故被人们称为"5·19"行情。虽然这轮上涨行情时间不足一个半月，但指数涨幅却相当惊人，上证指数从1047点起步，最后摸高至1756点，这轮逼空式的上涨行情才画上句号。据了解，当时上证指数在短短一个多月里就大涨了67.72%，一举扭转了股市连续几年疲弱不堪的局面，这对推动中国A股市场健康发展起到了非常重要的作用。**所以，后来每当股市走熊、人气丧失时，大家都会提起当年的"5·19"行情是如何让股市绝处逢生的，可见"5·19"行情在投资者心目中的重要地位。**

2. 画圈处是一个底部岛形反转的图形。什么是底部岛形反转呢？我们先请大家看一张底部岛形反转的示意图（见图74）。

底部岛形反转示意图

图74

底部岛形反转的图形特征是：在下跌行情中，股价已有了一定的跌幅后，某日突然跳空低开，留下一个缺口，日后几天股价继续下沉，但股价下跌到某个低点又突然峰回路转，股价开始急速回升，并留下了一个向上跳空的缺口。这个缺口与前期下跌时的缺口基本上处于同一价位区域。从图形上看，股价明显分成两块，中间被左右两个缺口隔开，使得图中下面一块图形犹如飘离海岸的岛屿（有时候这个岛屿也可能由一根K线组成）。**底部岛形反转时常会伴随着很大的成交量。如果成交量小，这个底部岛形反转图形就很难成立。底部岛形反转是个转势形态，它表明股价已见底回升，将从跌势转化为升势。**

图75画圈处就是一个典型的底部岛形反转图形。股价在上涨时，成交量放大现象十分明显，此时，投资者见此情形应该马上跟进，这样就能享受到股市大涨带来的盛宴。

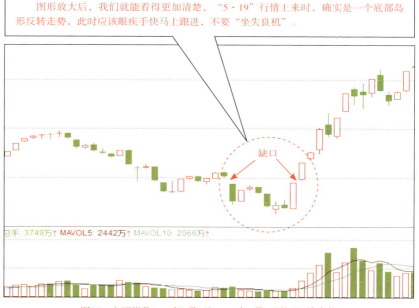

图形放大后，我们就能看得更加清楚，"5·19"行情上来时，确实是一个底部岛形反转走势，此时应该眼疾手快马上跟进，不要"坐失良机"。

缺口

总手: 3749万↑ MAVOL5: 2442万↑ MAVOL10 2066万↑

图75　上证指数1999年4月1日~1999年6月7日的日K线走势

5 ♣ 思考题参考答案

1. 这是2005年下半年上证指数的日K线走势图。

2. 本题是根据当时真人真事编写的一个故事。当时的情况是：上证指数2245点见顶后，一连走熊了5年，虽然中间出现过多次反弹，但每次反弹结束后，大盘不仅会跌回原地，而且会跌穿前期低点后再创新低。久而久之，大多数投资者就产生了一种思维定式，反弹冲高回落后，若不卖出，以后再跌回原地卖出就亏大了。所以，本题中大多数投资者都在画圈处选择了卖出；而A君却反其道而行之，在这个地方选择了大量买进。其实，A君不是指一个人，当时确实有一批有眼光的股市高手在此选择了重仓，本题中的A君就是指他们这些人。据了解，这些人为什么敢在此处积极看多做多，是有其深刻理由的。我们采访了一位高手，他就是在见到"金山谷"中5日、10日、30日均线两次向上发散时大量买进的。因为金山谷的出现标志着上升趋势已经确定，后面会有很大的上升空间，所以他才敢于在此重仓做多。

那么，什么是金山谷呢？其实，金山谷是相对于银山谷而言的，就是先有银山谷，后有金山谷。为了让大家对银山谷、金山谷有一个直观的印象，我们先请大家看两个实例（见图76、图77）。

什么是金山谷？以前没有听说过。高手用金山谷赚大钱，这说明他们确实有一套与众不同的本领，我得好好向高手学习。

实例一：江西铜业（600362）。

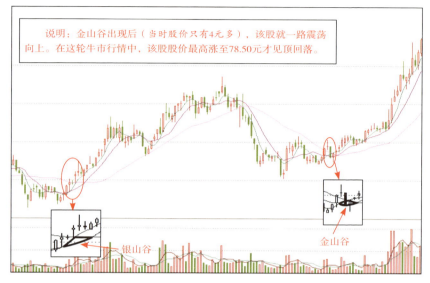

图76　江西铜业（600362）2005年6月27日~2006年1月19日的日K线走势

实例二：中信证券（600030）。

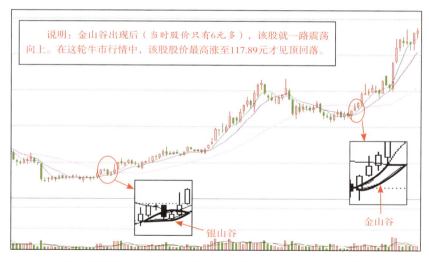

图77　中信证券（600030）2005年10月14日~2006年4月11日的日K线走势

大家可以清楚地看到，上面两个实例中各有两个画圈处，左边画圈处中的三角形叫"银山谷"，右边画圈处中的三角形叫"金山谷"。

有了对银山谷、金山谷的直观印象后，下面我们就来说说它们的特征。其基本特征是：短期均线由下往上穿过中期均线和长期均线，中期均线由下往上穿过长期均线，从而形成了一个尖头朝上的不规则三角形（见图78中银山谷、金山谷示意图）。图中出现尖头朝上的不规则三角形，表明多方已积聚了相当大的上攻能量，这是一个比较典型的买进信号，所以人们形象地把它称为银山谷、金山谷。

银山谷、金山谷示意图

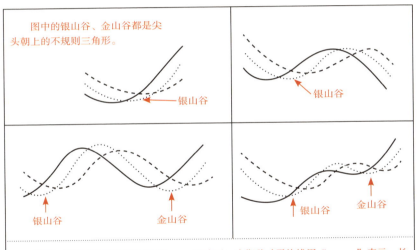

图中的银山谷、金山谷都是尖头朝上的不规则三角形。

银山谷

银山谷

银山谷　金山谷

银山谷　金山谷

说明：①短期移动平均线用"———"表示，中期移动平均线用"…………"表示，长期移动平均线用"－－－－"表示。②有时几根均线向上发散并无三角形状出现，而是交叉或粘合后直接向上发散。因为两者的技术意义相同，故可以视为银山谷、金山谷的变化图形。

图78

那么，银山谷和金山谷又有什么区别呢？从图形特征上来说，它们没有什么区别，其不同在于出现时间有先有后。我们把在均线上先出现的尖头朝上的不规则三角形称为银山谷，后出现的尖头朝上的不规则三角形称为金山谷[注]。通常，金山谷的位置要高于银山谷，但有时也可略低于银山谷。**从时间上来说，两个"谷"之间相隔时间越长，金山谷的含金量就越高。就技术上而言，金山谷买进信号的可靠性要比银山谷强。**其原因是，金山谷的出现既是对银山谷做多信号的再一次确认，又说明多方在有了前一次上攻经验后，这次准备更加充分了，这样成功概率自然会更大些。因此，稳健型的投资者应把买进点设在金山谷处，这样投资风险要小得多。从统计资料来看，在银山谷处买进股票，日后成功与失败之比为7∶3，而在金山谷处买进股票，日后成功与失败之比为8∶2。可见，在银山谷处买进，与在金山谷处买进，所冒的风险是不一样的。

在大家了解了什么是银山谷、金山谷后，我们再来看扑克牌图中A君的行为，就能知道他在图中画圈处，积极看多做多、重仓持股的原因了。A君说，虽然当时上证指数已从2245点跌至998点，若从基本面、政策面上分析，熊市可能已结束，998点就是这轮熊市的谷底。但是在当时的市场环境中，熊市的阴风并没有散去，还会不时袭击股市，所以尽管当时大盘出现了触底反弹走势，但这个反弹行情能否演变成反转行情，新一轮牛市行情是否就此开启，他心里并没有多少把握。因此，他一直在持币观望，迟迟没有动手，直到他看见图中出现了金山谷（见图79中画圈处）才一下子兴奋起来。因为A君知道，在这个时候，大盘出现了金山谷，表明主力开始积极做多了，

【注】 并不是所有出现银山谷后上涨的股票，后面都会有金山谷出现，有的在出现银山谷后股价就上去了（如果是V形反转，就不会出现金山谷）。这样对稳健型投资者来说，以金山谷作为买进点的人，也可能因此而失去一些获利机会。这也就是我们通常说的"有所得必有所失"吧！这种情况不仅是稳健型投资者经常会碰到的，激进型投资者又何尝不是鱼和熊掌不能兼得呢？激进型投资者把银山谷作为买进点，获利机会虽然多了一些，但所冒的风险要比把金山谷作为买进点大得多。

新的牛市行情可能开始了，于是他在这个地方重仓杀入。而当时在这个地方卖出的投资者，后来都后悔不已。

A君看到金山谷出现后（当时上证指数只有1100多点）马上买进，买得非常及时、非常正确。之后不久，中国A股市场就迎来了一轮轰轰烈烈的牛市大行情（这轮行情上证指数涨至6124点才见顶回落），A君获利十分丰厚。

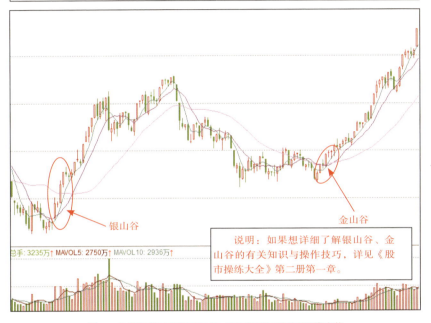

银山谷

金山谷

说明：如果想详细了解银山谷、金山谷的有关知识与操作技巧，详见《股市操练大全》第二册第一章。

图79　上证指数2005年7月1日~2006年2月6日的日K线走势

哈哈！这次做练习长知识了，知道了股市中还有银山谷、金山谷这回事。过去我对它可以说一无所知，所以在操作中不断出错。看来炒股是一门技术性很强的工作，要多学习、多练习，多长一些知识，才能成为股市赢家啊！

1. 这是2014年下半年上证指数的日K线走势图。

2. 普通投资者的一个短板是：缺乏对行情趋势的预判能力。高手则不同，由于他们掌握了一些特殊方法，所以对行情趋势的预判能力远胜于普通投资者。本题中的高手就是用他的炒股秘诀对行情趋势做出了正确的预判。2014年7月，中国A股市场开启了一轮牛市行情，这轮牛市行情刚出现时，很多人都把它视为反弹行情，认为这轮行情走不远，上升空间有限，所以，多半采取了短线操作方法，打一枪就走，生怕持股时间长了会吃套。但短线操作方法是不适合牛市行情的，牛市来了就要学会捂股。本图中我们看到上证指数从2014年7月的2000多点起步，一路上涨到2014年末的3200多点，仅半年时间指数就涨了近6成。如果在这轮牛市行情中捂好一只股票，少则可以赚上两三倍，多则可以赚上五六倍甚至更多，其收益比短线要高得多。

据了解，这位高手研判大势主要是看图形走势，但高手重点是看月K线图而不是看日K线图。因为高手认为，看月K线图比看日K线图准确性更高。为了加深大家对高手这个炒股秘诀的印象，我们先请大家看一张图（见图80），然后再来做解释。

炒股一定要学会看图，但怎样看图也很有讲究。有些人炒股只看日K线图，不看月K线图，那很容易犯错误。因为月K线图是图中"老大"，若不知晓老大在做什么，又怎么能看准大势呢？

图80　上证指数2004年10月~2015年4月的月K线走势

　　请问：上面图80中3个画圈处都是明显的上涨行情，但为什么有的走势特别强，而有的走势相对较弱、涨幅有限呢？其中的原因是什么？

　　上面的图大家都看过了，也思考过了，现在我们来揭晓谜底。**高手判断行情强弱的炒股秘诀就在月K线图的几根均线上。**高手研判大势的方法是：如果月均线处于完全多头排列状态（即5月、10月、30月均线同时向上发散），那么这轮上升行情的性质就是超强势，它开启的将是一轮牛市行情；如果月均线处于半多头排列状态（即只有5月、10月均线在向上发散，而30月均线却横在半空中），那么这轮上升行情的性质就是阶段性强势，它开启的是一轮大的反弹行情而不是牛市反转行情。投资者看到月均线完全多头排列，就可以积极做多，一路持股；而看到月均线半多头排列，就只能谨慎做多，阶段性持股。

　　高手有了这个炒股秘诀（注：迄今为止，未见其他地方有此方法介绍，这也属于高手的"专利"），难怪他对每次上升行情的性质判断特别准确。例如，2005年6月上证指数在998点见底后，行情刚起来不久，他就判断市场进入了一轮牛市，属于超强势状态，此时，投资者必须采取积极看多做多、持股待涨的策略。而2008年11月，上证指数在1664点见底后起来的上升行情，他只是谨慎地看好。他认为当时的市场只是大熊市后的一波反弹行情，故而这轮行情上涨空间不大，极有可能在3000点附近受阻回落。因此，投资者对这轮行情不要寄予太大希望，在投资策略上要谨慎做多，不能把股票一直捂在手里，一旦遇到空方阻击，就应果断离场。

又如，2014年下半年上证指数出现了一轮上涨走势，他一开始就认识到这是一轮新的牛市行情，把它定性为超强势状态，所以他建议大家放弃熊市思维，积极看多做多，持股待涨，享受牛市带来的盛宴。另外，高手认为，若是一轮新牛市行情，指数翻倍前不会出现大的调整，故而他让大家在3500点下方坚决看多做多，一路持股。

又及： 本书完稿后，向读者征求意见时，很多读者认为本题内容十分重要，对他们日后操作会有很大帮助。但同时这些读者也向我们提出了一些要求。例如，①请将高手独门秘诀介绍得更详细些；②希望从高手的经验中悟出一些道理来，从而能给大家带来更多的启示与帮助；③多举一些相关实例。收到读者的信息反馈后，我们做了认真研究，现答复如下：

一、关于高手研判大势方法的解析

据了解，这位高手对大势发展的神奇预见本领，秘密就在几条月均线的排列上面。高手是根据月均线排列的各种状态来对行情的发展做出准确预测。这个问题说穿了并不复杂，我们只要在上证指数月K线图上加上5月、10月、30月这3条均线，股市进入了什么状态、未来的走势如何发展，就容易看清楚了。

为了说明这个问题，我们不妨先重温一下均线的基本知识。假如现在有人问你，均线处于什么状态下可以积极看多做多？你该怎么回答呢？答案只有一个，在均线处于多头排列的情况下，可以积极看多做多。

正因为如此，我们在观察大盘月K线图时，一定要加上5月、10月、30月3根均线，看看它们在什么时候处于多头排列的状况、什么时候处于半多头排列状况（所谓半多头排列，是指这3根均线中只有2根均线处于多头排列，而另一条均线则游离在外）、什么时候处于空头排列状况、什么时候处于多空交织的整理状况（见图81、图82）。

月均线排列状况示意图之一

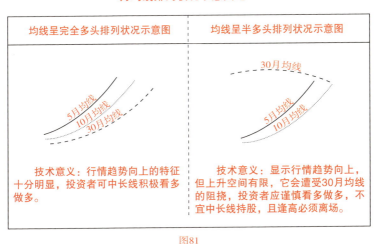

图81

月均线排列状况示意图之二

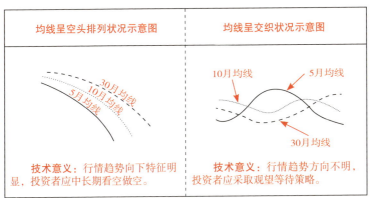

图82

高手告诉我们，当图中的均线状态分布明朗后，大家就可以依据月均线排列的情况，判断大盘在什么地方属于超强势状态、在什么地方属于一般性强势状态、在什么地方处于弱势状态，等等。然后就能按照"不同状态采取不同对策"的原则，决定具体怎么操作。例如，在均线呈现完全多头排列[注1]、大盘处于超强势状态下，投资者就可以采取重仓看多做多的策略；在均线不是完全多头排列而是呈现半多头排列，大盘处于一般性强势状态下，投资者就应该采取谨慎看多做多、逢高出局的策略；在几条均线交织在一起，大盘处于较弱的状态时，投资者就只能在一定范围内采取高抛低吸或在外采取持币观望的策略；在均线呈现空头排列[注2]、大盘处于极弱的状态下，投资者必须采取看空做空、止损离场的策略。

月均线是什么排列状态，就采取什么操作策略。在我们了解股市操作的这个基本原则后，有很多疑问就能迎刃而解了。现在我们回过头来看高手这几年操作成功的奥秘在什么地方。例如，为什么高手在2005年6月与2014年7月这两次熊市见底后，采取的是积极看多做多策略，而在2008年10月熊市见底后，采取的却是谨慎看多做多策略，这个只要看一看上证指数5月、10月、30月均线排列的状况就明白了（见图83）。我们相信，任何人了解股市操作的基本原则后都会这样操作的，这里面并没有让人感到特别神秘之处。

又如，为什么高手自从2009年8月上证指数在3487点见顶后，就认为上证指数将进入弱市状态，有一个较长时间的弱市调整过程？原因就是，上证指数中的5月、10月、30月均线开始进入互相交织的状态。2011年8月后，高手判断上海股市进入了超弱状态，此时，他建议大家坚决看空做空，原因则是上证指数中的5月、10月、30

【注1】 关于均线多头排列特征、技术意义与相关实例，详见《股市操练大全》第二册第16～19页。

【注2】 关于均线空头排列特征、技术意义与相关实例，详见《股市操练大全》第二册第19～22页。

月均线开始进入完全空头排列状态（见图83中第2个画圈处）。

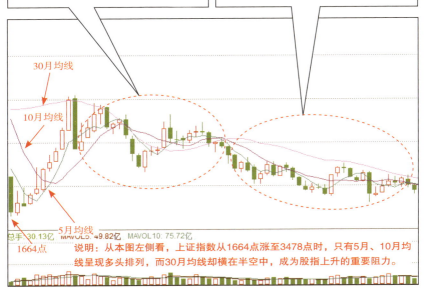

瞧！此处5月、10月、30月均线处于交织状态，说明当时的市场较弱，投资者见此情景，只能做一些高抛低吸的动作，或干脆就从股市中撤离，留在外面观望。

瞧！此处的5月、10月、30月均线已明显向下发散，处于一种完全空头排列状态，说明当时的市场属于超弱势状态，投资者见此情景，必须及时看空做空、止损离场。

30月均线

10月均线

5月均线

1664点

总手 30.13亿 MAVOL5: 49.82亿 MAVOL10: 75.72亿

说明：从本图左侧看，上证指数从1664点涨至3478点时，只有5月、10月均线呈现多头排列，而30月均线却横在半空中，成为股指上升的重要阻力。

图83　上证指数2008年10月~2014年1月的月K线走势

　　高手告诉我们，在分析大势、识底抄底时，观察月均线排列非常重要，因为月均线排列向我们展示的是股市强弱状态，以及未来的发展趋势。因此，投资者只要把月均线排列研究清楚了，就可以把握好投资的大方向，踏准股市涨跌的节拍。高手的这条经验值得我们认真学习与借鉴，这对我们做好股票、扩大赢利面有十分重要的现实意义。

二、从高手经验中悟出的道理

　　（编者按：一位伟人曾经说过，感觉到的东西不能深刻理解它，而理解了的东西才能深刻感觉它。前面我们披露了高手的炒股秘诀——用观察月均线排列来研判大势。但这还不够，因为就事论事的讨论，说到底还只是停留在感觉层面上。接下来，我们还必须进一步了解高手在运用月均线排列技巧取得优秀成绩的背后所蕴藏的一些深刻道理。只有这样，投资者才能从感觉层面上升到理解层面，才能真正做到知其然且知其所以然。倘若如此，能知其所以然者，与股市大赢家的距离就越来越小了。）

通过前面的讨论，我们能从高手运用月均线研判大势的经验中，悟出以下一些深刻的道理。

道理一：做股票，一定要重视月 K 线图在研判大势、识底抄底中的重要作用。实践证明，用月 K 线图判断大盘趋势，把握好牛熊转换的拐点，不仅准确率高，而且显示买点或卖点的位置十分清晰，投资者操作起来十分方便。因此，聪明的投资者一定要加强对月 K 线的研究，永远记住用月 K 线管住周 K 线、日 K 线的基本原则，这样才能踏准股市涨跌的节拍，在操作上不会出现大的失误（编者按：有关这方面的理由与实例，详见《股市操练大全》第五册第2~11 页）。

道理二：在研读月K线图时，要特别重视均线排列的状态。投资者操作时，一定要仔细看清楚均线是处于完全多头排列状态还是处于半多头排列状态、是处于交织整理状态还是处于空头排列状态，因为均线排列处于不同状态，所采取的投资策略是不同的。投资者只有把均线的状态看明白了，才能提高操作的成功率。

道理三：做股票的最好时机，是月K线图中5月、10月、30月均线处于完全多头排列状况这个阶段。因为5月、10月、30月均线处于完全多头排列状态，说明盘中积聚了极大的做多能量，行情上涨的空间很大。但是，股市中出现完全多头排列的情况并不多见，所以投资者要特别珍惜这种难得一见的投资机会，切不可出现这样的机会时，自己却视而不见，无动于衷。

据查证，上证指数运行20多年来，出现月均线完全多头排列的状况，总共只有3次，这3次股市都出现了大涨。第一次上证指数5月、10月、30月均线形成完全多头排列时（见图84中左边画圈处），大盘处于512点见底后的回升期，最后上证指数涨至2245点见顶回落，这轮牛市行情最大涨幅达到了338.48%；第二次上证指数5月、10月、30月均线形成多头排列时（见图84中间画圈处），大盘处于998点见底后的回升期，最后上证指数涨至6124点见顶回落，这轮牛市行情最大涨幅达到了513.63%；第三次上证指数5月、10月、30月均线形成多头排列时（见图84中右边画圈处），大盘处于1849点见底后的回升期，最后上证指数涨至5178点见顶回落，这轮牛市行情最大涨幅达到了180.04%。纵观这3轮牛市行情，指数都出现了大涨，个股涨幅更是惊人，很多股票涨幅都在数倍以上，涨幅超过10倍以上的现象在市场中屡见不鲜。可见，虽然月均线处于完全多头排列状态的机会并不多，但一旦出现，股市必定会大涨。因此，投资者一定要紧紧抓住这个机会重仓出击，切不可坐失良机。

有人问，月均线处于完全多头排列状态时买进股票，胜算率有

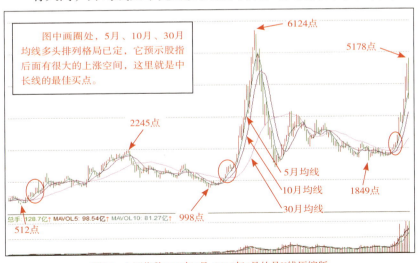

图84　上证指数1995年6月~2015年6月的月K线压缩版

多高？一般在七八成以上吧！**投资者心里要明白，月均线处于完全多头排列状态，一定是牛市的大反转行情，而不是什么阶段性的反弹行情，指数上升空间广阔，及时跟进者，后来的赢利机会都很大。**

据了解，这种情况不光存在于沪深股市中，在其他成熟市场的股市中也是如此，所以大家要对这种投资机会予以高度重视。这是股市中最好的赚钱机会，千万别把它错过了。

下面我们来看其他股市的几个实例：

实例一：中国香港股市。

图85是港股1986年12月~2012年5月的月K线走势图。从图中看，香港恒生指数的5月、10月、30月均线形成完全多头排列状态时，股市出现了一路大涨的走势。第一次月均线呈完全多头排列时，大盘指数从1987年12月的最低点1894点，涨至1997年8月的最高点16820点，这轮牛市延续了近10年时间。第二次月均线呈完全多头排列时，大盘指数从2003年4月的最低点8331点，涨至2007年10月的最高点31958

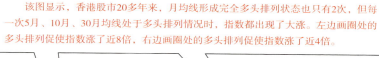

该图显示，香港股市20多年来，月均线形成完全多头排列状态也只有2次，但每一次5月、10月、30月均线处于多头排列情况时，指数都出现了大涨。左边画圈处的多头排列促使指数涨了近8倍，右边画圈处的多头排列促使指数涨了近4倍。

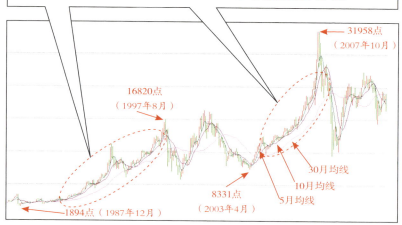

图85　中国香港恒生指数1986年12月~2012年5月的月K线压缩版

点，这轮牛市延续了4年多时间。

实例二：美国股市。

图86是美国道琼斯指数1982年8月~2009年3月的月K线走势图。图中显示，在这段时间，美国道琼斯指数的5月、10月、30月均线出现完全多头排列共有2次，每次都让美国股市出现了大涨。

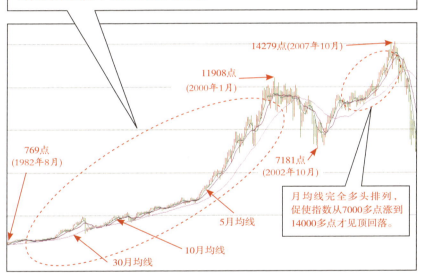

从图中可以清楚地看出，5月、10月、30月均线处于完全多头排列状态时，美国股市出现了持续上涨。瞧！大盘指数从1982年的700多点一直涨到2000年的11000多点才画上句号，美国股市这轮牛市竟走了18年。可见，看到5月、10月、30月均线处于多头排列状态就积极做多，获利空间是非常大的。

14279点(2007年10月)

11908点
(2000年1月)

769点
(1982年8月)

7181点
(2002年10月)

5月均线

10月均线

30月均线

月均线完全多头排列，
促使指数从7000多点涨到
14000多点才见顶回落。

图86　美国道琼斯工业指数1982年8月~2009年3月的月K线压缩图

实例三：日本股市。

日本股市最辉煌的时期就是20世纪70年代至80年代，因为这个时期，日本日经指数的5月、10月、30月均线形成了一个完美的多头排列，正是这个完美的多头排列，促使当年的日本股市一路高歌猛进（见图87）。

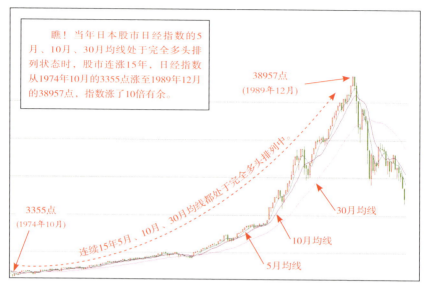

瞧！当年日本股市日经指数的5月、10月、30月均线处于完全多头排列状态时，股市连涨15年，日经指数从1974年10月的3355点涨至1989年12月的38957点，指数涨了10倍有余。

38957点
(1989年12月)

3355点
(1974年10月)

连续15年5月、10月、30月均线都处于完全多头排列中

连续15年5月、10月、30月均线

30月均线

10月均线

5月均线

图87　日本日经指数1974年7月~1992年4月的月K线压缩图

道理四：均线多头排列分为完全型多头排列状态与不完全型多头排列状态（又称半多头型排列状态）。当均线处于半多头型排列状态时，只能阶段性地看多做多；倘若中长线看多做多，那必定要吃大亏。股市走熊后，在指数跌至熊市谷底后出现的反转行情，如果当时只是5月、10月均线呈多头排列，而30月均线却游离在外，那么这种均线排列就不是完全的多头排列，而只是一种半多头排列状态。在均线处于半多头排列的情况下，投资者只能谨慎地看多做多，持股时间不能太长，逢高必须出局，否则很容易在高位吃套。

均线多头排列的状况不同，反转行情上升的力度就大不一样。在股市中，一直有一个问题让很多人疑惑不解。这个问题是：为什么上证指数在2008年10月跌至1664点后出现的一轮反转行情，其上升力度远不如上证指数在1994年7月跌至325点、2005年6月跌至998点后出现的反转行情力度呢？后者的反转行情出现后，无论是其上升空间，还是反转行情的延续时间，都要比前者大得多。这个问题若从

别的角度说，很难解释得通，因为既然它们都是股市跌至熊市谷底后出现的熊转牛的反转行情，其力度应该是相同的，至少不会有很大差异。但遗憾的是，上证指数在1664点后形成的反转行情，最高也只摸至3478点，上涨仅一倍有余（而当年上证指数325点、998点后形成的牛市反转行情，之后都出现了几倍的涨幅）。另外，上证指数在跌至1664点后出现的这轮反转行情不仅上涨空间小，上涨延续的时间也很短。从1664点至3478点，整个一轮涨势仅维持了8个月时间（注：当年上证指数从325点涨至2245点的牛市反转行情维持了7年多时间，从998点涨至6124点的牛市反转行情维持了2年多时间）。

这个问题，如果从月均线的排列角度去解释，就很容易将问题说清楚。比如，从理论上说，月均线多头排列状态的不同，反映出股市中做多的能量的有很大的差异。通常，当这几根均线处于完全多头排列状态时，说明盘中做多力量占据了绝对有利地位，其后的上涨空间很大，上涨持续的时间也很长，所以投资者可以大胆地看多做多。举例来说，上证指数从325点涨至2245点、从998点涨至6124点的这两轮牛市反转行情，之所以上涨空间很大、上涨时间很长，都是因为5月、10月、30月均线处于完全多头排列状态的缘故。但是，当这几条均线处于半多头排列状态时，情况就大不相同了，说明盘中做多力量并没有完全掌控局势，空方还有很大的反击力量，它后面的上涨空间就不会很大，上涨的持续时间也不会很长，所以，投资者只能谨慎地看多做多。例如，上证指数从1664点涨至3478点的这轮牛市反转行情，之所以上涨空间小、上涨持续时间短，就是因为当时5月、10月、30月均线没有处于完全多头排列状态，而只是处于半多头型排列状态（编者按：当时这段行情起来时，仅5月、10月均线出现了多头排列状态，而另一根很重要的30月均线却横在半空中）所造成的。可见，均线多头排列状况不同，后市的发展与上涨空间就会大不一样。有人认为，如果当时多方主力再努力一把，将30月均线攻克，上涨空间就会被打开。这样，这轮牛市行情就可继续下去,那么1664点上来的反转行情就不会在3478点见顶了,或许3478点就变成了上涨途中的一个驿站。

其实,这样的想法在现实中是不大会出现的。因为持有这种观点的人,太不了解5月、10月、30月均线处于半多头型排列状态的技术意义了。当盘中的月均线处于半多头状态时,大盘上涨就患上了先天不足的毛病,后市无论多方如何努力,注定这轮熊市见底的反转行情有很大的局限性,多半会中途夭折的。这是不以人的主观意志为转移的一个客观规律。换句话说,在月均线处于半多头排列状态时,行情上涨至30月均线处必然会遭到空方的有力反击。这样行情的发展一般只有两种结果:一种结果是,大盘指数触及30月均线行情就掉头向下;另一种结果是,大盘指数暂时冲过了30月均线,

瞧!当时深证成指在5月、10月均线处于半多头排列的状况下出现了一轮反转行情。虽然大盘指数暂时冲过了30月均线,但最终仍然在空方的坚决打压下又跌到了30月均线下方,之后大盘指数出现了长时间的调整。

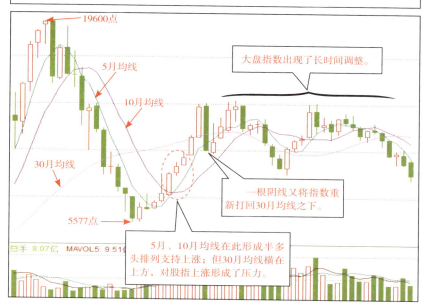

图88 深证成指2007年6月~2011年12月的月K线走势

但之后又会重新跌到 30 月均线之下。这样的情况并非是什么个案，而是有大量的实例可以佐证的（见图 88、图 89）。

当年日本股市从最高点38957点狂泻到14194点后，出现了一轮见底回升行情。在低位，大盘指数中的5月、10月均线出现了多头排列，但30月均线横在半空中。这种半多头排列的上涨行情先天严重不足。果然，后来当指数上涨触及30月均线时就出现了掉头向下的走势。

38957点(1989年12月)

这里5月、10月均线出现了多头排列，但30月均线横在上方形成了压力。

5月均线

10月均线

30月均线

14194点(1992年8月)

图89　日本日经指数1987年6月~1993年12月的月K线走势

道理五：5月、10月、30月均线处于交织整理状态，应先退出观望。 这是为什么呢？因为5月、10月、30月均线一旦处于交织整理状态，会出现两种情况：第一，股市将在狭长空间内进行长时间的震荡整理；第二，震荡整理的最后结果，有可能选择向上，也有可能选择向下，这一切都是未知数。不过从历史统计数据来看，5月、10月、30月均线在交织整理后，选择向下突破的居多。

正是考虑到这两个因素，所以我们建议大家，看到月K线图中5月、10月、30月均线处于交织状态时，一般情况下，应该把股票卖掉，先退出观望再说，当然，这是对稳健型投资者说的。倘若你是一个激进型投资者，同时又掌握了娴熟的短线技巧，在5月、10月、30月均线处于交织整理状态时，可以适当地高抛低吸，从中博取一些短线差价。不过在这个阶段进行操作时应把握好两个原则：① 投入的资金不宜太多；② 要见好就收，不可恋战。特别是，如果你发现5月、10月、30月均线交织整理后选择了向下突破，此时就应该马上卖出，坚决撤退。

为什么要建议大家这样操作呢？每个人都可以想一想，上证指数在 2009 年 8 月从 3478 点这个高点回落后，连续几年，5 月、10 月、30 月均线都处于交织整理状态，此时逢高退出（编者按：这一段时间，上证指数涨至 3000 点上方出现过好多次，大家完全可以从容地逢高退出，关键问题是，谁真正地做了？）是很容易的。但很多人并没有认识到，5 月、10 月、30 月均线处于交织整理状态是股市中的一个"漩涡"，长时间地在"漩涡"里逗留，结局不妙也就在预料之中了（注：后来上证指数从 3000 多点一路跌至 1800 多点）。

大盘5月、10月、30月均线处于交织整理状态的情况不仅在沪深股市里出现过，在其他股市里也经常出现，但最后震荡整理后大多数选择了向下突破（见图90、图91）。所以，我们要提醒大家，头脑里一定要记住，一旦5月、10月、30月均线进入交织整理状态，我们先从股市中退出来，一两年不做股票又怎么样呢？只要把资金留住，保存好实力，等股市春暖花开时（比如，当5月、10月、30月均线处于完全多头排列状态，至少是半多头排列时）再做股票，这样稳稳当当地赚钱又有什么不好呢？

当然，5 月、10 月、30 月均线处于交织整理状态，整理到最后，也有少数情况是选择向上突破的。那么，投资者碰到这样的情况应怎么操作呢？第一，看到 5 月、10 月、30 月均线处于交织状态，仍然应该坚持先退出观望；第二，等 5 月、10 月、30 月均线交织整理到最后选择向上突破，上升趋势明朗后再跟进做多不迟。

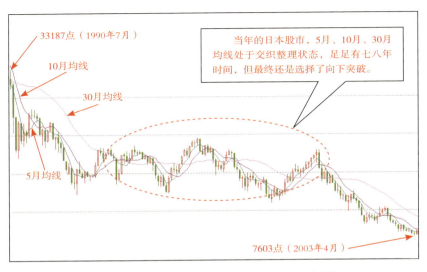

图90 日本日经指数1990年7月~2003年4月的月K线走势

2000~2001年，美国道琼斯指数的5月、10月、30月均线波动收窄，之后交织粘合在一起，但最后仍然是选择了向下突破，道琼斯指数从当年最高点11908点跌至7181点，指数最大跌幅接近40%。可见，投资者见到5月、10月、30月均线处于交织状态，及时退出观望是明智之举。

图91 美国道琼斯指数1997年4月~2003年2月的月K线走势

有人问，为什么要这样操作呢？我们看一个实例就能明白其中的道理。图92是美国道琼斯指数1971 ～ 1986年的月 K 线走势图。从图中看，当年道琼斯指数的 5 月、10 月、30 月均线交织在一起的时间有 10 多年之久。在这漫长的时间里，道琼斯指数就在一个狭长空间里进行震荡。它真的选择向上突破是 10 年后的事情了。因为资金是有时间成本的，如果有谁耗在里面 10 多年，最终才等到向上突破，那么这种不计时间成本的投资太不值得了。正确的做法是：投资者看到 5 月、10 月、30 月均线处于交织状态时先退出，这 10 年的调整震荡不参与，把资金用到别的地方，等 10 年后指数明确选择向上突破时再跟进做多（长线买点见图 93 中的标识）。因为此时的 5 月、10 月、30 月均线已处于完全多头排列状态，投资者积极参与，获利颇丰。

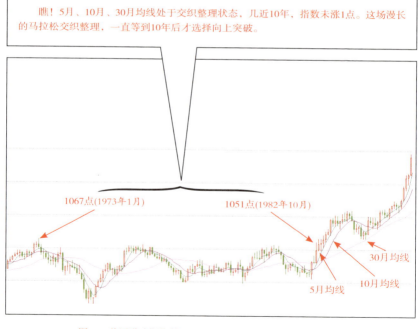

瞧！5月、10月、30月均线处于交织整理状态，几近10年，指数未涨1点。这场漫长的马拉松交织整理，一直等到10年后才选择向上突破。

1067点(1973年1月)

1051点(1982年10月)

30月均线

10月均线

5月均线

图92　美国道琼斯指数1971年12月～1986年2月的月K线走势

本图是图92的后续走势图。大家只要记住：5月、10月、30月均线处于交织状态时，采取观望策略，向上突破后，跟进做多；5月、10月、30月均线形成完美的多头排列（见图中长线买点①、长线买点②），积极持股待涨。以此方式操作，那真是大赚特赚了。

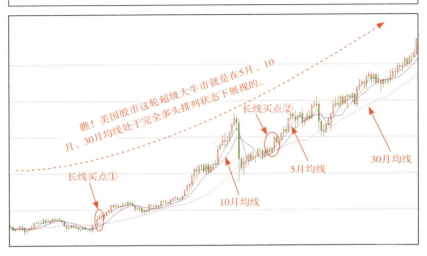

瞧！美国股市这轮超级大牛市就是在5月、10月、30月均线处于完全多头排列状态下展现的。

长线买点②

30月均线

长线买点①

5月均线

10月均线

图93　美国道琼斯指数1979年9月～1994年1月的月K线走势

道理六：月均线出现空头排列时，无论是完全空头排列还是半空头排列，股指都会出现大跌。因此，投资者看到月均线出现空头排列，应及时离场。我们在说到月均线多头排列时，曾强调5月、10月、30月均线呈现完全多头排列时的上升力度与呈现半多头排列状态时的上升力度是不一样的。但我们在调查月均线空头排列时发现，5月、10月、30月均线呈现完全空头排列与半空头排列状态，股指下跌的力度并没有什么明显的差别。也就是说，投资者只要看到月均线出现空头排列，5月、10月、30月均线无论是呈现完全型空头排列状态还是呈现半空头排列状态，都应该马上看空做空，因为后市都毫无例外地会出现一轮深幅调整。例如，2007年10月，上证指数在6124点见顶后出现了连续暴跌，刚开始也只是5月、10月均线出现空头排列，30月均线并没有参加到空头排列状态中，但股指照样是一路狂泻，跌得非常惨。

那么，为什么股市下跌时，均线出现完全空头排列与半空头排列，在下跌的力度上没有什么差别呢？这主要是因为股市有一个潜规则——"下跌容易上涨难"。当股市由牛转熊，一旦市场确定行情见顶后，往往就会形成"兵败如山倒"的现象。所以在这种情况下，即使月均线出现半空头排列，股指照样会大跌。我们强调这一点，目的就是要提醒大家，观察月均线空头排列时，不能看到5月、10月、30月均线出现完全空头排列就坚决做空，看到5月、10月、30月均线处于半空头排列状态就谨慎做空。倘若大家依照观察月均线多头排列的方式进行操作（例如，看到完全多头排列就积极做多，看到半多头排列就谨慎做多），就很容易出现重大的投资失误。

道理七：善于休息者才能成为股市的最终赢家。在股市里有一个重要现象：很多投资者在股市里赚过钱，甚至赚过大钱，但最后赚的钱都赔回去了，成了输家。为什么会出现这样的现象呢？经过调查我们发现，这一切都是因为赚了钱后不懂得休息所造成的，输钱的人几乎都是整天泡在股市里忙忙碌碌的人。他们是一群不会休息、不懂得以逸待劳的投资者。有人以为，在股市里忙是好事。其实不然，有时股市里最"勤劳"、最忙的投资者往往都是输钱最多的投资者，因为他们的忙是瞎忙，瞎忙的结果只能是"赔了夫人又折兵"。

很多事实告诉我们，做股票一定要学会休息，要知道，瞎折腾的结果就把有限的资金都折腾光了。我们发现，股市里一些大赢家在股市形势不好（如均线出现空头排列时）或形势不明朗（如几根重要均线出现了交织状态）时，都会选择离开股市，好好休息。

例如，被人称为"私募教父"的赵某某，他在2008年初，登报宣布退出中国A股市场后，一直在海外寻找投资机会，已有好几年没有买过A股，直到2014年上半年才重新回归中国A股市场。据悉，当初他在决定离开沪深股市时，上证指数尚在5000点附近徘徊，而2014年上半年他回归中国A股市场时，上证指数已跌到2000点附近。指数跌掉了近60%。显然，赵某某这几年休息下来，不仅规避了沪深股市连续下跌带来的巨大损失，而且他把这笔资金放在别的市场、别的项目上，为他的资本带来了增值。2014年上半年，他回归A股时，在2000点附近抄底，又让他大赚一笔。反观我们现在股市中的很多投资者，从2008年初一直忙碌到现在，又有几个人能在上证指数5000点附近保住资金呢？据调查，能把资金保留住当初的七八成已经是很了不起的事情了；打对折，甚至只及当初资金三四成的，大有人在。可见，在股市里会休息与不会休息，结果是完全不同的。

道理八：股市运行是有内在规律的，月均线的排列状况与股市涨跌、牛熊转换都存在着密切的因果关系，这个规律对任何时间段、任何国家的股市都适用。有人认为，沪深股市是政策市，暴涨暴跌，无规律可言。这个观点是错误的。我们认为，股市中的政策只能对股市的短期走势产生影响，而股市的长期趋势是由股市内在规律所决定的。大家只要打开各国、各地区的股市月K线走势图，观察各自5月、10月、30月均线的排列状况，就会发现，无论什么股市，只要5月、10月、30月均线形成完全多头排列状况，大盘必然会有一波力度很大的牛市上涨行情；5月、10月、30月均线形成完全空头排列或半空头排列状态，大盘必然会出现一波力度很大的熊市下跌行情；5月、10月、30月均线形成交织状态，大盘必然会出现长时间的震荡整理……这些基本规律，在沪深股市，在美国、日本、中国香港股市中都会反复出现，其中并不存在什么实质性的差别。

所以，我们在这里可以大胆地对大家说，无论什么样的股市，其内在运行的规律都是一致的。作为一个聪明的投资者，不要回避这个规律，而要正视这个规律，并自觉地利用5月、10月、30月均线排列与股市涨跌、牛熊转换的因果关系，及时抓住股市中的投资机会，主动规避股市中的风险，那么你在股市中一定会有所作为。请大家记住下面几点：

① 当 5 月、10 月、30 月均线处于完全多头排列状态时，此时的投资策略是：应积极看多做多，持股待涨。

② 当 5 月、10 月、30 月均线处于半多头排列状态时，此时的投资策略是：应谨慎看多做多，在股指触及 30 月均线时，应及时逢高离场。

③ 当 5 月、10 月、30 月均线处于交织整理状态时，此时的投资策略是：因其方向不明，应先规避风险，退出观望。（当然，对一些短线技巧娴熟的投资者来说，在这个阶段，可适当地进行高抛低吸，博取一些短线差价。但操作时应注意两点：一是只能用少量资金参与；二是要见好就收，不可恋战。）

④ 当 5 月、10 月、30 月均线处于完全空头排列或半空头排列时，此时的投资策略是：全线卖出，坚决地看空做空，而且要时刻铭记在均线处于空头排列的情况下，千万不要盲目抄底，此时保存实力是最重要的。

我们相信，只要记住上面这几点（这是股市高手留下来的最重要的操作经验），并把它付之于实践，最终一定可以把自己锤炼成为一个慧眼识大势、抄大底、逃大顶的股市大赢家。

三、错判行情性质带来的严重后果

在向读者征求意见时，有人对本题内容不以为然，特别是一些刚入市的新股民，他们认为很多人不去研究行情的性质，炒股也能炒得很好。针对这个问题，为了对大家负责，我们认为有必要将我们了解到的真实情况——错判行情性质带来的严重后果——告诉大家，以引起大家的重视，避免犯重复的错误。

典型案例一：在半多头行情末端积极做多，严重被套。

我们采访的对象是一名老股民（为叙述方便，暂叫 A 君）。按理说，老股民都有一定的炒股经验，不至于在行情末端盲目做多，出现深套。但这样的事情还是发生了。A 君告诉我们，2009 年上半年行情走得很强，股指一路向上，他认为这是 2008 年熊市结束后的新一轮牛市行情，特别是在上证指数冲过 3000 点后，更坚定了他看好后市的信心。因为 2008 年大熊市中，上证指数跌至 3000 点后出现过一次强劲反弹，然后反弹失败，3000 点被击破，股指再次出现狂泻。A 君就此认为，3000 点是一道牛熊分界岭，如果 2009 年这波上升行情能冲过 3000 点，那就标志着进入了一轮新牛市大行情，后市上涨空间巨大。正因为有了这样的想法，所以在 3000 点后他又加仓买进，几乎满仓操作。但他没想到的是，上证指数冲至 3478 点就戛然而止，随后就开启了长达 5 年之久的熊市行情。A 君在 3000 点上方被套得严严实实，达两年之久。他实在无法忍受这种深套之苦，趁一波小反弹出局了，此时，资金已损失大半，让他后悔不已。

评点：A君若知道上升行情的性质，他当时参与的行情是半多头行情，就不会认为这是一轮新的牛市行情，悲剧就不会发生了。因为半多头行情上涨空间有限，阻力位就在3000点上方，A君就绝对不会在3000上方进行加仓了。而当时上证指数之所以在3478点遇阻回落，原因就是触及了横在半空中的30月均线，此时30月均线就像一把利剑，将冲上来的多头杀得溃不成军。可见，A君的投资失败就是因为不知道行情的性质、不知道什么是半多头行情造成的。

典型案例二：在大空头行情中抢反弹，损失惨重。

这次我们采访的对象也是一名老股民，暂叫B君。一开始B君做得还是很不错的，2007年牛市见顶前，他发觉做多能量不足，就提前止盈出局了。B君的恶梦就出现在2008年大熊市中。2008年大熊市中大盘曾经出现过几次反弹，B君禁不住诱惑，抱着在反弹中抢一把赢利的想法，他几次反弹都参与了，因为止损不及时，且又是重仓，所以输得特别厉害。B君告诉我们，他参与2008年大熊市中的几次反弹，资金损失达到了60%，这使他心里感到十分沮丧。

评点：大空头市场是指在月均线空头排列下，下跌速度特别快的一个市场。一般来说，在月均线处于绝对空头排列的市场，普通投资者是不宜参与反弹的。

参与反弹犹如接空中丢下来的飞刀，稍有不慎，就会严重受伤。B君的错误，就是没有认清当时行情的性质，没有认识到大空头市场对多头来说就是一个绞肉机，只有不参与、不手痒，尤其是不能重仓做反弹，才能保住身家性命。B君忘了这些，所以犯下了大错。

典型案例三：行情进入月均线空头排列状态，多做多错。

这次我们采访的对象既有老股民，也有新股民。2010年后，股市越来越弱，一些被深套的老股民，不断补仓，不断被套；而一些新入市的股民，还没有弄清股市是怎么回事，买进后就在那里站岗放哨。在这个时期，买进即套，屡买屡套成了常态。

评点：2010年后，上证指数月K线图显示，5月、10月、30月均线均出现了向下发散，形成了空头排列。月均线空头排列是对多方极为不利的，此时最好的策略就是持币观望。若不认清当时市场的性质、不知道月均线空头排列表明市场进入了弱市而盲目做多，必然会受到重创。

典型案例四：行情进入月均线完全多头排列状态，做短线只能赚小钱（有时还要亏钱）；做中长线，一路持股才能赚大钱。

这次我们采访的对象，主要是一些老股民。2014年下半年，上证指数出现一轮上涨行情，当时多数老股民都不看好其后市，很多人认为这轮行情走不远，是短命行情。而当时的上证指数走势也印证了市场中大多数人的情绪，在其上涨初期一直走得战战兢兢（见图94），敢于积极持股做多的投资者少之又少，多数人是看一段走一段，稍有风吹草动，马上落袋为安，完全是按照熊市反弹的模式在操作。

2014年下半年中国A股市场开启了一轮新牛市之旅，但一开始行情走得十分艰难，每触及前面的一个高点，大盘指数都会应声回落，投资者看多做多都十分谨慎。

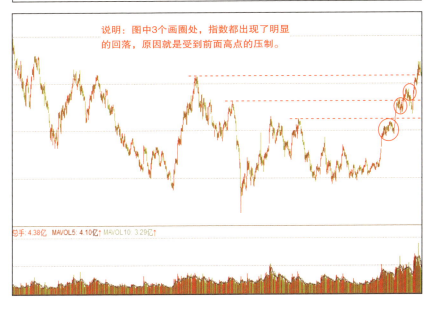

说明：图中3个画圈处，指数都出现了明显的回落，原因就是受到前面高点的压制。

总手: 4.38亿 MAVOL5: 4.10亿↑ MAVOL10: 3.29亿↑

图94   上证指数2011年8月31日~2014年11月20日的日K线走势压缩图

但后来的事实证明，大多数人对这次行情的性质又判断错了，它不是什么熊市中的反弹行情，而是小熊市结束后出现的一轮新的牛市行情，虽然其上涨的力度比下上998点上来的一轮牛市行情，但它上升的空间会比2008年10月的1664点~2009年8月的3478点这波行情要大。

据了解，在这轮行情中，一些投资者因对行情的误判，造成了严重亏损。比如，有不少股民在行情初起时，畏首畏尾，从而踏空了上涨步伐；后又在股市大涨后追进被套在高位，出现了两头操作严重失误的情况。

评点：牛市来了，赚钱的机会到了。但令人遗憾的是，在牛市中，很多股民并没有赚到什么钱，甚至是亏钱的，连一些老股民也是如此。

那么，这是为什么呢？其根本原因是，不识月均线，对大势作出了误判，最终导致炒股失败。

现在我们就以 2013 年 ~2015 年的牛市行情为例，讲一讲这个问题。当初行情从 2000 点涨至 2500 点出现震荡时，很多人担心行情反弹就此结束，选择离开；在行情涨至 3000 点出现激烈震荡时，一些还在持股看多做多的老股民，惧怕 2009 年冲至 3000 点上方突然暴跌的悲剧重演，纷纷选择了落袋为安；在上证指数冲过 3478 点（注：2009 年 8 月上证指数见顶的位置）而仍拿着股票积极做多的老股民已不足两成。之后随着行情深入，指数越涨越高，大多数老股民已不敢再追高买进，手里有股票的也只是少量还没有被解套的股民。可见，这轮牛市大行情基本上与许多老股民是无缘的。其实，老股民要避免牛市踏空的错误也很简单，前提就是要认清行情的性质。如果 5 月、10 月、30 月均线处于完全多头排列，就坚决看多做多，尽量少做短线，一路持股待涨，就是最好的投资策略。要知道，大牛市行情来了，捂好一只股票最后涨 N 倍是很正常的事，这比做短线赚点蝇头小利的收益要高。因此，只要确定市场是强势，是大牛市就要耐心持股，因为只有耐心持有好股者才能赚到大钱。（注：耐心持股并不是一直不卖，在其大幅上涨头部信号出现后，还是要卖出的。例如，2015 年 6 月 12 日上证指数在 5178 点见顶，然后出现了连续暴跌，若不卖出，损失就非常大。可见，当大的头部信号出现后，就必须卖出。关于卖出的技巧，详见《股市操练大全》第七册——识顶逃顶专辑。）

编后说明：俗话说，看准大势赚大钱，看错大势输大钱。本题正文内容偏少，而"又及"内容偏多，是因为本题讨论涉及如何正确看大势这个主题。能否看准大势，对投资者来说实在是太重要了。正是考虑到这一点，我们集中力量，在有关专家的帮助下，撰写了"又及"的内容，目的是想通过它为投资者看准大势助一臂之力。如有不当之处，请读者批评指正。

7 ♣ 思考题参考答案

1. 这是1993年上半年上证指数的日K线走势图。

2. 当时上证指数创造了用最短的时间走完一轮大牛市行情的新纪录。据了解，上证指数从1992年11月17日的386点起步，至1993年2月16日摸高1558点见顶，这轮大牛市行情的涨幅为303.63%，但所用时间极短，前后总共只用了63个交易日就为这轮大牛市画上了句号（见图95）。大家可以想一想，仅仅六十多个交易日，整个股市就涨了三倍有余，然后马上就见顶了。这样的情况除了当年的老股民亲身经历过外，以后进股市的投资者就再也没有见到过。（注：2015年上半年，深圳创业板的主升浪从2015年1月5日的1429点涨至2015年6月5日的4037点时，有人就认为其涨得太快了，将它称为"神创

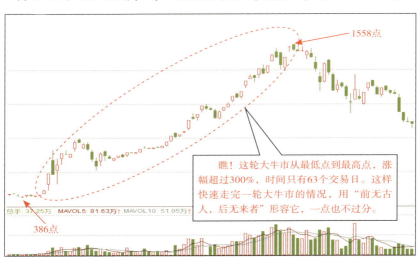

图95　上证指数1992年11月12日~1993年3月25日的日K线走势

板"。但这个神创板，无论是其涨幅还是其上涨的速度，都无法与前者相比。）即便把范围扩大，环顾世界股市，也没有发现过有哪一个国家的股市，用这么短的时间就走完一轮涨幅超过300%的大牛市。可以说，当时上证指数出现如此快的上涨，在世界股市历史上又创下了一项世界纪录。

3. 从图中看，1993年上半年的上证指数正走出一个下降三角形图形。如果我们将1993年上半年上证指数日K线走势中的高点与高点、低点与低点分别用直线连起来（见图96中画线处），这就成了一个典型的下降三角形。**下降三角形的主要特征是高点逐渐下移，但每次下探的低点都几乎处在同一水平位置上，反弹时成交量不大，下跌时却比反弹时成交量要大。下降三角形中出现的这种量价背离状况，往往是跌势未尽的表现。下降三角形是下跌趋势中的一个整理形态，最后结果是往下突破居多。**一般来说，下降三角形出现在高位，极有可能是长期见顶的图形，所以股民对这种图形要保持警惕。

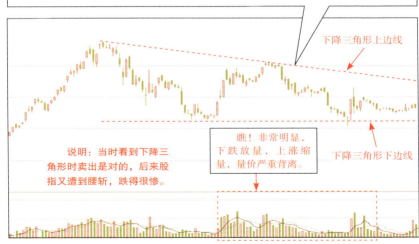

这是一个典型的下降三角形图形，下降三角形的两个主要特征都具备了：高点逐渐下移，量价背离（下跌收阴时的成交量比反弹上涨拉阳线时的成交量要大）。出现下降三角形，说明后市大为不妙，投资者应及早撤退，规避风险为宜。

下降三角形上边线

说明：当时看到下降三角形时卖出是对的，后来股指又遭到腰斩，跌得很惨。

瞧！非常明显，下跌放量，上涨缩量，量价严重背离。

下降三角形下边线

图96　上证指数1993年上半年的日K线走势

1. 这是1991年下半年上证指数的日K线走势图。

2. 当时为什么会出现这样的走势呢？其原因是，上交所成立初期，第一年能交易的股票品种只有 8 个，始终没有增加，因为当时上市交易的股票数量少，股票整体上处于供不应求的状态，卖出的人太少，买进的人太多，所以出现了大盘指数连续上涨的现象。不过，在大盘涨了一段时期后，中间又出现了一段横盘走势。之所以出现横盘现象，其主要原因是：当时在股市里面的人因为股票连续上扬，账面上获利已经非常丰厚，为了不让煮熟的鸭子飞走，他们在股票涨到一定程度时就将股票卖了，而这些卖出的股票则被场外新增资金照单全收。这样在股市里就出现了一种围城现象——赚了钱的投资者急着想出去，而等在外面的投资者却急着想进来，致使大盘指数涨了一段时期后，中间就会出现一段横向盘整的走势。其实，这个横向盘整走势就是当时股市里围城现象的真实写照。待围城现象结束后，大盘指数又出现了单边上扬走势。对这样的单边上扬走势也很好理解，因为在股票供不应求的大环境中，刚买进股票的一些新的投资者在没有充分获利前，是不会随便把股票卖掉的。用现在时髦的话说，当时这些拿着股票的新投资者都有一种惜售心态，正是这种惜售心态，造成了股市有价无市的状况，从而导致股指不断往上攀升。

3. 早期股市里的围城现象，给我们一个重要启示：**当市场处于超强势状态，或者面对一个超强势的投资品种，在其连续上扬打开涨停板的时候，就是外面的人积极介入的最佳时机。一旦买进，持股待涨，后面往往还有很大的获利空间。**

这条经验对我们现在与将来的股市操作有着非常重要的参考意义。因为当大盘指数走势处于超强势状态时，一些具有特别题材与概念的个股就会受到大资金的重点关注，这样客观上给市场带来了一个重要的投资机会。大家可以想一想，**2014年、2015年大牛市中，什么样的投资者赚钱最多，并且赚得最容易、最安全呢？答案就是，面对超强势品种，在它们打开涨停板时积极加入的投资者。**据了解，2014年下半年，特别是2015年6月之前，A股市场中的超强势品种主要就是连续涨停的新股。一旦新股打开涨停板马上跟进，持股一段时间后获利就会十分丰厚。据有关资料统计，2015年6月之前新股打开涨停板后买进，到下一次见顶时卖出，平均有2倍以上的赢利。这样的赢利不仅远远超过了同期大盘指数的涨幅，也超过了同期所有板块的平均涨幅。更夺人眼球的是，有的个股还创造了中国A股市场短期内快速上涨的新纪录——新股打开涨停后，仅过了10几个交易日，股价涨幅就超过了3倍。

下面请大家看几个实例：

实例一：美康生物（300439）。该股是2015年4月22日上市的，上市后连拉涨停，到第11个交易日涨停板打开，股价最低探至94.07元（见图97中间的箭头所指处），后又拉

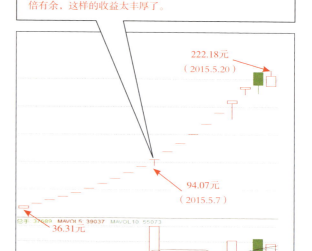

图97　美康生物（300439）2015年4月22日~2015年5月20日的日K线走势

了上去，K线图上收出一根T字线，当天成交放出巨量，换手率达到55.97%。而仅仅过了9个交易日，股价就翻了一倍有余，最高达到了222.18元。

实例二：中文在线（300364）。该股是2015年1月21日上市的，上市后连拉涨停，到第15个交易日涨停板打开，当日股价最低探至34.01元（见图98中左边箭头所指处），收盘再次封至涨停，当日换手率达到40.72%。之后，股价又连拉涨停，摸高至79.89元见顶回落。但这个顶仅是该股上升途中的一个小顶，随后该股出现了持续2个月的横向震荡走势。2015年5月7日再次拉涨停，随后股价就一路上涨至198元见顶回落。若从其2015年2月10日打开涨停板这天算起，在3个多月时间里，股价就大涨了近5倍，这样的上涨速度太惊人了。

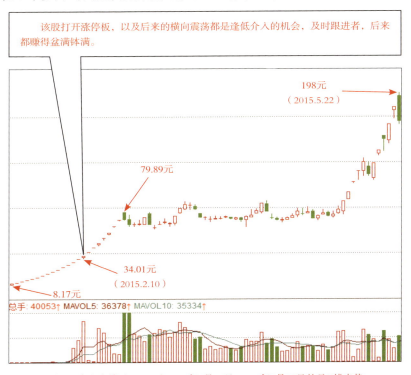

图98　中文在线（300364）2015年1月21日~2015年5月22日的日K线走势

实例三：诚益通（300430）。该股是在 2015 年 3 月 19 日上市的，上市后连拉涨停，到第 9 个交易日涨停板打开，股价最低探至 54.06 元（见图 99 中左边箭头所指处），后又回升上去，当日换手率达到 57.29%。虽然从这之后该股再也没有出现过一字线涨停，但该股强势特征依旧，特别是经过一段时间横盘后，股价出现了加速上扬的态势，直至 2015 年 5 月 28 日摸高至 186 元才见顶回落。若从其 2015 年 3 月 31 日这天打开涨停板算起，在不到 2 个月的时间里，该股股价就大涨了 244.06%。这个上涨速度是非常快的，以前很少见过。

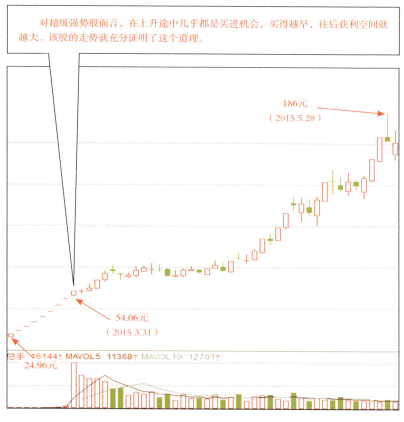

图99　诚益通（300430）2015年3月19日~2015年5月29日的日K线走势

实例四：春秋航空（601021）。该股是2015年1月21日上市的，上市后连拉涨停，到第9个交易日涨停板打开，股价最低探至50.97元（见图100中左边箭头所指处），虽然后来股价呈现不断震荡的走势，但其震荡向上的态势十分明显。若从2015年2月2日打开涨停板这日算起，3个月后股价就涨了近2倍，足见当时该股走势十分强悍。

超级强势股打开涨停，就是跟进的时候，买进后捂好股，到高位再卖出，获利会非常丰厚。

152.00元
（2015.5.19）

50.97元
（2015.2.2）

21.79元

总手: 27397　MAVOL5: 37946　MAVOL10: 42550

图100　春秋航空（601021）2015年1月21日~2015年5月27日的日K线走势

实例五：盛洋科技（603703）。该股是在2015年4月23日上市的，上市后连拉涨停，到第9个交易日涨停板打开，第10个交易日股价被打至跌停，跌停价为31.46元。让很多人没有想到的是，跌停后的第二天就以连拉大阳的方式直线攀升，股价一直摸高至131.47元才见顶回落。若从2015年5月7日该股跌停这天算起，该股在16个交易日内股价涨了3倍有余，这个涨幅太惊人了，它创下了近10多年来中国A股市场短时期内股价涨幅的最高纪录（见图101）。

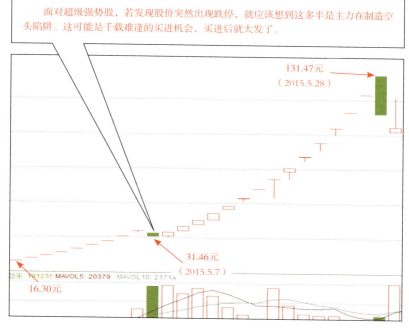

面对超级强势股，若发现股价突然出现跌停，就应该想到这多半是主力在制造空头陷阱。这可能是千载难逢的买进机会，买进后就大发了。

131.47元
（2015.5.28）

31.46元
（2015.5.7）

16.30元

总手 10123↑ MAVOL5: 20379 MAVOL10: 21714

图101　盛洋科技（603703）2015年4月23日~2015年5月29日的日K线走势

有人问，你们上面举的都是新股例子，那么，是不是说大牛市中超级强势股只能在新股中寻找呢？这倒未必。虽然新股中超级强势股最多，但在其他股票中也会有超级强势股出现。因此，投资者对非新股的超级强势股也要予以重点关注。下面请大家看两个实例。

实例六：龙生股份（002625）。该股是一只上市多年的老股，长期以来股价一直在低位徘徊。因受利好消息刺激，2015年3月26日开始出现了连拉涨停的情况，一下子连拉十几个一字线涨停，2015年4月23日涨停板打开，股价最低跌至39.98元，成交放出巨量，换手率达到了34.23%，之后横盘了几天，股价又出现了直线飙升的走势，自其2015年4月23日打开涨停板后的15个交易日，股价就涨了一倍有余（见图102）。

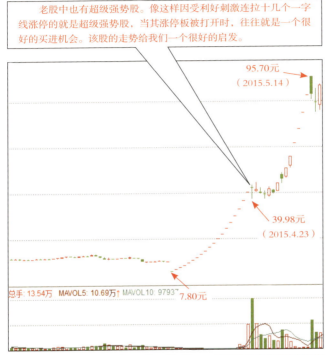

老股中也有超级强势股。像这样因受利好刺激连拉十几个一字线涨停的就是超级强势股，当其涨停板被打开时，往往就是一个很好的买进机会。该股的走势给我们一个很好的启发。

95.70元（2015.5.14）

39.98元（2015.4.23）

总手：13.54万　MAVOL5：10.69万↑ MAVOL10：9793↑

7.80元

图102　龙生股份（002625）2014年11月7日~2015年5月18日的日K线走势

实例七：成飞集成（002190）。该股也是一只上市多年的老股，但在大牛市中，该股题材特别多，2014年5月因受到利好题材刺激，股价连拉一字线涨停，涨停板打开后成交放出巨量，当日股价最低探至26.12元。之后股价出现了短时间横盘，然后就一路逼空向上，直至攀升至72.60元才见顶回落。若从其2014年5月26日打开涨停板这日算起，在不到2个月的时间里，股价就涨了近2倍，这样的上涨是很厉害的（见图103）。

该股在一字线涨停被打开后，股价只有20多元，仅仅过了三十几个交易日，股价就攀升至70多元。可见，对超级强势股而言，打开涨停板往往就是一个买入良机，抓住这样的机会，获利空间会非常大。

72.60元
（2014.7.14）

26.12元
（2014.5.26）

15.13元

总手: 24.43万　MAVOL5: 31.59万↑ MAVOL10: 22.14万

图103　成飞集成（002190）2013年9月4日~2014年7月15日的日K线走势

股市操作经验漫谈之十二

　　在此，我们提醒大家的是，只有在大盘处于极强盛状态时，才会有这么多个股有如此强势的表现。从技术上说，大盘处于极强盛状态，就是牛市进入主升浪阶段。在Ａ股市场，牛市的主升浪时间不会很长，一旦主升浪结束了，个股的超强势状态就会消失。所以在大盘进入主升浪时，投资者要好好把握这个机会，若大盘主升浪过去了，就要见好就收，否则就会面临很大的风险。总之，投资者一定要明白一个道理："大盘强，个股才会强；大盘弱，个股就会弱"、"炒股一定要看大势"、"看着大盘做个股是赢家之道，抛开大盘做个股是输家之道"。

9 ♣ 思考题参考答案

解答

1. 这是2002年上半年上证指数的日K线走势图。

2. 图中箭头A所指处的一组K线组合名称叫"曙光初现"。其特征是：在连续下跌行情中先出现一根大阴线或中阴线，然后，接着出现一根大阳线或中阳线，阳线的实体深入到前一根阴线实体的二分之一地方（注：画圈处右边的两根K线可以视为一根K线，这样其阳线基本上已插入前面阴线的半山腰处）。曙光初现，顾名思义是指黑夜已经过去，黎明即将来临。从技术上来说，该K线形态出现后，暗示股价已经沉底或已到了阶段性底部，股价见底回升的可能性很大，因此，投资者见此图形可考虑适量做多。当然能不能买进股票，还要看市场是否认可它的上涨信号。我们看到，在本图中曙光初现后，马上就出现了一个向上跳空缺口，并拉出了一根大阳线。这说明市场认可了它的上涨信号，此时买进，安全系数更大。

图中箭头B所指的K线叫"T字线"，又称蜻蜓线。因其形状像英文字母T，故称为T字线。它的开盘价、最高价和收盘价相同（或基本相同），K线上只留下影线，如有上影线也是很短的。T字线的信号强弱与其下影线成正比，下影线越长，则信号越强（本图中T字线的下影线很长，因此，它当时发出的信号是很强烈的）。一般来说，T字线因所处的位置不同，各自的技术含义也不相同。若T字线是出现在股价有较大涨幅之后，此时T字线在技术上显示的是一种见顶信号。T字线出现在股价有较大跌幅之后，此时T字线在技术上显示的是一种见底信号。为什么T字线在不同场合，表示的含义有如此大的差别呢？这主要是因为T字线是一种庄家线，它完全是由主力

（庄家）控盘所造成的。**在T字线上，我们处处可以看到主力（庄家）做的手脚。** 比如股价大幅飙升后出现的T字线，这种在高位拉出的T字线，其实就是主力（庄家）**为了掩护高位出货而放出的一颗烟幕弹。** 市场涨幅较大时，股价若出现大抛盘，散户一般都如惊弓之鸟，逃得比谁都快。但是由于主力（庄家）一早就以不计卖价的大卖单抛出，所以散户根本来不及溜走，而正当散户惊慌失措的时候，尾市又突然出现了一股神秘力量，大笔买单将股价重新推到开盘价位置。这种翻手为云、覆手为雨的操作手法，显然不是散户所为，散户也不可能做到。这只有控盘主力（庄家）才能做得出。主力（庄家）这样做的目的就是，为了让散户产生一种错觉，觉得这种先抑后扬的T字线走势是股价拉升过程中的一种洗盘行为。这会逼迫一些抛出筹码的短线客再度追涨买进，让持筹的散户放心做多。紧接着第二天或第三天股价还会向上走，这样更会使一些股民戒心全无，这时主力（庄家）见诱多成功，就趁机大量出货，在人们的一片看好声中，神不知鬼不觉地实现胜利大逃亡。因此，在高位出现的T字线的后面，股价出现大幅或持续下跌在所难免。

本图中箭头所指的T字线就是一种见顶信号，投资者见到它，应及时逢高卖出，如果在它出现后，被主力（庄家）骗了，留在股市里继续看多做多，那么日后肯定要吃大亏（见图104）。

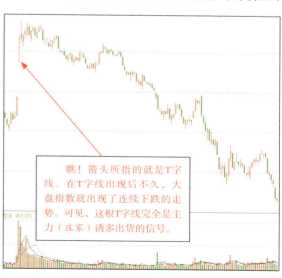

瞧！箭头所指的就是T字线。在T字线出现后不久，大盘指数就出现了连续下跌的走势。可见，这根T字线完全是主力（庄家）诱多出货的信号。

图104 上证指数2002年6月13日~2003年1月3日的日K线走势

解答

1. 这是2010年下半年上证指数的日K线走势图。

2. 图中A、B、C 3个箭头所指的空白处，在股市技术图形理论中称为"向上跳空缺口"。其中箭头A所指的缺口叫"向上突破缺口"，箭头B所指的缺口叫"向上持续缺口"，箭头C所指的缺口叫"向上竭尽缺口"（见图105）。

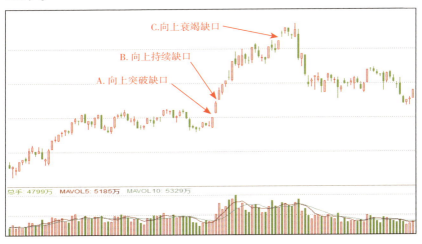

C.向上衰竭缺口

B. 向上持续缺口

A. 向上突破缺口

总手: 4799万　MAVOL5: 5185万　MAVOL10: 5329万

图105　上证指数2010年下半年的日K线走势

向上缺口是如何形成的呢？当某日股价跳空高开，在前一天的最高价上方留下了没有成交的价格区域，一直到收盘时，这个没有成交的价格区域仍保留着，或部分保留着，缺口就这样诞生了。在股市技术图形分析中，缺口占有相当重要的地位。

由于向上的跳空缺口发生在不同阶段，因此它的技术含义完全不一样。在股价突破阻力开始上升时出现的缺口，对日后股价上升具有决定性的影响，因此，人们把它形象地称为向上突破缺口。突破即势如破竹，足见多方发动的攻势之强大。**一般而言，形成突破缺口都伴有较大的成交量，这时成交量越大，说明日后股价上升的潜力越大。向上突破缺口形成后，如几天内不被封闭，说明多方抢占空方滩头阵地已获成功，股价将会形成一路攀升的走势。**在股价上升时出现的第二个缺口是向上持续缺口，顾名思义，股价仍然会沿着上涨势头持续下去。向上持续缺口的出现，表明多方力量十分强大，这种缺口可以帮助估计未来市场发展的潜力。在股价上升时出现的第三个缺口是向上竭尽缺口[注]（又称为"衰竭缺口"）。竭尽缺口听上去就不太妙，人们对它的前景已能猜出个八九不离十。向上竭尽缺口是如何形成的呢？股价在急速上升后，市场多方力量到了最后冲刺阶段，这时再一次出现跳空高开，于是就形成了第三个向上跳空缺口，也即向上竭尽缺口。向上竭尽缺口的出现，意味着推动股价上升的原有力量发挥将尽，大势即将逆转，这种缺口短期内就会被封闭。一旦向上竭尽缺口被封闭后，就会引发一轮跌势。

当我们了解向上跳空缺口、向上持续缺口、向上竭尽缺口的各自特征和技术含义后，我们就知道应该怎样操作了。例如，当向上跳空缺口出现并伴有较大的成交量时，应毫不犹豫地买进；当向上持续缺口出现时，就继续做多，持股待涨；当向上竭尽缺口出现时，应谨慎持股，特别是向上竭尽缺口出现时伴随成交量的急剧放大，

【注】 在特别强的多头市场或超强庄股中，有时向上跳空缺口不止3个，而是4个，甚至五六个。直至最后一个缺口才能称为竭尽缺口，而这之前的缺口，除第一个缺口外，都是持续缺口。尽管这种情况出现的机会并不多见，但它也为投资者辨别持续缺口和竭尽缺口带来了困难。为了不造成误认，我们认为要做到正确区分：一是要观察当时市场气氛。二是要看第三个缺口，甚至第四个、第五个缺口出现时，成交量是否放出巨量，股价能不能平衡地上扬。如若这些缺口形成时成交放出巨量，股价重心下移，这个缺口就是竭尽缺口；反之，成交量和之前差别不大，股价重心在稳步上移，这时，就不能把它当作竭尽缺口，而要看作持续缺口，并按持续缺口的方法进行操作。

更要保持高度警惕。空仓的投资者此时不可再追涨，持筹的投资者为安全起见，可先派发一些筹码，如发现股价开始掉头向下，应立即将股票抛空离场。

在跟随向上跳空缺口信号操作时，还要提醒大家注意以下两点：

第一，向上跳空缺口的信号强弱，与其所处的位置，以及缺口距离大小有密切关系。一般来说，向上跳空缺口出现的位置越低，它发出的看涨信号就越强，对股指（股价）向上拉动的作用就特别大。另外，缺口的上沿与下沿之间的距离越大，发出的看涨信号也就越强。例如，1994 年 8 月 1 日上证指数在大盘暴跌近八成的情况下，突然向上跳空高开，留下了一个等于当时实际涨幅 12% 的缺口（注：当时未实行涨跌停板，故实际涨幅可超过 10%）。这个缺口为向上突破缺口（见图 106），是中国 A 股市场历史上最大的一个向上突破缺口。由于其所处的位置特别低，缺口上沿与下沿之间的距离特别大，所以看涨的信号就特别强烈。果然，在它出现后，上证指数就出现了连续暴涨。

第二，虽然向上跳空缺口对股价的上升起着支持作用，但它不能被封闭。一旦被封闭，它对股价上升的支持作用就会完全消失，并反而会对股价下滑起到助跌作用。因此，不管是哪种类型的向上跳空缺口被封闭后，就不能再继续看多，而要适时做空，规避一下短期风险。

图106　上证指数1994年6月16日~1994年8月18日的日K线走势

1. 这是2008年下半年上证指数的日K线走势图。

2. 宏观分析师和高手的判断完全正确。当初听从他们建议逢低吸纳的投资者后来都大发了，因为中国A股市场在这之后，即从2008年10月28日~2009年8月4日的短短半年多时间里，就出现了一波翻倍的大涨行情。

那么，他们当时做出这种判断的依据是什么呢？

据了解，宏观分析师的判断是建立在历史数据统计基础上。他给我们看了他当时拿出的两组数据（见表1、表2）。

表1　　全球百年股市跌幅前5名情况一览表（截至2008年12月31日）

发生区域	见顶点位	见底点位	见顶时间	见底时间	累计跌幅
俄罗斯股市	517.66	37.74	1997年10月6日	1998年10月2日	−92.71%
中国香港股市	1774.96	150.11	1973年12月10日	1974年12月10日	−91.54%
美国股市	386.1	41.22	1929年9月3日	1932年7月8日	−89.32%
日本股市	38957.00	7603.76	1989年12月29日	2003年4月28日	−80.48%
中国台湾股市	12495.34	2560.47	1990年2月10日	1990年10月1日	−79.51%

表2　　上证指数几次大熊市跌幅情况一览表（截至2008年12月31日）

性　质	见顶点位	见底点位	见顶时间	见底时间	累计跌幅
第一次大熊市	1429	386	1992年5月26日	1992年11月17日	−72.99%
第二次大熊市	1558	325	1993年2月16日	1994年7月29日	−79.14%
第三次大熊市	2245	998	2001年6月14日	2005年6月6日	−55.55%
第四次大熊市	6124	1664?	2007年10月16日	2008年10月28日	−72.83%?

注：此表制定时间是2008年末。当时新的上升行情尚未出现，因此还不能肯定股市已由熊转牛，故在1664点处与累计跌幅−72.83%的地方都打了一个"？"号。

分析师说:"学会用数据说话,这是我一贯的风格,因为我认为,**用强有力的数据做出的判断,是最经得起历史检验的。**"例如,我们看了"全球百年股市跌幅前 5 名情况一览表"(注:读者若要了解这些股市是如何走熊的具体情况,以及对当时走势的分析,详见《股市操练大全》第七册第 167~173 页)后,会有什么感觉呢?感觉就是,**如果国家在政治和经济上没有出现重大问题,股市走熊后跌幅的极限位置最多就在 80% 之内,不会超过 80%。**大家可以想一想,100 年来全球股市要出现多少次熊市?但跌幅超过 80% 的情况只出现了 4 次,而这 4 次跌幅超过 80% 的大熊市都与当时有关国家和地区的政治、经济发生了重大变化有密切的关系。比如 1929 年的美国股市大熊市,这轮熊市跌幅之所以超过 80%,是由于当时美国出现了重大的经济危机,银行、企业纷纷倒闭,工人失业巨增,市场一片萧条所致。而我们国家的政治、经济情况一切正常,且经济发展速度在世界名列前茅,股市的走熊与国家的政治、经济没有任何关系。说到底,中国 A 股市场每次走熊,原因都在于中国股市属于新兴市场,新兴市场的一个重要特征是投机力量胜过投资力量,过度投机现象一旦达到了极致,要么就是疯涨,要么就是疯跌;另外,因为股市开设的时间短,管理制度、管理经验都跟不上,股市一旦趋势向下,就会出现连续下跌的现象。可以说,中国 A 股市场的几次大熊市都是在这种背景下发生的。

据了解,管理层对股市走熊也有一个忍耐极限,即不会容许熊市跌幅超过 80%。若跌幅超过 80%,中国 A 股市场跌幅就要进入全球百年股市跌幅前 5 名了,这将会严重损害整个国家的形象,会对整个国家改革开放产生重要的负面影响。所以,在有关国家形象与整个改革开放能否顺利进行的大局中,管理层一定不会允许股市跌幅超过 80%,**80% 就是红线,这条红线不可逾越。**最典型的例子是,1994 年中国 A 股市场出现了一场超级大熊市,这轮大熊市从 1558 点一路狂跌至 325 点。正当大家感到绝望时,政府当天晚上就推出了救市的三大政策。这三大政策一经推出，第二天股市就出现了暴涨，这天上证指数大涨了 33.46%（注：当时股市不设涨跌停限制），熊市就此结束，新一轮牛市就此开启。为什么在上证指数跌至 325 点后，管理层马上就推出救市的三大政策呢？原因很简单，因为当时上证指数从最高点 1558 点跌下来，跌至 325 点，最大跌幅已达 79.14%，若再不出手救市，这轮熊市跌幅就要超过 80% 这条红线了。所以在这万分危急关头，政府出手救市了。说来让人难以相信，当时中国香港有一个姓许的著名分析师，他早在管理层推出三大救市政策的几个星期之前，就预言上证指数这轮熊市的谷底在 320~330 点之间。这位许君能做出如此精确的预判，完全是基于他对中国政府的信任与了解，他坚定地相信，中国政府一定会想办法让熊市在 80% 这条红线前止步的。

分析师接着说，2008 年这轮大熊市，从 6124 点跌至 1664 点，跌幅已接近 73%。从现在的情况看，这个 1664 点是不是这轮熊市的谷底，我还不能下定论。这里有两个原因：一是目前市场上人气仍然十分低迷；二是因为股市跌至 1664 点后，虽然没有再创出新低，但指数还在低位徘徊，新的上升趋势还没有出现。因此，不能马上做出结论，1664 点就是这轮大熊市的最低点了。但有一点必须肯定，即使 1664 点不是这轮熊市的终极点位，也一定是这轮熊市的次低点，因为 1664 点距离 80% 跌幅的红线已相当近了。我可以明确告诉大家，这轮熊市的底部区域就在 -70% ~ -80% 之间，目前股市正处于筑底阶段，是投资者逢低吸纳的最好时机。

下面我们再来看技术高手是如何分析的。高手说，2008 年股市熊了一年，跌得大家信心全无。但是股市的规律告诉我们，行情在绝望中诞生。因此，我们一定要有信心。从我对盘面的情况观察，我发现股市已有走好的迹象。例如，从走势图中可以看出，截至 2008 年末，上证指数正在构建一个时间已达几个月的头肩底（见图107）。当然，这个头肩底有可能构筑成功，也有可能构筑失败，因

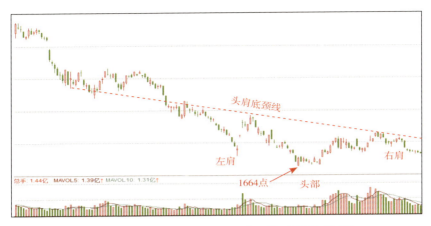

图107 上证指数2009年5月21日~2008年12月31日的日K线走势

为在头肩底图形没有真正走出来之前，谁也不能先下结论，但我估计，最后头肩底成功走出来的可能性很大。

高手说，为什么我预判头肩底构造会成功呢？因为我发现上证指数跌至1664点时，出现了一个底部岛形反转图形（见图108）。众

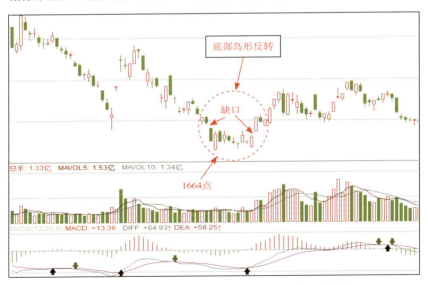

图108 上证指数2008年8月18日~2008年12月29日的日K线走势

所周知，底部岛形反转是重要的见底信号，虽然这个底部岛形反转图形出现后，大盘并没有马上启动一轮新的上升行情，但在它出现后，大盘毕竟止跌了，之后冲高回落的低点也明显比1664点高了一个台阶。更让人感到欣慰的是，成交量开始放出，并出现了价升量增、价跌量减的良性状态，同时下面的MACD走上0轴，红柱线出现放大，这一切都为投资者做多创造了一个很好的市场氛围。

高手的预判在后来的行情发展中被完全证实。果然头肩底最终被构造成功，前面的1664点也被定格为上海股市第四次大熊市的谷底（见图109）。至此，反转行情正式确立，中国A股市场又开启了一轮新的上升行情。

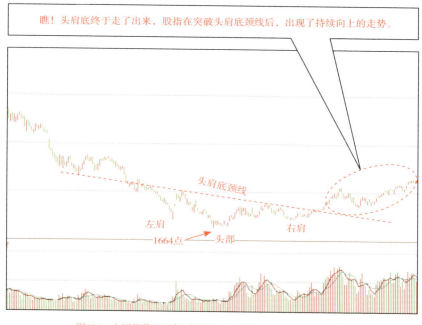

图109 上证指数2008年4月30日~2009年4月21日的日K线走势

1. 这是2011年上半年上证指数的日K线走势图。

2. 高手把图中箭头 A 所指处作为第一卖点，是因为此处不仅跌破了 5 日、10 日两根均线，而且 5 日均线向下穿过 10 日均线（见下图），从而使 5 日均线与 10 日均线出现了死亡交叉。"跌破 10 日均线和 5 日均线且 2 条均线死亡交叉"是一个明确的卖出信号，所以把它设置为第一卖点。

A

5日均线

10日均线

图110　上证指数2011年上半年的日K线走势

高手把图中箭头B所指处作为第二卖点，是因为箭头B所指的这根K线已将30日均线击穿，当日它的收盘价收在30日均线下方（见图111）。

317

图111　上证指数2011年上半年的日K线走势

　　高手把图中箭头C所指处作为第三卖点，是因为在其上方已出现死亡谷（见下图）。虽然这天收的是一根阳线，并且第二天也收了一根阳线，但均线形态已极度恶劣，死亡谷正式构建成功。这对多方来说，可能是致命一击。

　　瞧！大盘出现死亡谷后，指数出现了一路下跌的走势。

图112　上证指数2011年上半年的日K线走势

死亡谷为什么这么可怕呢？据了解，在地球上，有些山谷人和动物是不能去的，贸然闯入者，十有八九不能生还，人们把这些山谷称为"死亡谷"[注]。在股市中，当均线系统上升趋势发生逆转时，也会出现这样的死亡谷，图112中画圈处就是一例。死亡谷的特征是：短期均线下穿中期均线、长期均线，中期均线下穿长期均线，从而形成一个尖头朝下的不规则三角形（见图113）。死亡谷的出现，表明空方已积聚了相当大的杀跌能量，这是一个典型的卖出信号。**据资料统计，在股价前期涨幅较大的情况下出现死亡谷，日后股价下跌和上涨的比例为8∶2，而且一旦下跌，跌幅就会很大，所以投资者看见死亡谷应赶快出逃为妙。**逃之不及者，常会弄得遍体鳞伤，惨不忍睹。

移动平均线死亡谷示意图

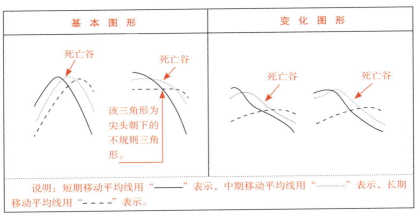

图113

【注】 世界上有四大死亡谷，即苏联的勘察加半岛克罗诺基山区的死亡谷、美国加利福尼亚州与内华达州相毗连的群山之间的死亡谷、意大利的那不勒斯和瓦唯尔诺湖附近的死亡谷，以及印尼爪哇岛的死亡谷。其中以印尼爪哇岛的死亡谷最为恐怖，在谷中共分布着6个庞大的山洞，每个洞对人和动物的生命都有很大的威胁。如果人或动物靠近洞口6~7米远，就会被一种神奇的吸引力吸入洞内并由此葬身。所以山洞里至今堆满了狮子、老虎、野猪、鹿以及人类的骸骨。

思考题参考答案

1. 这是1990年12月19日~2002年12月31日上证指数日K线走势压缩版。

2. 在股市悬念扑克中，有25张牌表示的上证指数日K线走势图，可以在这段上证指数日K线走势压缩图里找到它们相应的位置。为了让大家看得清楚一些，我们把这个走势图分为3个时间段（见图114）。

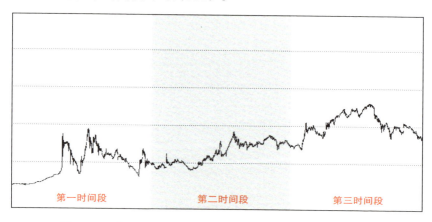

图114　1990年12月19日~2002年12月31日的上证指数日K线走势压缩图

第一时间段（1990年12月19日[注]~1994年12月30日），可嵌入黑桃A等9张扑克牌的上证指数日K线走势图。其顺序是：①黑桃A；②方块8；③梅花8；④黑桃2；⑤红桃2；⑥梅花7；⑦黑桃3；⑧梅花A；⑨方块2。

【**注**】 这一天是上交所成立之日，也是中国A股市场正式开启的第一天，上证指数从这一天开始对外正式发布。

第二时间段（1995年1月3日~1998年12月31日），可嵌入黑桃4等8张扑克牌的上证指数日K线走势图。其顺序是：①黑桃4；②黑桃5；③红桃5；④黑桃6；⑤方块9；⑥黑桃7；⑦方块Q；⑧红桃7。

第三时间段（1999年1月4日~2002年12月31日），可嵌入梅花4等8张扑克牌的上证指数日K线走势图。其顺序是：①梅花4；②黑桃8；③红桃6；④梅花2；⑤黑桃9；⑥黑桃10；⑦梅花9；⑧方块3。

股市操作经验漫谈之十三

　　投资前，先要做好功课，很多人对此并不理解。我们发现一些股民买股票的理由非常简单，或是听到一个消息，或是听了某人的推荐，或是看到股价涨了……于是心里一激动，马上就追了进去。但结果往往事与愿违，大多都套在高位，输得很惨。其主要原因是这些股民在投资前没有做好必须要做的功课。

　　其实，投资一个股票就如同投资一个项目，而投资者就是项目的总负责人。若要让这个项目获得成功，就要对这个项目做全面的分析与评估，从资源、技术、政策、市场、财务、经济、人员配置、社会影响等各个方面，都要做详细的调查与研究。一旦哪个地方疏忽了，就会导致整个项目的失败。买股票也是这个道理。选择一个股票，不仅要看它的基本面，要研究它的财务状况，行业的景气度，还要从市盈率、市净率上对它的估值进行准确的评估（从中要剔除业绩亏损、政策暴雷、商誉过高、债务沉重等有问题的公司）。基本面这一关过了，还要看技术面，若大盘趋势向下，或个股走势处于空头排列状况，就不能盲目买入，而要耐心等待它跌到低位，买进信号出现后才能逢低吸纳。所有这些都是投资前应该做好的功课，一点都不能马虎。马虎了后果就十分严重。这正如人们所说的台上一分钟（买股票只需要几秒时间），台下10年功（买股票前的准备工作）。懂此道理并坚定的实践者，最后才能成为股市的赢家。

思考题参考答案

1. 这是2006年上半年度上证指数的日K线走势图。

2. 高手说的"五五不破我不动"这句话，其中"五五"指的是 55 日均线。高手为什么要选择 55 日均线？因为"55"是自然界中的一个神秘数字，是中长线趋势向好或向坏的一个坐标（注：关于神秘数字的具体解释，详见《股市操练大全》第四册第 299 页 [注] 中的内容）。高手就当时的大盘运行态势来说，2006 年上半年的上证指数正健康地运行在 55 日均线上方，所谓的双顶是无稽之谈，大阴线表示主力在洗盘，根本用不着害怕，投资者可放心持股待涨（见图 115）。

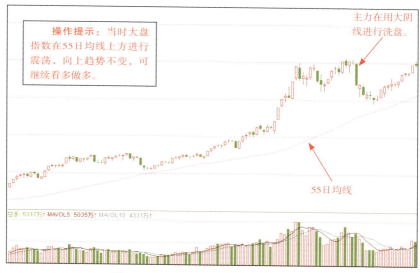

图115　上证指数2006年上半年的日K线走势

高手运用55日均线可谓得心应手，操作上获得了巨大成功。我们采访了高手，现将高手操作经验告知如下，以飨读者。

高手认为，一轮大的上涨行情启动后，投资者可用55日均线来锁定风险，把握其中的投资机会。其操作原则是：

（1）**安全状态**：股指在55日均线上方运行，冲高回落时能在55日均线上方止跌。

此时的策略是：中长线可放心持股待涨。短线可视股指（股价）与55日均线距离选择高抛的卖点。若股指（股价）上涨后与下方55日均线距离过大，就是一个短线卖点；反之，若股指（股价）冲高回落接近55日均线，就是一个低吸的买点。

（2）**较安全的状态**：55日均线向上倾斜，处于上行状态，但途中股指（股价）出现了偶尔跌穿55日均线的现象，可按情况分别处理（一般来说，第一次跌破是假摔；但若多次偶尔跌破55日均线，就需要警惕了）。

此时的策略是：在股指（股价）出现偶尔跌破55日均线时不必紧张，中长线可继续持股观望（只要不出现有效跌破55日均线的现象，就不必卖出），短线可在偶尔跌破55日均线时低吸。

（3）**危险状态**：股指（股价）连续3日在55日均线下方运行，第3日收盘价与55日均线已有 -3% 以上的距离。出现这种现象，称为股指（股价）已有效跌破55日均线。

此时的策略是：马上卖出，卖出后应持币观望。而后，只有发现股指（股价）重新回升到55日均线上方，才可以再次加入；否则就一直持币观望。

（4）**最危险状态**：55日均线已拐头向下，且一直压着股指往下运行。

此时的策略是：尽早卖出，清空离场。

高手是个热心人，他还通过实例将55日均线的几种状态与操作策略进行了图形解析。大家看了后心里就更加清楚了，这对日后操作会带来很大帮助（见图116）。

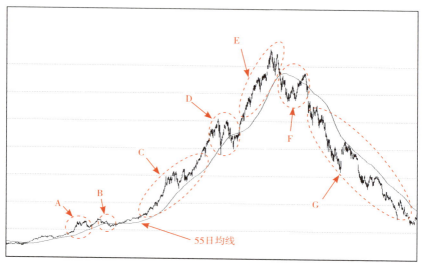

图116　上证指数2005年10月28日~2008年11月14日的日K线压缩版

说明： 若读者要了解高手运用55日均线操作的详情，请参见《股市操练大全》第十册第447~451页。

股市操作经验漫谈之十四

古语云："一招鲜，吃遍天。"其意是说擅长某一技能，即可到处谋生。其实炒股也是如此。我们在炒股时需要学习掌握一些炒股技巧，但重点不在于多而在于精。若把某一个技巧研究透了，就能派上大用场。本题中高手熟练、精准地运用55日均线取得惊人的成绩，就是一个很好的例证。

思考题参考答案

1. 这是1994年下半年上证指数的日K线走势图。

2. 这个空白处在股市中叫跳空缺口。向上的就叫向上跳空缺口，向下的就叫向下跳空缺口。因为它出现在股价见底回升之际，所以是一个向上跳空缺口；更重要的是，它是第一个向上跳空缺口，在技术上有重要意义，所以称之为向上突破缺口。据了解，这是中国A股市场20多年来大盘指数中最大的一个向上跳空缺口（该缺口的大小为指数涨幅的11.54%）。在中国A股市场上，几乎所有的向上跳空缺口后来都被回补了，唯独这个缺口历经20多年，至今未被回补，这也算是一个奇迹。在中国A股市场上，此缺口已经成为中国A股市场发展过程中的一个里程碑（注：说它是里程碑，是因为从这个缺口开始，上证指数总体上一直处于震荡向上状态，即便经历后来的几次大熊市，大盘指数跌至熊市最低点时，其点数都远远处在这个缺口上方）。

　　在股市技术图形分析中，缺口占有相当重要的地位。由于向上跳空缺口发生在不同阶段，因此，它的技术含义也完全不一样。在股价突破重要阻力位而开始上升时出现的向上突破缺口，对日后股价上升具有决定性影响。本图中的向上突破缺口有几个特点：①缺口上下距离很大；②缺口出现时下面出现了较大的成交量（当日的成交量是前面5日均量的5倍）；③缺口上方拉出的是一根大阳线（当日大盘指数实际涨幅达到了33.46%[注]）。以上3个特点反映了当时盘中做多力量特别强大。也正因为如此，在此突破缺口出现后，股市向上攻击势如破竹，不到一个半月，上证指数就从325点涨至

【注】　当时中国A股市场没有实行涨跌停板制度，所以这天大盘涨幅达到了33.46%。

1052点，最大涨幅达到了223.69%。在这么短的时间里，大盘指数涨了2倍有余，这在中国A股市场乃至全球股市市场都是创纪录的。这也足以说明，当初向上突破缺口出现后，多方发动的攻势之强烈。

此事给我们一个重要启示，形成向上突破缺口时，缺口距离越大，且同时伴有较大的成交量，说明日后股价上升的潜力越大；在向上突破缺口形成后，如几天内不被封闭，说明多方抢占空头的阵地已获成功，股价将会形成一路攀升的走势。因此，投资者在见到这种情况出现时，一定要当机立断，勇敢地出手，积极跟进。如此才能抓住股市中难得出现的一些重大投资机会，把自己做强做大。

3. 我们只要在本图后半部分画两条直线（见图117），就可以发现，当时的上证指数正在构造一个收敛三角形图形。

图117　上证指数1994年下半年的日K线走势

收敛三角形的特征是：股价在某一阶段出现徘徊的局面，每一次上升的高点都比前次低，而每一次下跌的低点却比前次高，于是股价波幅越来越小，呈收敛状态，而成交量在此期间呈现出减少的趋势。收敛三角形是一个整理形态，整理结果向上突破或向下突破

收敛三角形向下突破或向上突破示意图

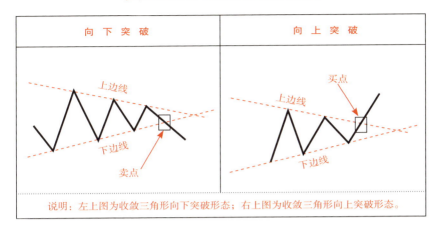

图118

均有可能（见图118）。不过，在下跌趋势中出现，它最终选择向下的可能性略大些；在上涨趋势中出现，它最终选择向上的可能性略大些。**收敛三角形向上突破的时间往往选择在收敛三角形形成的中下端，而收敛三角形向下突破的时间往往选择在收敛三角形形成的顶端附近。**当我们明白了收敛三角形的特征和技术意义后，再回过头来看看本图后半部分的走势就可以发现，当时，这个收敛三角形发生在下跌行情中，且收敛三角形已经走到了尽头，即到了收敛三角形顶端处，股价在这两天就要选择突破方向。从当时的态势来看，我们可以推测它向下突破的可能性居多。因此，持筹的投资者应预先卖出一些筹码，进行减仓操作[注]，一旦发现往下突破，就应立即抛空离场（见图119）；而持币的投资者应继续捂币，静观其变。

【注】 收敛三角形操作的规则是：股价必须往一个方向明显地突破之后，才可以采取相应的买卖行动。本案例提示，感觉收敛三角形往下突破的可能性较大，可先做一些减仓操作，以防万一。这与收敛三角形的操作规则并不矛盾。

果然，当时的情形是：收敛三角形走到尽头后，最终选择了向下突破。在跌破收敛三角形下边线后，大盘指数又跌掉了20%。可见，收敛三角形选择向下突破时应该马上卖出，这是规避市场风险必须要遵守的一条操作纪律。

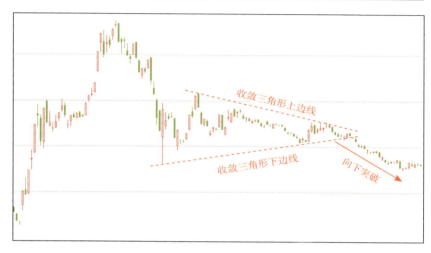

图119　上证指数1994年7月27日~1995年2月15日的日K线走势

股市操作经验漫谈之十五

　　凭感觉做股票是炒股的大忌，但很多人炒股就是凭想当然。比如，走势图上出现收敛三角形，一些具有做多情结、想当然的股民会急不可耐地买进，但之后股价选择往下突破而被套住了。其实，股市里的图形都有一定运行的规律。收敛三角形走到最后，股价向上或向下突破都有可能，而且在下跌趋势中出现的收敛三角形，股价到后来多半会选择向下突破。收敛三角形的技术特征明摆在那里，但想当然者对它却不知、不闻、不问，仍然凭着自己的感觉与喜好，盲目看多做多，这样输钱也就不可避免了。所以要想在股市中胜出，就要坚决改正凭感觉炒股的错误做法，改正的越彻底，未来成功的希望也就越大。

1. 这是2002年下半年上证指数的日K线走势图。

2. 要了解高手是怎么通过画通道来锁定风险的，我们不妨先了解一下有关通道方面的知识。

通道是指由两条向上或向下的平行线所构成的距离相等的斜梯状图形（见图120、图121）。因为在股市中，每一个品种（包括大盘与个股）无论是上涨或下跌，很多情况下似乎都在上有顶、下有底的通道里运行，由此也就有了通道这个概念，以及利用通道操作股票的方法。

上升通道示意图   下降通道示意图

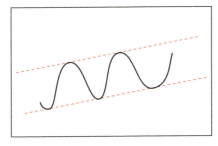

图120

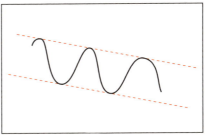

图121

通道的画法。画通道的方法很简单，先画出一条上升趋势线或下降趋势线，然后，找到一个与之相对应的高点或低点，以此画出一条平行线，这样就构成了我们需要的上升通道或下降通道（见图122、图123）。

通道画好之后，接下来就可以用通道来分析股指（股价）走势了。一般来说，股指（股价）在接近或冲出通道的上轨或下轨时，

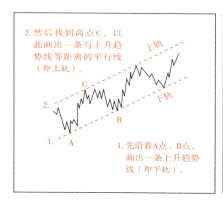

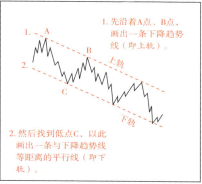

图122   图123

很快就会被拉回通道之内，只有多次冲出上轨或下轨后，这种被拉回通道的现象才不再发生。此时，股指（股价）走势又会形成一个新的通道。

通道操作法。 对在通道里运行的大盘或个股，投资者一般可以这样操作：

（1）大盘或个股无论是在走上升通道还是在走下降通道，只要股指（股价）接近或触及上轨就应该卖出。但是买进方式有所不同。如果它们走的是上升通道，那么接近或触及下轨时可视为买进信号；如果它们走的是下降通道，因接近或触及下轨的买进信号可靠性较差，应结合其他买进信号，综合考虑后才能做出判断。

（2）当大盘或个股在走下降通道时，稳健型投资者应持币观望，停止操作，坚持"股指（股价）不出通道不出手，待突破下降通道后再做定夺"的投资策略；激进型投资者可以在股指（股价）超跌时买进，但抢反弹要快进快出，并预先做好止损准备，到了止损价位坚决离场。

（3）通道有大小之分，作为一个长期走势的通道，有很强的稳定性。一般来说，股指第一次向上或向下突破，不仅突破的幅度有限，在时间上也难以持久。也就是说，从大多数情况来看，股指（股价）首次突破长期走势的通道上轨或下轨，往往都以失败告终。根据这个原理，我们在股指（股价）走势第一次向上突破或冲出通道的上轨时，就应该看空做空，卖出股票；而在股价走势第一次向下跌破通道的下轨时，就应该看多做多，买进股票。这种操作方法，对把握股指（股价）走势，尤其是用来研判中长期走势有较大的胜算。

上面简单向大家介绍了一些通道的有关知识，接下来，我们就可以分析当时高手是如何在 2002 年下半年的上证指数图中画通道，并根据通道的运作原理进行操作的。

第一步，高手会先根据2002年下半年上证指数前两个月走势，画出一个小的下降通道（见图124）。

图124　根据2002年下半年上证指数前两个月走势画出的通道

第二步，高手会根据2002年下半年上证指数后来几个月的走势，修正原来的通道，重新画一个新的下降通道（见图125）。

图125　根据2002年下半年上证指数后几个月走势画出的新通道

第三步，高手会根据上证指数实际走势，将通道进行延伸（见图126）。到了第三步，上证指数

2002年下半年在下降通道中运行的格局已清晰可见。面对处于下降通道中运行的上证指数，高手认为，除了可用少量资金进行一些短线高抛低吸之外，基本上应采取空仓策略。高手就是以这种操作方式来锁定风险——不盲目抄底，坚持持币观望，没有在下跌途中吃套。

瞧！当时上证指数第一次跌破通道下轨后，又被强行拉回。

图126　延伸通道

下面我们再来分析高手是如何寻找一条关键均线来锁定投资风险的。这根关键均线就是年线[注]（即250日均线）。其观察的重点和操作原理是：

（1）只要上证指数未有效突破年线，就可以判断股市的熊市还在延续。此时的策略应该以持币观望为主。

（2）年线向下走的时候，即便股价冲上年线也可能只是短暂的现象，日后股价会再次跌到年线之下运行。此时的策略应该以逢高减仓为主。

（3）股价下跌离开年线有较大距离时，会在年线的吸引下，产

【注】　年线，就是一年移动平均线。因为一年中除掉节假日，实际交易的日子大概250日，所以年线一般指250日均线。年线为牛熊分界线，股指（股价）若跌破年线，即意味着大盘或个股进入了熊市。

生一种被回拉向上的现象。此时的策略是，可在股价大幅下跌远离年线的地方进行逢低布局，等待机会。

（4）股价冲上年线，且年线向上翘头的现象出现后，要注意股市有可能由熊转牛。此时的策略是，可积极看多做多，持股待涨。

我们现在按照高手的做法，为当时的上证指数走势加上一条年线，就可以根据年线的原理，进行有针对性的操作。如此一来，系统性的风险就能规避，投资机会也能抓住，操作就相当主动了（见图127）。

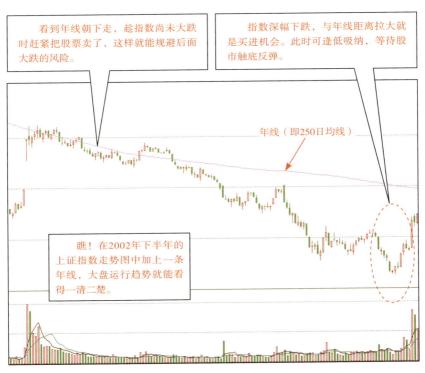

看到年线朝下走，趁指数尚未大跌时赶紧把股票卖了，这样就能规避后面大跌的风险。

指数深幅下跌，与年线距离拉大就是买进机会。此时可逢低吸纳，等待股市触底反弹。

年线（即250日均线）

瞧！在2002年下半年的上证指数走势图中加上一条年线，大盘运行趋势就能看得一清二楚。

图127　上证指数2002年6月14日~2003年1月16日的日K线走势

4 **思考题参考答案**

1. 这是2003年上半年上证指数的日K线走势图。

2. 众所周知，年线（即250日均线）是牛熊分界线。无论是大盘还是个股，如果原来在年线下方运行的，后来冲到了年线上方运行，说明其市场环境发生了重大变化，即市场可能正从熊市转向牛市。因此，很多投资者看到股指（股价）冲上年线后，第一反应就是牛市来了。

当时唐先生看到上证指数第一次站在年线之上，于是在箭头A处先买进了一些股票，后来他又看到上证指数连续3天收阳，于是在箭头B处进行了加仓。唐先生这样操作看上去好像很有道理。因为当时上证指数突破年线，站在年线上运行已超过3日，上涨幅度也已超过了3%。两个"3"都达到了，在技术上称为有效突破。既然是有效突破，就没有理由不看好后市。于是，唐先生在箭头A处买入股票后，又在箭头B处进行加仓。但是唐先生没有想到的是，自他买进后股市马上就见顶了，他在高位被套得死死的，动弹不得。

有人问：唐先生当时这样操作的理由很充分，为什么结果是错的呢？这的确让很多人感到难以理解。其实唐先生的错，并不在于他对年线被攻克后应该积极做多的判断（注：这个判断是对的），而主要在于他对年线本身的运行状态缺乏深入了解，误以为不管年线怎么走，只要股指站上年线就能看多做多。其实，唐先生这样的认识是片面的，或许就是这种片面的认识导致了他投资的失败。

这里向大家普及一下年线知识：年线不仅是牛熊的分界线，年线本身的形状也是牛熊的试金石。牛市中的年线形状与熊市中的年线形状是截然不同的。年线的形状可分为略微向上、向上、走平、略微向下、向下这5种态势。一般来说，只有在年线处于略微向上与向上运行的时候，才表示大盘或个股进入了牛市，此时可以看多做多了；而在年线处于走平，特别是处于略微向下与向下的时候，表示大盘或个股还未进入牛市，此时，虽然表面上看股指（股价）已站上了年线，但这往往是诱多，是不能买进股票做多的。**可见，年线的不同形状，显示的技术意义是不一样的**（见表4）。

表4　　　　　　　　　**年线（250日均线）形状一览表**

形状：略微向上 **意义**：看多信号 **策略**：可适量买入	
形状：向上 **意义**：强烈看多信号 **策略**：可买入与加仓	
形状：平行 **意义**：多空交织，趋势不明 **策略**：观望、等待	
形状：略微向下 **意义**：看空信号 **策略**：逢高减磅	
形状：向下 **意义**：强烈看空信号 **策略**：抛空离场	

唐先生在箭头A、箭头B处买入股票时，虽然上证指数站在了年线之上，但年线的形状却处于略微向下的状态（见图128），此时是不能看多做多的。果然唐先生买入后就被套在高位。显然唐先生看年线是看走了眼，中了主力"诱敌深入"的圈套，这个教训是非常深刻的。

3. 本图后半部分显示，当时的上证指数正在构造一个下降三角形（见图129）。下降三角形的特征与技术意义是：（1）在跌势中出现；（2）反弹的高点不断下移，但回落的低点处于同一水平位置（如

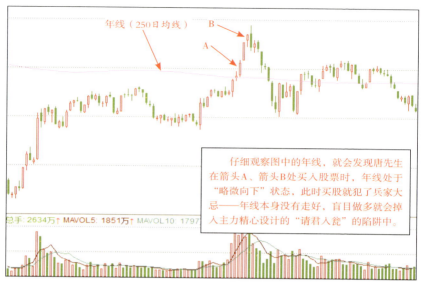

图128　上证指数2003年上半年的日K线走势

将上边的高点和下边的低点分别用直线连起来，就构成一个向下倾斜的直角三角形），最后股价跌破下边线向下滑落；（3）下降三角形

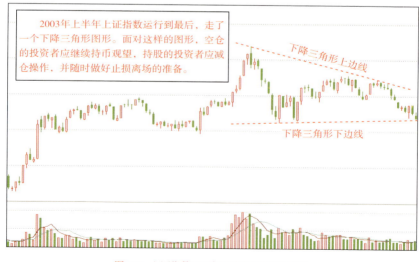

图129　上证指数2003年上半年的日K线走势

最终出路向下居多,但少数情况下也会向上突破。如果出现向上突破,投资者应反手做多;(4)在跌破下边线后常常有回抽,并在原来的下边线附近遇阻,从而确认向下跌破有效。

下面我们请大家看下降三角形的示意图(见图130),并建议大家与上证指数2003年上半年后半部分的图形相对照,你就会发现,当时上证指数确实在构造一个下降三角形图形。

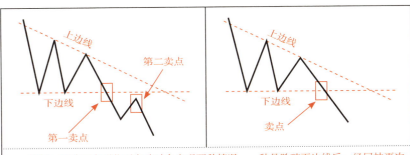

下降三角形示意图

说明:下降三角形往下突破时会出现两种情况:一种是跌破下边线后,经回抽再次向下(如左上图);另一种是跌破下边线后,就直接向下(如右上图)。

图130

投资者需要注意的是:下降三角形运行到最后,它必定要选择一个突破方向。一般来说,当发现股指(或股价)跌破下边支撑线,必须马上清仓离场。因为按照技术理论,其下跌的空间与上涨的空间基本上是相等的(见图131)。若止损不及时,损失是很大的。

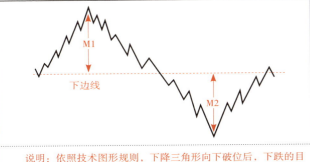

下降三角形向下破位后下跌目标位示意图

说明:依照技术图形规则,下降三角形向下破位后,下跌的目标位与上涨的幅度基本上是相等的,即M2=M1。

图131

据了解，上证指数2003年上半年的图形走势中，在其后半部分所构造的下降三角形向下破位后，一直跌到1307点才止跌。上证指数这轮下跌幅度，与前面的上涨幅度基本上是相等的（见图132）。此事揭示了股市运行是有一定规律的。**了解这个规律有两点好处：第一，知道下降三角形下边线被跌破会有一个较大的下跌空间，这样就会提高投资者在图形上破位后止损离场的自觉性；第二，对下降三角形破位后的下跌目标位有了一个比较准确的预见性，这样或多或少会给一些投资者带来较佳的投资良机。**例如，上证指数2003年上半年下降三角形向下破位后，就可以估算出这一次下跌的调整目标位大致在1300点左右，此时，有心的投资者就可以在1300点附近逢低吸纳，抓住后面的反弹机会。

瞧！图中下降三角形向下破位后，从1477点（下降三角形下边线的点位）跌至1307点，实际下跌了170点，此点位与理论下跌目标位——跌172点——仅相差2点。可见，技术分析预测是大有用处的，这会给投资者抄底带来诸多机会。

图132　上证指数2003年3月20日~2004年1月5日的日K线走势

1. 这是2004年上半年上证指数的日K线走势图。

2. 图中画了两条直线，表示当时上证指数走势与下面的成交量走势产生了一种顶背离的现象。其特征是：股价（指数）逐波走高，下面的成交量不是与其同步上升而是逐步下降，所以产生了一种顶背离现象（见图133）。

股指（或股价）走势与成交量走势出现顶背离现象示意图

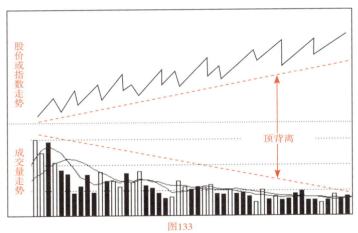

图133

从技术上来说，成交量走势与股价（指数）走势出现顶背离，预示着股价（指数）一轮升势将尽，短期内可能见顶回落，尤其是股价（指数）出现大幅上涨后，下跌的概率就更大。因此，投资者见到顶背离现象出现时，要做好离场准备。此时，重仓者应逐步减磅，一旦发现股价趋势向下，应及时止损离场；轻仓者应继续看空做空，持币观望（见图134）。

顶背离

总手：8710万　　**MAVOL5：940.8万**　　MAVOL10 954.8万

图134　　上证指数2004年上半年的日K线走势

3. 图中画圈处的K线图形叫"下跌不止形"。其特征是：在下跌过程中，众多阴线中夹着较少的小阳线，股价一路下滑（见图135）。下跌不止形的出现，表明股价仍会继续下跌。因此，投资

下跌不止形示意图

图135

340

者应该了解"下跌不止形"K线组合的特征与技术意义，在它出现时，应及时卖出股票规避风险（见图136）。

图中画圈处的K线图形，众多阴线中夹着较少的小阳线，整个K线排列呈向下倾斜状，这是一个很典型的"下跌不止形"K线组合图形。若见到这样的图形，不及时卖出，损失就会很大。

图136　上证指数2004年上半年的日K线走势

股市操作经验漫谈之十六

孙子兵法云："夫未战而庙算胜者，得算多也；未战而庙算不胜者，得算少也。"其实，炒股也是如此，若不能从K线图上算出多空力量对比，比如，一个阶段以来是阳线多，还是阴线多；关键K线信号中，显示的是多方力量强，还是空方力量强。若在胸中无数的情况下就盲目行动，失败的概率非常大。可见多算胜，少算不胜，不是说说而已，他对炒股有非常重要的指导意义。

1. 这是2011年下半年上证指数的日K线走势图。

2. ①趋势是指自然界一切事物发展方向的内在运行规律，是不以人们意志为转移的。因势利导、顺势而为是人类认识自然、服从自然运行规律的必然选择。市场趋势有其自身的运行规律，仿佛始终被市场无形的力量所控制。股市也不例外，涨势形成不得不涨，同样跌势形成不得不跌。长江后浪推前浪，一浪更比一浪高，这是股市涨到尽头前的运行规律。同样，跌势形成便逐浪创新低，直至跌无可跌为止。

美国华尔街证券市场上有一句谚语："千万不要与趋势抗衡。"这就是说，要顺应潮流，跟着趋势走。因此，在股市中，看清长期趋势，分清中期趋势，不为短期趋势的反向波动所困惑，顺势而为，是每一个要想在股市中生存、发展的投资者必须具备的能力。

②高手说：2011年下半年的上证指数日K线图处于绝对空头趋势中，这句话有两层意思：

第一，是指当时图中的几根短期均线（一般是3根）排列处于空头排列状态[注]，如5日、10日、30日均线出现了空头排列（见图137）。

【注】 所谓移动平均线空头排列，是指几根移动平均线同时以圆弧状的形态向下滑落，且时间长的移动平均线在上方、时间处于中间的移动平均线在中间、时间短的移动平均线在下方的排列方式。以这种排列方式出现的几根均线简称均线空头排列。一般来说，当大盘或个股均线出现空头排列时，即意味着大盘或个股进入了空头市场。这时，大盘或个股整体呈现弱势局面，常会有一轮较大的跌势。

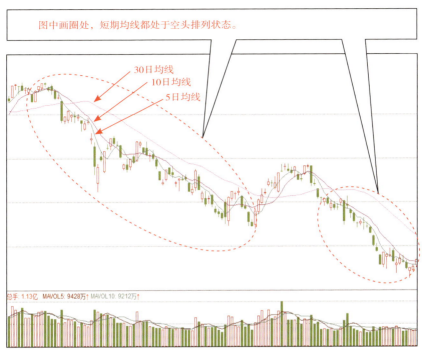

30日均线
10日均线
5日均线

总手：1.13亿　MAVOL5：9428万↑　MAVOL10：9212万↑

图137　上证指数2011年下半年的日K线走势

　　第二，除短期均线外，当时图中的几根长期均线也处于空头排列状态，如60日、90日、120日均线出现了空头排列（见图138）。

　　在股市里，均线出现空头排列就是空头趋势，出现多头排列就是多头趋势。本图中"短期均线组合的空头排列＋长期均线组合的空头排列"，形成了绝对的空头趋势。所谓绝对的空头趋势，就是指局势已被空方完全掌控，多方已溃不成军，在空方的打压下，多方只能节节败退。面对绝对空头趋势的市场，任何做多行为都会铸成大错。所以高手建议大家在卖出股票后，不要做盲目抄底的傻事。要知道**在绝对空头趋势的市场中，多做多错，而只有持币观望才能规避市场的下跌风险。**也就是说，在绝对的空头趋势市场中，最佳投资策略就是休息。

343

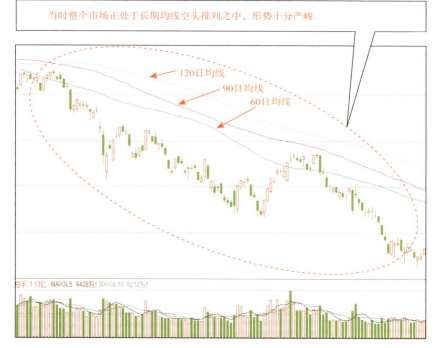

当时整个市场正处于长期均线空头排列之中，形势十分严峻。

120日均线

90日均线

60日均线

总手: 1.13亿 MAVOL5: 9428万↑ MAVOL10: 9212万↑

图138　上证指数2011年下半年的日K线走势

股市操作经验漫谈之十七

欲速则不达，这个道理大家都懂。但真的到了股市里很多人就忘了它，总想快速致富。不过股市就是会捉弄人，理想虽美妙，但现实却很残酷。比如，在股市趋势向下时，就要慢下来，尽量空仓、休息。而在股市趋势向下时，仍然在股市里忙进忙出，抢着做股票的几乎都成了输家。但知晓趋势向下时空仓、休息者，反而成了股市赢家。往后大盘见底时就有足够的资金逢低吸纳了。由此让很多人明白了投资的一个真理，在股市里"快就是慢，慢就是快"。只有懂得顺势而为，该慢下来坚决慢下来（空仓离场），才能在股市中立于不败之地，成为众人羡慕的股市赢家。

1. 这是2012年下半年上证指数的日K线走势图。

2. 图中画圈处的现象叫"大阳线一日游行情"。其特点是：在股指（或股价）连续下跌后，突然有一天拉出一根大阳线，成交量也跟着放大，但后面行情就戛然而止了。一些看到盘中拉出放量大阳线，以为底部到了而跟着追进去的投资者都会被套在上面。由于大阳线一日游行情欺骗性很大，所以投资者在操作时要特别警惕，千万不要因为误判而成为新的套中人。

在中国A股市场上，大阳线一日游行情出现过多次，下面我们来看一些实例（见图139~图141）。

实例一： 1999年9月9日上证指数出现的大阳线一日游行情。

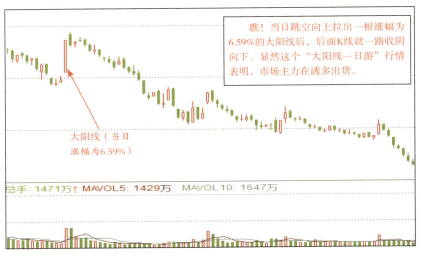

瞧！当日跳空向上拉出一根涨幅为6.59%的大阳线后，后面K线就一路收阴向下。显然这个"大阳线一日游"行情表明，市场主力在诱多出货。

大阳线（当日涨幅为6.59%）

总手：1471万↑ MAVOL5：1429万 MAVOL10：1647万

图139 上证指数1999年8月24日~1999年12月27日的日K线走势

实例二：2008年2月4日上证指数出现的大阳线一日游行情。

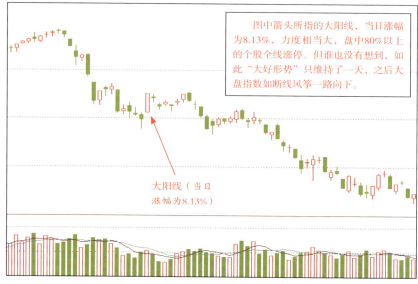

图中箭头所指的大阳线，当日涨幅为8.13%，力度相当大，盘中80%以上的个股全线涨停。但谁也没有想到，如此"大好形势"只维持了一天，之后大盘指数如断线风筝一路向下。

大阳线（当日涨幅为8.13%）

图140　上证指数2008年1月2日~2008年4月15日的日K线走势

实例三：2008年8月20日上证指数出现的大阳线一日游行情。

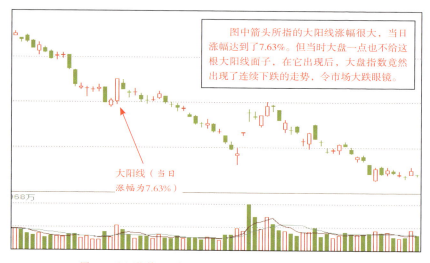

图中箭头所指的大阳线涨幅很大，当日涨幅达到了7.63%。但当时大盘一点也不给这根大阳线面子，在它出现后，大盘指数竟然出现了连续下跌的走势，令市场大跌眼镜。

大阳线（当日涨幅为7.63%）

68万

图141　上证指数2008年7月28日~2008年11月6日的日K线走势

历史经验证明，大阳线一日游行情是主力为散户设的一个局，具有很大的欺骗性。散户稍不留神，就会钻进主力设的局中，出现深套。据了解，在中国A股市场被大阳线一日游行情骗进去出现深套的投资者不计其数，故而有必要充分揭露它，这样可以使普通投资者认识它的真面目，不再落入主力精心设计的陷阱中，变成主力出货的牺牲品。但是话要说回来，大阳线并非都是一日游大阳线，它在很多时候对行情的上涨起着中流砥柱的作用，是市场发出的积极做多信号。例如，在以往大熊市见底，或者牛市回档、熊市反弹阶段性行情出现时，一开始往往也是先拉一根大阳线，然后再出现上攻走势的。那么，这两者又该怎么区别呢？换句话说，如果我们不加区别地把低位出现的大阳线都当作一日游大阳线，有时就会把真正见底上来的大阳线抛弃，这样就会犯另一种错误——错失投资良机，踏空上涨行情。

　　对投资者而言，这是一个难题，但既然做了股票，就无法回避这个问题。面对这个难题，高手为我们开出了一个良方。这是什么良方呢？说来也很简单，它就是一张判断大盘走势中大阳线强弱的一览表（见表5）。从这张表中，我们可以看到，大盘在低位拉出大阳线后，股指（股价）经过几天或一段时间运行，会出现走势为超强势、强势、一般、偏弱、弱势等几种情况。对于超强势走势，我们理应看好，可积极跟进；对于强势走势，我们应谨慎看好，可少量跟进；对于一般走势，我们应该采取观望的态度；对偏弱走势，我们应提高警惕，既要防止主力故意打压震仓，又要防止主力用大阳线掩护出货，要随时作好撤退的准备；对于弱势走势，我们应该坚持看空做空，及时止损出局，以防深度被套。

玩转股市悬念扑克，争做股市达人。

表5

大盘低位拉出大阳线后走势强弱一览表

性质	图例	操作策略
超强势	大阳线	在大阳线之后，第2根K线或以后几根K线在大阳线的收盘指数上方运行，此时，可以做出走势为超强势的判断，投资者应采取积极跟进的策略。
强势	1/3　大阳线	在大阳线之后，第2根K线或以后的几根K线，在大阳线的收盘指数与开盘指数的1/3上方运行，此时，可以做出走势为强势的判断。激进型投资者可采取少量跟进的策略，等往后K线的收盘价突破大阳线的收盘指数时，才可积极跟进。
一般	1/2　大阳线	在大阳线之后，第2根K线或以后的几根K线，在大阳线的收盘指数与开盘指数1/2上方运行，此时，可以做出走势为一般的判断。投资者宜采取观望的策略，即有股票的暂不加仓，也不要急忙抛出，没股票的暂不买进。
偏弱	1/2　1/2　大阳线	在大阳线之后，第2根K线或以后的几根K线，在大阳线的收盘指数与开盘指数1/2下方运行，此时，可做出走势为偏弱的判断。投资者宜采取持币观望的策略。不过需要注意的是，假如大阳线出现后主力进行洗盘，有时大盘走势也会出现这种偏弱的状况，因此，只要往后收盘指数不跌破大阳线开盘指数，持股的投资者仍可拿着股票观望，待方向明确后再做定夺。
弱势	大阳线　2/3	在大阳线之后，第2根K线或以后几根K线在大阳线的开盘指数下方运行，此时，可做出走势为弱势的判断，投资者应采取止损出局的策略。

高手制作的这张表在股市实战中有很大的作用，下面我们就通过一些实例（见图142~图147）进行分析。这些图形都是大盘指数（包括上证指数、深证成指、B股指数）在经过前期大幅下跌后出现了见底回升的局部走势图。在这些图中，行情初起时都拉出过一根大阳线（见图中箭头所指处），之后，图中的走势各异。面对这些

图142   图143   图144

图145   图146   图147

（说明：① 大盘指数与个股不一样，一般来说大盘指数收阳，涨幅超过3%就叫大阳线。② 图143中箭头所指的K线是行情起来时的第一根大阳线，因为图形压缩关系，看起来很短，但实际涨幅并不小，达到了7.22%。③图144、图145中的大阳线涨幅超过10%，是因为当时股价是放开的，没有涨跌停限制。）

图形，投资者究竟如何来判断它们走势的强弱，并采取相应的对策呢？如果凭感觉分析，出错的概率很大，但是如果按照高手表中的方法进行鉴别，出错的概率就很小，成功的概率则会大幅提高。

下面我们对这些图形进行逐一分析。

图142是深证成指2008年1月30日~2008年2月19日的日K线走势图。当时的情形是，大盘经过连续下跌后，在2008年2月4日这一天拉出了一根涨幅为7.95%的大阳线。之后出现了两根阴线。虽然这是两根小阴线，但第二根阴线的下影线已触及大阳线实体的2/3以下处。根据高手在表5中的提示，该图形应判断为弱势。投资者见到这种弱势状态的大阳线图形，就不能看好，应逢高卖出。后来的事实证明，及时卖出者躲过了后面的大跌（见图148）。

注意：盘中拉出的这根大阳线，是主力在诱多，性质为一日游大阳线。若被它骗进去，后面就输惨了。可见大阳线出来后，及时判断它是强势还是弱势，对下一步操作将起到十分重要的作用。

说明：图142中涨幅为7.95%的大阳线（2008.2.4）就在这个位置。

大阳线（当日涨幅为7.95%）

5577点

图148　深证成指2007年11月29日~2008年11月11日的日K线走势

图143是上证指数1992年11月16日~1992年12月13日的日K线图。当时大盘已连跌了几个月，指数在386点见底后，又横盘了4天，于第5天拉出了一根涨幅达7.22%的大阳线。接着，第二天又拉出了一根涨幅达29.90%的超大阳线（注：当时没有涨跌幅限制），然后几天，股指就出现了激烈震荡。根据表5中的提示，该图形应判断为超强势。理由是：第一根涨幅达7.22%的大阳线出现后，接着出现的K线虽然震荡很厉害，但其收盘指数已远高于第一根大阳线的收盘指数，仅过了8天，指数又涨了40%。投资者见到这样超强势状态的大阳线图形，应积极看好，及时跟进。后面的事实证明，当初及时跟进者，都抄到了熊市大底，后面获利非常丰厚（见图149）。

大阳线出现后，可观察几天。但是一旦确定它是超强势图形，就应该马上跟进。瞧！若在此买进，后面的收益十分惊人。

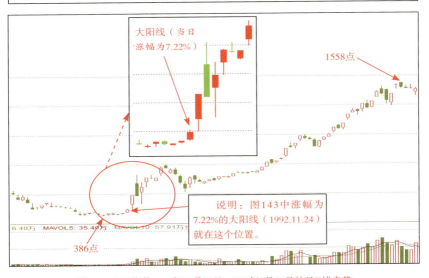

大阳线（当日涨幅为7.22%）

1558点

说明：图143中涨幅为7.22%的大阳线（1992.11.24）就在这个位置。

386点

6.40万 MAVOL5: 35.40万 MAVOL10: 57.91万

图149　上证指数1992年10月22日~1993年2月19日的日K线走势

图144是上证指数1993年5月25日~1993年6月8日的日K线走势图。当时的情形是，上证指数在1558点见顶后，指数下跌幅度已超

过30%，由于短时期内指数跌幅过大，出现了超跌反弹，反弹的当天拉出了一根涨幅达16.44%的大阳线（注：当时没有涨跌幅限制，故大阳线涨幅可以超过10%）。但在大阳线出现后的第二天，走出的是一根带有长上、下影线的大阴线，其下影线已几乎触及大阳线的开盘价。根据表5中的提示，大阳线出现后的第二天，阳线实体若被阴线覆盖，这就是一个弱势图形。投资者见到这样的弱势图形，应及时卖出。后面的事实证明，当初及时卖出者，躲过了后面持续大跌，从而逃过一劫（见图150）。

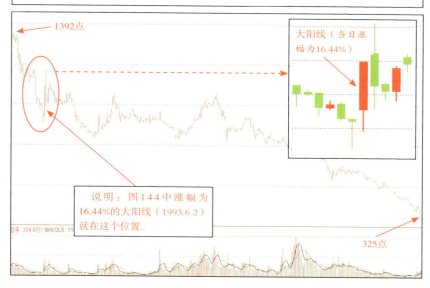

大阳线出现后的第二天，指数不但没有继续向上，反而让一根大阴线的下影线把指数再次打到大阳线开盘价附近。出现这种情况，说明主力是在利用大阳线进行诱多，投资者应该认识到这是一日游大阳线，若不马上卖出，就要遭遇后面大跌的风险。

1392点

大阳线（当日涨幅为16.44%）

说明：图144中涨幅为16.44%的大阳线（1993.6.2）就在这个位置。

325点

图150　上证指数1993年4月27日~1994年8月1日的日K线走势

　　图145是上证指数1994年7月26日~1994年8月10日的日K线走势图。当时的情形是：大盘经过一年多的下跌，在见到325点低点后的第二天，在利好政策刺激下，大盘跳空高开，拉出了一根涨幅达

33.46% 的大阳线（注：当时没有涨跌幅限制，故大阳线涨幅可以超过 10%），接着，第二天收了一根带有上影线的小阴线，虽然阴线实体已把前面的大阳线上端进行了覆盖，但覆盖的地方没有超过大阳线的 1/3，且第 3 天又拉出了一根实体更长的大阳线。至此，该图形的超强势特征已显现。投资者若马上跟进，就能抓住一波牛市大行情（见图 151）。

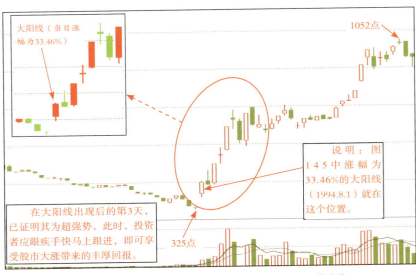

图151　上证指数1994年6月20日~1994年9月15日的日K线走势

　　图 146 是上证 B 股指数 1998 年 5 月 11 日~1998 年 5 月 21 日的日 K 线走势图。当时的情形是：B 股指数在 1997 年 5 月 6 日摸高 99 点见顶后，经过一年的下跌，B 股指数已遭到了腰斩，1998 年 5 月 15 日突然拉出了一根涨幅达 7.24% 的大阳线，但在这之后 3 天却连续出现了 3 根阴线，将大阳线实体大部分进行了覆盖（注：第 3 根阴线已深入到大阳线实体 2/3 以下处）。按照高手在表 5 中的提示，这样的大阳线图形应该判断为弱势。果然后来的事实证明，这根大阳线就是一日游大阳线，后面指数又再次遭到腰斩，将跟进做多者一网打尽（见图 152）。

　　图147是上证指数1999年5月12日~1999年5月26日的日K线走势

瞧！一日游大阳线出现后，当年B股指数又跌掉了50%以上。可见，只要发现是一日游大阳线，就要赶快跑，不跑就会套得更深。

59点

大阳线（当日涨幅为7.24%）

说明：图146中涨幅为7.24%的大阳线（1998.5.15）就在这个位置。

21点

图152　上证B股指数1998年3月2日～1999年3月17日的日K线走势

图。当时的情形是：上证指数出现两年的上下震荡，走势越来越弱，市场人气惨淡。1999年5月19日，在利好政策刺激下，当日拉出了一根涨幅为4.64%的大阳线，随后第二天、第三天都出现了跳空高开的阳线。这样的图形，一看就知道是一个超强势的图形。面对超强势图形，必须积极看多，马上跟进。后来的事实证明：越早跟进的投资者日后收益越大（见图153）。

通过对上面这些案例的分析，我们看到高手用来判断大盘走势中大阳线强弱的表5确实有很大作用，它可以帮助投资者鉴别什么是一日游大阳线、什么是见底时发出强烈做多信号的大阳线。换句话说，把高手制作的表5记住了，不仅可以让市场主力用一日游大阳线进行诱多的阴谋破灭，而且在熊市真正见底时，因为大阳线的强势能及时提醒我们看好后市，投资者也就不会踏空后面的大涨行情。

看到超强势大阳线图形，不要犹豫，马上追进是最要紧的，因为大盘出现这样的走势机会很少，可谓"十年等一回"。

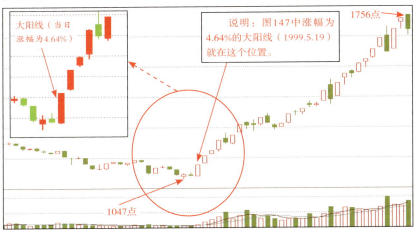

大阳线（当日涨幅为4.64%）

说明：图147中涨幅为4.64%的大阳线（1999.5.19）就在这个位置。

1756点

1047点

图153　上证指数1999年4月9日~1999年6月30日的日K线走势

8 思考题参考答案

1. 这是1991年上半年上证指数的日K线走势图。

2. 当时为什么会出现这样的走势呢？这个情况比较复杂。我们采访了一些当事人，并查阅了一些有关资料，现将情况综合后给大家做一些介绍。

从图154中看，上海证券交易所成立初期，大盘走势并不理想，除了短期往上冲一冲，很快就做了一个双顶，在指数跌破颈线后就呈现一路下跌的态势。

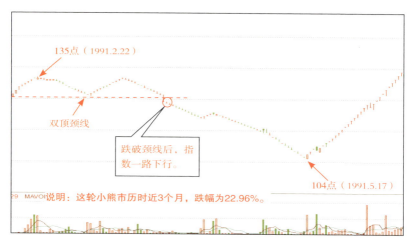

图154　上证指数1991年1月2日~1991年6月28日的日K线走势

那么，为什么上交所成立之初，上海股市会走得如此糟糕呢？这里有两个原因：第一，在上交所成立初期，深圳股市出现了崩盘走势，从牛市转向熊市（编者按：关于当时深圳股市如何走熊，见本题参考答案后的《附录：深圳股市第一次"股灾"记实》）。深圳股市走熊，必然会影响到上海股市。第二，一些机构趁上交所刚成立，制度上有空子可钻，进行恶意做空，将早期囤积在手里的大量真空电子股票（现改名为"云赛智联"，股票代码为600602）不断抛售，致使整个股市出现了大幅下跌。那么，这究竟是怎么一回事呢？原来在上交所成立前，真空电子曾于1989年初增发过新股，但当时上海股市交易十分低迷，且当初的真空电子股价早已跌破发行价，所以增发新股遭到夭折，承销商自己被迫吃进了大量真空电子增发的新股，而后这笔库存一直没有机会卖出。在上交所成立后，承销商看到真空电子股价较之前的增发价已涨了几倍，获利十分丰厚，就趁机出清库存，回笼资金，不断地向外卖出真空电子股票。由于卖出的量很大，再加上当时参与股市交易的主要是个人投资者（注：当时个人投资者根本没有这么大的资金来承接这笔库存），故而真空电子股价只能越走越低。

在那个年代，真空电子股票绝对是股市中的"带头大哥"。当时与它一起上市交易的一共只有8只股票（俗称"老八股"），其中以它的盘子最大，在整个指数中占的权重最大。其他股票都看其"脸色"行事：只要它下跌，其他股票就会跟着跌；只要它上涨，其他股票也就会跟着上涨。

1991年5月，真空电子又一次出现了暴跌。这次暴跌引起了管理层的高度警觉，因为这时深圳股市已处于灭顶之灾的边缘。在调查之后，管理层发现抛出大量真空电子股票的是上海的几家证券公司，于是马上采取紧急措施。例如，为了稳定上海股市，立即与各大证券机构进行协商，并于1991年5月15日上午，向各证券机构发送了暂时冻结真空电子股票库存的通知。

通知一出，真空电子股票的跌势便被止住了，这时候看真空电子"脸色"行事的其他一些股票也立即止跌回稳。管理层经过果断的危机处理，一场发生在上交所成立之初、危及上海股市生存的险情就这样被悄悄排除了（见图155、图156）。

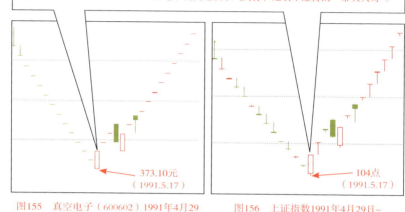

瞧！真空电子于 1991 年 5 月 17 日在跌至 373.10 元（注：当时真空电子股票面值为 100 元 1 股，后 1 股折成 100 股。故 373 元 1 股，就相当于现在的 3.73 元 1 股）见底。当天，上证指数也在 104 点见底。真空电子与大盘同一天见底并非巧合，这个现象恰恰说明，在上海股市早期，真空电子确实是股市风向标，是名不虚传的"带头大哥"。

373.10元
（1991.5.17）

104点
（1991.5.17）

图155　真空电子（600602）1991年4月29日~1991年6月7日的日K线走势

图156　上证指数1991年4月29日~1991年6月5日的日K线走势

3. 上证指数1991年上半年度的日K线走势图给了我们两点重要的启示：

第一，炒股票一定要学会看大势。那么，如何才能看准大势呢？这里有一个关键技巧，即要仔细观察占据大盘指数权重最大的个股在市场上的表现，并由此判断大盘未来趋势。例如，早期上海股市占指数比例最大的是真空电子，当时投资者只要看真空电子的表现，就能准确地判断出大盘未来的趋势。又如，2007 年 11 月中石油在 A 股上市，由于盘子特别大，占指数权重的比例也最大，其股价表现对大盘未来趋势有着决定性影响。因此，大家只要看着中石油的走势，就能分析出大盘的未来趋势。当时中石油在 A 股上市后就呈现一路下跌态势，导致中国 A 股市场其他股票，特别是一些其他类型的大盘股也跟着它一起下跌，这样股市走熊就不可避免了。事实证明，中石油在 A 股市场连跌几年，中国 A 股市场也跟着熊了几年。最具说服力的证据是，中石油上市后从 48.62 元一直跌至 7.08 元。7.08

元就是它的阶段性见底价格。它见底当天，上证指数也在 1849 点见底了（见图 157、图 158）。两者时间都是 2013 年 6 月 25 日。可见，当时只要中石油不见底，中国 A 股市场就不会见底。而正是因为中石油与大盘指数同时见底，才使中国 A 股市场迎来转机，慢慢地由熊转牛，走出了一轮轰轰烈烈的牛市行情（注：这轮牛市行情，上证指数从 1849 点涨至 5178 点，历时 2 年）。

瞧！中石油于2013年6月25日跌至7.08元见底，当天上证指数也在1849点见底。在当时的上海股市，中石油与早期上海股市的真空电子一样，成了名副其实的"带头大哥"。只要它不见底，看它脸色行事的其他权重股就不会见底，股市也就不会见底。

7.08元
（2013.6.25）

图157　中石油（601857）2013年6月6日~
2013年7月12日的日K线走势

1849点
（2013.6.25）

图158　上证指数2013年6月6日~
2013年7月12日的日K线走势

有鉴于此，我们可以得出一个结论，根据占指数权重最大的股票表现来判断大盘的走势，是一种既简单又非常实用的研判大势的方法。对这样的方法，我们必须高度重视，为己所用。

第二，要学会用大局观寻找到熊市的谷底。做过股票的人都知道，识底抄底是一件很难的事，很多人就是因为看不准底部盲目抄底而被套在次高位或半山腰，损失惨重。但是股市高手的经验告诉我们，只要掌握好方法，识底抄底还是可以做到的。例如，用大局观审视市场寻找熊市谷底，就是一个行之有效的好方法。用它来判断熊市的谷底，不仅简单易行，而且准确率非常高。

据了解，用大局观审视市场寻找熊市谷底的第一个经典案例就出现在上交所成立之初的 1991 年 5 月。

事情经过是这样的：当时上交所成立后，上海股市开局并不顺利，除了一开始十几天指数表现较好外，之后股市很快就进入了跌跌不休的状态，这是中国 A 股市场历史中，也是上交所成立之初所遇见的第一个熊市（注：因为这轮熊市大盘指数跌幅相对有限，被后人称为"小熊市"），这轮小熊市的谷底是 104 点。虽然是小熊市，但当时股指连续下跌，致使市场人气十分低迷，很多投资者都吓得不轻，纷纷低位割肉出逃。但是，当时一些具有大局观的股市高手早就预料到这轮熊市很难跌破 100 点，他们判断这轮熊市的谷底就在 100 点附近。因此，上证指数连续下跌快要跌至 100 点时，这些人开始大量抄底买进，后来都大发了。其中，最有代表性的人物是杨百万，当时他在这轮熊市见底的前一天，到广场上振臂高呼，号召大家去抄底，当时听了他话的投资者都抓到了这个底部，获益匪浅，而犹豫者则错过了这次极佳的抄底良机（注：早期上海股市的情况与现在股市不一样，股市见底后只有短短几天可以让你买进，一旦确认行情反转，趋势向上，此时就会出现连续涨停，想买也买不进了）。

那么，当时杨百万是怎么判断这轮熊市谷底的呢？他认为，当时上海证券交易所成立是国家层面的一件大事，从此，新中国就有股市了。政府既然开了股市，就一定会从国家利益与改革开放大局出发，把股市搞好。而股市能否搞好的一个重要标志是：上海证交所开张之日的第一天开盘指数是必须坚守的。若这个首日开盘指数被击穿，不仅会严重打击投资者的信心，更重要的是，会直接损害新中国股市的形象，让全世界看笑话。因此，股市首日开盘指数就是中国 A 股市场的生命线，生命线一般是不会被跌破的。

杨百万坚信，一旦上证指数跌至首日开盘指数附近，管理层与相关各方都会出手相救，让股市转危为安。显然，当时杨百万的政治嗅觉非常灵敏，他是用大局观来审视股市何处是谷底的。后来的事实证明，他的这个观点完全正确，值得大家学习借鉴。

用大局观审视市场寻找熊市谷底，在中国A股市场上可谓屡试不爽。例如，2012年上证指数跌破了2000点，并且在2013年6月创出了1849点新低。看到这种情况，当时有很多投资者对股市感到极度失望，认为照这样的走势，迟早会把2008年熊市的低点1664点击破。既然这样，晚走还不如早走，多少还能减少一些损失。于是一些投资者在上证指数跌穿2000点后选择了割肉离场。但是，当时具有大局观的投资者却认为，2008年熊市的低点是1664点，是管理层与相关各方经过极大努力锁定的，这个低点是绝对不能跌破的。因为能不能守住1664点将直接关系到中国股市的兴衰，所以他们判断当时股市再跌也不会跌到1664点之下。虽然当时市场上人心惶惶，看空中国A股市场的大有人在，但都没有改变这些具有大局观的投资者的看法，反而使他们坚定地认为这是熊市临近谷底的征兆，市场正在为一些有准备的人提供一次极佳的抄底机会。于是，这些投资者在上证指数跌破2000点后，积极逢低吸纳，不断加大资金的投入。现在看来他们完全做对了，2014年下半年中国A股市场由熊转牛，股市出现了大涨，当初他们逢低吸纳的股票后来都有了几倍以上的收益，投资回报可谓十分丰厚。

股市操作经验漫谈之十九

"追高毁一生，低吸富三代"，这是股市中民间的一句格言，它已被证明是股市中行之有效的制胜策略。我们发现在行情火爆时，很多股民追高热情十分高涨，但最后多半都套在山顶上，而在行情跌至冰点时却止步不前了。其实行情越是到冰点，越是低吸的良机。即使短期被套，套在身上的多半也是一根未来能让你躺赢的金项链。

附录：深圳股市第一次"股灾"纪实

1990年的最后10天，深圳股市大幅下跌。全市场仅有的5只股票都出现了暴跌，股票市值损失达6.4亿元（注：6.4亿元在当时是一个很大的数字）。如此凶猛的下跌，对缺乏管理股市经验的深圳市政府来说，是始料不及的。

为了救市，1991年元旦，市政府出台令股民振奋的举措，把每天2%的跌停板，改为与涨停板一样，统统是0.5%。同时，深圳市的一位副市长专门召集深圳5家上市公司负责人开会，明确向他们表态，上市公司的这次年终分红，应该保持政策的连续性。很显然，政府希望通过分红派息，让股民得到可观的投资回报，来促使股市止跌企稳。

紧接着，为深圳股市做出过巨大贡献的深圳党报《深圳特区报》又来了一项创举，在第二版开辟了《股市纵横》专栏，供经济界、学术界及从事证券业的专家议论股市。专家们颇有信心地套用股市格言："股灾之日，反弹之时。"

元旦过后，即1月2日，1991年的第一个交易日，一些股民怀着对市领导讲话的信心和对专家们的信任，鼓起余力，奋勇入市，多空开始了一轮新搏杀，一时间成交金额突升，从30多万元升至700多万元，在多头出其不意的突袭下，股价止住了跌停，一时间股市真的泛红回暖了。然而，第二周奋勇托盘者就纷纷断臂，5只股票的反弹仅仅是昙花一现，紧接着又连续6天出现跌停，成交金额降至300万元以下。元月12日，5只股票中有两只没有跌，没有跌的原因竟然是没有成交1股，连撞跌停的机会都没有，另有一只也只成交了1手

（当时的1手为500股）。

　　1991年春节前，传出5家上市公司分红派息的消息，这些公司几乎都以股民最希望的送红股方式进行分红，接着，各公司的业绩报告也纷纷公布，证券公司交易大厅顿时春意盎然起来。但春节后不知什么原因，各公司的分红方案"犹抱琵琶半遮面"，迟迟不肯登台亮相。多头动摇了，经过16天的小幅上扬后，股市再次掉头而下，又开始了新一轮的连续跌停。此后，深圳股市就正式进入了第一次大熊市的黑夜旅途。（注：深圳证券交易所是1989年底开始筹建的，1991年4月1日批准成立。在深圳证券交易所正式成立前的深圳股市交易都处于试运行状态，1990年末深圳股市已由牛转熊，出现暴跌。深圳证券交易所成立后，形势越来越严峻，股市连跌5个月。从1991年4月3日的998点一直跌至1991年7月7日的396点才见底。可见，深圳股市第一次大熊市跌得非常厉害，股民损失惨重。）

股市操作经验漫谈之二十

　　炒股要讲究策略，这是对的，但策略的制定、实施，首先要把风险放在第一位，而不是把盈利放在第一位。比如，有人认为在股市中赚钱，只有集中资金，重仓一个潜力股才能赚到大钱。所以他们常常会把资金押在一个股票上，但殊不知这样做相当危险。这好比赌场中的"赌轮盘"，独押一个号码，若猜中了获利虽丰，但此时投资的本质已发生变化，投资变成了赌博。一旦这只股票没有押中，风险来临时又没有及时卖出，所造成的损失将难以预料和承担。故而，有经验的投资者永远不会把资金压在一个股票上，这是股市中的兵家大忌。因为这样做风险实在太大，若看走了眼，就往往会遭受灭顶之灾。

1. 这是1997年上半年上证指数的日K线走势图。

2. 图中画圈处的K线叫"下探上涨形"。其特征是：在上升行情中，某日突然大幅低开（甚至以跌停板开盘），当日以涨势收盘（甚至以涨停板报收），从而在图中拉出一根低开高走的大阳线。这就构成了先下跌后上涨的形态，故名为下探上涨形。若在这之后的几根K线都能在这根大阳线的上端部分运行，甚至创出新高，那就说明，这个下探上涨的K线被市场认可了。**从技术上说，盘中出现下探上涨形的K线图形，往往预示着后面将有一段较好的扬升行情。如果这种K线出现在涨势初期，它发出的买进信号就更加可靠。因此，投资者见此K线图形，可考虑继续买进，并采取持股待涨的策略。**

仔细观察本图画圈处的K线图形后，我们可以发现这几天大盘走势上下震荡非常激烈，图中画圈处最左边的一根K线是一根大阴线，这天大盘指数跌掉了8.91%，出现了暴跌，但第二天却收了一根涨幅达7.58%的阳线。而更使人感到奇怪的是，第三天大盘指数几乎以跌停开盘，然后再在人们的极度恐慌之中，当天指数从跌停价一路向上，最终以上涨0.25%的红盘报收。因此，图中拉出了一根下探上涨形K线。在这根下探上涨形K线出现后，马上又拉出了一根涨幅超过5%的中阳线，这样很快就验证了前面这根下探上涨形K线的有效性。至此，懂得技术分析的人终于明白了，主力假借市场利空，在行情启动的初始阶段进行了一次激烈震荡的大洗盘。主力花这么大的力气进行洗盘，目的自然是要把大盘做上去。因此，画圈处的下探上涨形K线就是一个强烈的做多信号，它比一般的下探上涨形K

线更具有实际参考意义。在这种情况下，买进做多就成了赢家思路的必然选择。果然，当时看到这种下探上涨形K线出现而及时跟进做多的投资者，后来随着股指大涨都狠狠地大赚了一把。

其实，通过下探上涨形 K 线不仅能预判大盘的未来走势，它也是投资者发现大黑马、大牛股的一种重要手段。这里我们给大家举一个典型的例子。先请大家看图 159。这张图中画圈处的两根 K 线都是拉涨停的大阳线。那么，为什么这两根大阳线一长一短有这么大的差距呢？当时的情况是：该股第一天以涨停价报收（股价涨了 10%，报收于 4.25 元），但第二天股价不但没有延续昨天的升势，反而出现了以跌停价开盘的情况，更使很多人没有想到的是，该股当日从跌停一直拉至涨停，最后股价再次以上涨 10% 的价格收盘，这天盘中该股上下震荡的幅度达到了 20%，从跌停拉至涨停，自然这根涨停大阳线的长度要大大超过前面一根涨停大阳线的长度了。第二根超长大阳线，实际上就是一根下探上涨形 K 线。当时拉出下探

图159　鹏博士（600804）2005年9月22日~2006年5月18日的日K线走势

上涨形 K 线后，该股并没有马上涨上去，股价在上方进行了停留（见图中最后 4 根 K 线）。

看到这个情况，有的投资者无动于衷，有的投资者则认为这是一个重大的投资机会，于是就积极地介入了。后面的事实告诉我们，积极介入并捂住这只股票的投资者大发了。这个大发不是一般的大发，而是超级大发（见图160）。**这个案例说明，通过下探上涨形K线图形，说不定就能发现一匹超级大黑马。**因此，大家对低位出现的下探上涨形K线一定要予以高度重视，千万不要因为自己的无知或疏忽，而错失一次重大的投资机会。

瞧！若当初有谁在该股出现下探上涨形K线后跟进，持股9年，股价最大涨幅接近80倍（按复权价计算）。可见，盘中出现下探上涨形的K线图形，确实要高度重视，它对发现大黑马、大牛股有重要的参考意义。

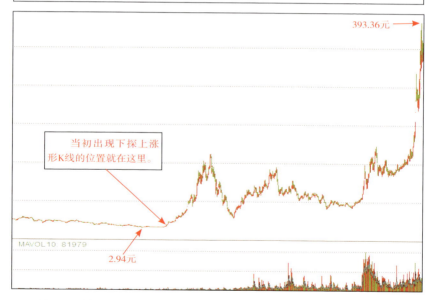

图160　鹏博士（600804）2000年12月27日~2015年5月30日的日K线（复权）走势

1. 这是2008年上半年上证指数的日K线走势图。

2. 图中画圈处的图形叫"顶部岛形反转"。顶部岛形反转形成的机理是：股价大幅上升（包括反弹行情），致使一些原来想在低位买入的投资者踏空，最后他们会因为难以忍受踏空的痛苦，终于忍不住不计价格地追高买进，于是形成一个向上跳空缺口。但是，股价却没有因为这些投资者追高而快速向上，反而明显地出现放量滞涨，这说明此时暗中出现了巨大的抛盘。等主力和先知先觉的投资者趁多空争夺之机大量出逃后，股价终于支撑不住，接着就出现了一个与前面的向上跳空缺口基本处于同一价格区域的向下跳空缺口，从而使股价趋势发生逆转。从走势上看，该图形的出现，使其K线图走势就像一个远离海岸的"孤岛"，左右两边的缺口令这座岛屿孤立地漂浮在海洋上。岛形反转的名称就是由此而来的。如果这种情况发生在高位，就称之为顶部岛形反转[注]。

顶部岛形反转是股票形态学中的一个重要反转形态，也是一个常见的头部信号。换句话说，这种形态出现之后，股票走势往往就会由升转跌，由牛转熊，出现一轮较大的跌势。因此，投资者看到这种图形后，应及时做出卖出的决定。

了解了顶部岛形反转形成的机理与其技术意义后，我们再来看当时上证指数出现顶部岛形反转后具体应该怎么操作，心里就有底

【注】 关于"顶部岛形反转"图形的特征、技术含义与相关实例，详见《股市操练大全》第一册（修订版）第268~269页、第七册第216~227页。

了。其实操作起来也很简单——坚决卖出，清空离场。这里要注意的是，不要拖，要抓紧时间卖出，卖得越晚，损失就会越大（见图161）。

瞧！上海股市当年在3000点附近出现了顶部岛形反转图形后，指数就像断了线的风筝一路向下，最后跌至1664点才见底，当初见到顶部岛形反转却未及时出逃者，损失十分惨重。

4272点

缺口

顶部岛形反转

1664点

图161　上证指数2008年3月12日~2008年11月17日的日K线走势

股市操作经验漫谈之二十一

　　股市中一些关键图形对股市未来走势会产生重大影响，投资者必须高度重视。比如，顶部岛型反转的图形就是一个关键图形，如果你对它不了解或不重视就会栽大跟头。类似这样的事件带来的深刻教训，一定要铭记在心，如此才能有效的预防股市中一些不测风险。

解答

1. 这是2007年上半年上证指数的日K线走势图。

2. 这是一根89日均线。高手为什么要用89日均线，并按照89日均线进行操作呢？其中有两个原因。第一，因为89是一个神秘数字（关于什么是神秘数字，详见《股市操练大全》第四册第299页末有关内容），在自然界与人类社会中，与"89"有某种神秘联系的事情很多，股市也不例外。第二，在牛市中出现调整很正常，虽然有时调整的幅度很大，但只要调整的性质是洗盘，主力将股指打到89日均线附近就会收手。一般来说，主力是不会让股指击穿89日均线的，因为这轮牛市是依托89日均线上涨的。

经高手这样解释，我们明白了当初大盘狂跌时，高手为什么在指数下跌接近89日均线时敢于大胆抄底买进了。高手说，之后不久，大盘指数再次下跌到89日均线附近，他又一次出手买进（见图162）。事后证明，高手两次买进都买对了。

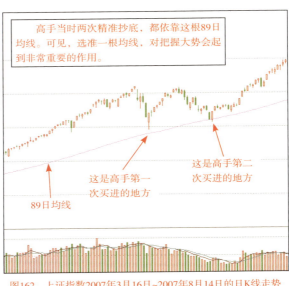

图162　上证指数2007年3月16日~2007年8月14日的日K线走势

369

有人问高手，是怎么想到用 89 日均线来锁定风险的？是不是因为偶尔因素所致。高手摇摇头，他告诉大家，用 89 日均线来研判大盘，锁定市场风险、寻找市场投资机会，是他长期观察大盘得出来的结论，并非一时心血来潮。为了证实这个说法，高手拿出一张图给我们看（见图 163）。高手说，他经过长期观察后发现，很长时间以来，89 日均线成了市场运转的指挥棒，各路资金都在跟着这根指挥棒转。在股市进入熊市、大盘下行时，股指被 89 日均线压着往下走，每次反弹触及 89 日均线就会掉头下行；反之，在股市进入牛市，大盘上行时，股指又被 89 日均线托着往上走，每次震荡调整，只要触及 89 日均线就会止跌回升。当有一天股指掉头下行，击穿 89 日均线，特别是 89 日均线再次弯头向下，压着股指往下走时，牛市行情也就结束了。高手的这个结论非常重要，实际上这也是高手对自己这几年操作经验的一个总结。高手的经验告诉我们一个道理，研判大势要抓住关键均线，找到适合当时市场的关键均线，用它来锁定大势，这是一个既简单又很有成效的方法。谁懂得这个道理并在实践中正确运用它，谁就能成为股市赢家。

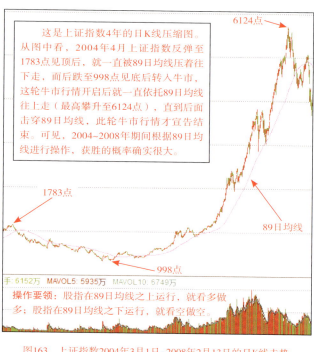

这是上证指数 4 年的日 K 线压缩图。从图中看，2004 年 4 月上证指数反弹至 1783 点见顶后，就一直被 89 日均线压着往下走，而后跌至 998 点见底后转入牛市，这轮牛市行情开启后就一直依托 89 日均线往上走（最高攀升至 6124 点），直到后面击穿 89 日均线，此轮牛市行情才宣告结束。可见，2004~2008 年期间根据 89 日均线进行操作，获胜的概率确实很大。

6124点

1783点

998点

89日均线

手: 6152万　MAVOL5: 5935万　MAVOL10: 6749万

操作要领：股指在 89 日均线之上运行，就看多做多；股指在 89 日均线之下运行，就看空做空。

图163　上证指数2004年3月1日~2008年2月13日的日K线走势

思考题参考答案

1. 这是1998年上半年上证指数的日K线走势图。

2. 高手判断在图中画箭头处买入，上涨概率为90%，后来的事实证明，高手的判断完全正确。那么，高手当时是怎么做出这个判断的？我们分析主要有以下几个理由：

（1）从图中看，箭头A所指处附近出现了3个看涨信号（见图164）。一是箭头A所指处的下方是一根低位大阳线，低位大阳线是一个看涨信号；二是低位大阳线上方有一个缺口，性质属于向上突破缺口，这也是一个看涨信号；三是在箭头A所指的地方，大盘已拉出了两根阳线，下面的成交量也出现了显著放大现象，价升量增，自然又多了一个看涨的理由。

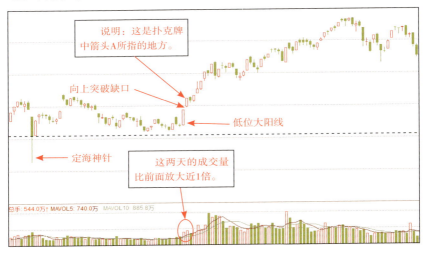

图164　上证指数1998年上半年的日K线走势

（2）前面已经出现了一根名为定海神针的K线（见图164中左边的第7根K线），当时大盘下跌的低位已经探明。虽然这根K线收出的是一根大阴线，但它的下影线特别长，像是一根长长的钢针扎在海里。如果我们沿着这根长下影线的上端画一条水平线就会发现，之后大盘指数再也没有跌到该水平线的下方，这说明这根长下影线确实发挥了定海神针的作用，当时大盘的底部已被锁定。

（3）若在图中加上5日、10日、30日均线就会发现，箭头A所指的这根低位大阳线实际上是一个"蛟龙出海"[注]的图形（因为它上来时，一下子就把5日、10日、30日均线踩在脚下）。蛟龙出海是一个强烈的做多信号。而且在箭头A所指处，当天的向上跳空缺口与左边的向下跳空缺口，组成了一个底部岛形反转图形。这又是一个重要的看涨信号。

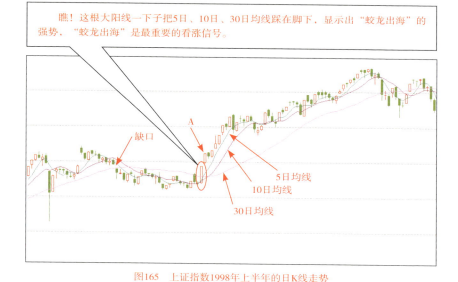

瞧！这根大阳线一下子把5日、10日、30日均线踩在脚下，显示出"蛟龙出海"的强势，"蛟龙出海"是最重要的看涨信号。

缺口

A

5日均线

10日均线

30日均线

图165　上证指数1998年上半年的日K线走势

【注】　关于"蛟龙出海"的特征、技术意义与相关实例，详见《股市操练大全》第二册第94~97页。

1. 这是2003年下半年上证指数的日K线走势图。

2. 有经验的投资者知道,买卖股票要看均线排列,因为均线排列能明确告诉大家股市当时处于什么环境之中。如果均线处于空头排列之中,就不能看多做多,只能看空做空;反之,如果均线处于多头排列之中,就能看多做多,而不适宜看空做空。**可以说,用均线排列方式来判断行情趋势是一种简单易行且准确率较高的投资方法。** 那么,什么是均线多头排列?什么是均线空头排列?这里简单地向大家进行介绍。

(1)均线多头排列。 均线多头排列是指短期移动平均线(简称短期均线)在上、中期移动平均线(简称中期均线)居中、长期移动平均线(简称长期均线)在下,几根均线同时向上移动的一种排列方式(见图166)。一般来说,无论是大盘还是个股,均线出现多头排列表明多头(买盘)力量较强,做多主力正在控制局势,这是

移动平均线多头排列示意图

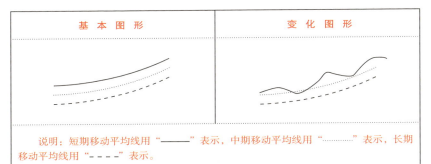

图166

一种比较典型的做多信号，投资者见此图形应以持股为主。

（2）均线空头排列。在股市里，人们把几根移动平均线同时以圆弧状向下滑落，且长期移动平均线在上方、中期移动平均线在中间、短期移动平均线在下方的这种排列方式，称为移动平均线空头排列，简称均线空头排列（见图167）。一般来说，当大盘或个股均线出现空头排列时，即意味着大盘或个股进入了空头市场，这时大盘或个股整体呈现弱势。尤其是大盘或个股有了一段涨幅后，均线出现空头排列，表明大盘通常会有一轮较大的跌势。

移动平均线空头排列示意图

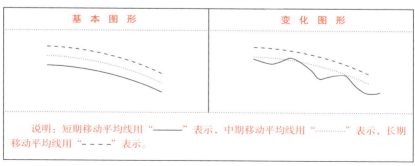

基 本 图 形	变 化 图 形

说明：短期移动平均线用"————"表示，中期移动平均线用"…………"表示，长期移动平均线用"－－－－"表示。

图167

374

股市操作经验漫谈之二十三

常言道："君子不立危墙之下。"因为危墙随时会倒下，把站在墙下面的人压伤、压垮。股市中有没有危墙呢？当然有，均线空头排列就是一面危墙。很多投资者，特别是一些新股民，买股票只看股价高低，却不问均线如何排列，在大盘或个股均线出现空头排列之后，还不顾一切地冲进去，这样的结局就可想而知了。所以，投资者买股票要"先看墙，后问价"，等看清楚这面墙是不是危墙，再选择一个恰当的价位买进，这样操作起来，虽不能说一定会大赢，但至少不会成为股市中屡买屡套的输家。

在了解了均线多头排列与空头排列的知识后，我们只要在图中添上5日、10日、30日三根均线，就可以看清楚2003年下半年的上证指数走势，就会明白当时市场处于什么局势，投资者就可以根据均线排列状况，来分析市场并制定好买卖策略。其实，这个答案不用我们去揭晓，大家只要懂得这方面的知识，也能对当时的市场做出正确的判断，在操作时踏准市场涨跌节拍，不犯方向性错误（见图168）。

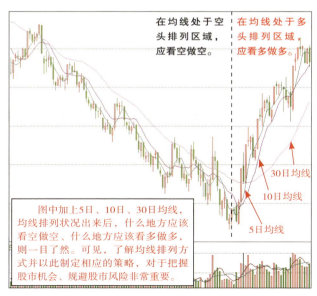

在均线处于空头排列区域，应看空做空。

在均线处于多头排列区域，应看多做多。

30日均线
10日均线
5日均线

图中加上5日、10日、30日均线，均线排列状况出来后，什么地方应该看空做空、什么地方应该看多做多，则一目了然。可见，了解均线排列方式并以此制定相应的策略，对于把握股市机会、规避股市风险非常重要。

图168 上证指数2003年下半年的日K线走势

编后札记

因为受扑克牌张数的限制，《股市操练大全》悬念扑克牌谜底解析，只能暂时截至到2015年上半年。尔后，中国股市所发生的事情，以及上证指数走势图的变化，就留给投资者自己观察、分析了。

虽然，股市悬念扑克牌不能对至今为止的上证指数日K线图变化做到全覆盖，多少让人感到有点遗憾。但是，这并不妨碍股市悬念扑克的实际使用价值。因为，有一点是肯定的，股市历史在不断重演。当今股市中所发生的事情，在以往的历史上都能找到它的影子。投资者只要把当下股市中出现的现象，与历史上有类似的现象联系起来，进行互相对照，就可以知道下一步股市会朝什么方向发展，投资者应该怎么操作了。

这里给大家讲一个故事。

股民小张像很多人一样，看好2021年春节后的行情，因为他认为在2020年中国经济与新冠疫情防控，在全世界都是做得最出色的。故而，2021年春节后理应有一波上涨行情。但没想到的是，春节过后的第一个交易日，股市就来一个"开门黑"，上证指数、创业板指数都出现了大跌。

这时，有好几位股评家出来说，2021年春节后的第一天下跌，属于上升途中的正常回调，是市场主力在洗盘。因为春节前涨得太猛，跟进的人太多。所以主力故意砸一根阴棒，把跟风的人吓出去，这样今后股市继续拉升也好轻松一点。因此现在股市出现下跌，大家不用太紧张，可以继续放心持股观望。有的股评家还建议大家，可趁股市回调时多买一些股票，不要踏空后面的行情。见股评家这样说，很多人就继续看多做多了。

但股民小张回去苦思良久后，第二天一早就将手中的股票都卖了。当时大家笑他，这次小张被股市回调砸晕了，心里害怕了，所以才会不顾一切地割肉离场，把原来看好的核心蓝筹与创业板股票都卖了。他周围的股友都认为，小张这次肯定要踏空后面的上涨行情了，让人感到挺可惜的。

但之后的股市走势，并非如众人所想，股市回调一下再继续上涨，而是越跌越凶，不是股灾却胜似股灾。短短几天，大盘指数就跌了几百点，很多个股都遭到了腰斩。当时一些听股评家建议，继续持股看多，或趁回调买进的股民，损失惨重。这时，大家才想到了小张，羡慕小张这次行动果断，在次高位及时卖出逃过了一劫。

有人向小张请教。问小张，为什么他原来也是看好春节后的行情，但见到春节过后第一天下跌，第二天一早就赶紧把股票都卖了呢，是不是得到了什么内部消息，或者后面有什么高人在指点？

小张笑笑说，我一介布衣，普通散户，哪有什么内部消息或高人指点。如果说有，就是我手里的股市悬念扑克牌了。小张接着说，股市运行是有规律的，其中，一个重要规律是：在历史上发生过的事情，过一段时间就会再次重复出现。所以投资者碰到一些重大事件、关键问题，就要查一查历史上是否出现过类似的情况，当时大盘指数是怎么走的。查清楚，一对照，心里就有底了。

小张还说，**做股票不能光听股评家的，因为股评家不会对你投资负责，能负责的只能是你自己。**自己要学会独立思考，与时俱进，错了就要马上改正，千万不要再听股评家忽悠，一错再错。

小张告诉大家，春节后第一天股市出现"开门黑"，他也没有想到。回来后，他把股市悬念扑克牌仔细翻了一遍，找到了相似的图形，并对照了股市悬念扑克谜底解析中的答案。对照后让他大吃一惊，感到股市真的危险了。危险在什么地方呢？说着，小张就给我们看了几张走势图（见图169~图171）。

股市悬念扑克"黑桃4"局部放大图

图169

股市悬念扑克"黑桃6"局部放大图

图170

股市悬念扑克"梅花2"局部放大图

图171

2021年春节后第一天交易结束时的上证指数走势图

小张说，这3张图都是在历史上出现过的图形（注：摘录的图形都是股市悬念扑克牌中的局部放大图形）。然后我们再来看2021年春节后第一天交易结束时，上证指数与创业板指数的走势图（见图172、图173）。

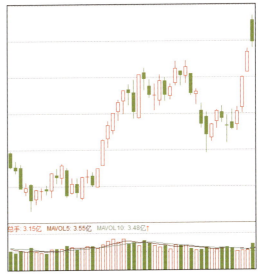

图172

2021年春节过后第一天交易结束时的创业板指数走势图

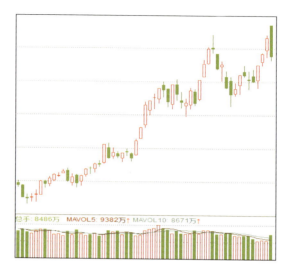

总手: 8486万 MAVOL5: 9382万↑ MAVOL10: 8671万↑

图173

小张说，我把现在的上证指数与创业板指数的走势图与上面的3张图一对照，发现两者十分相似。比如，2021年春节后上证指数的第一天走势重复了图169中的走势。它们最后1根K线都是大幅高开后往下走的，这根阴线与前面1根阳线结合在一起，形成了"淡友反攻"的K线图形。K线理论告诉我们，股市大涨后，高位出现"淡友反攻"，往往意味着大跌开始了，而且一跌就会跌得很厉害（见图174）。

又比如，2021年春节后创业

这是1995年5月的上证指数走势图，从图中看，当时大盘在快速冲高时，出现了"淡友反攻"的K线组合图形，接着形势立刻发生了逆转，暴涨转为暴跌，看多者、追高者统统被"一网打尽"。

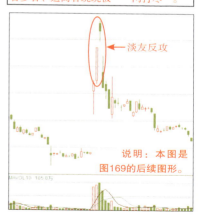

淡友反攻

说明：本图是图169的后续图形。

图174

板指数第一天交易结束时的走势与图170、图171中的走势，从技术上同属一种类型。最后1根K线是长阴线，这根长阴线把前面的阳线覆盖掉了。这种形式的K线组合，称之为"穿头破脚"。穿头破脚是杀伤力很强的见顶K线形态。若股市大涨后高位出现穿头破脚，那么，后面股市出现大跌就很难避免（见图175、图176）。

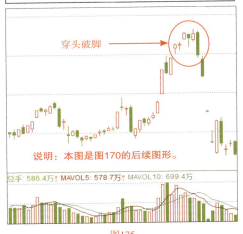

这是1996年12月的上证指数走势图，从图中看，在高位出现"穿头破脚"K线图形后，大盘即刻就出现了大跌。

穿头破脚

说明：本图是图170的后续图形。

总手: 586.4万↑ MAVOL5: 578.7万↑ MAVOL10: 699.4万

图175

这是2000年8月的上证指数走势图。从图中看，大盘在连续上涨后出现了穿头破脚，虽然没有马上出现大跌，但在稍微抵抗了一下后，最后仍然没有逃过一轮暴跌。

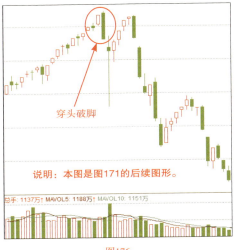

穿头破脚

说明：本图是图171的后续图形。

总手: 1137万↑ MAVOL5: 1188万↑ MAVOL10: 1151万

图176

小张说，经过现实与历史的对照，我发现自己原来对春节后会出现一波上涨行情的判断是错的。主力是很狡猾的，他们就利用我们大多数散户对春节后的行情看多做多的情绪，发动突然袭击，在高位大量出货，逃之夭夭。春节后第一天，上证指数、创业板指数都出现了"开门黑"，这就是一个强烈的看空做空信号。此时如果再不醒悟，继续看多做多，那肯定要吃大亏。所以，我在第二天一早就把手中的股票都卖了。

小张继续说，在我卖出后，股市继续大跌，上证指数、创业板指数都被空方砸得鼻青脸肿，看多做多的投资者可谓损失惨重（见图177、图178）。我在这次下跌行情中，做到在次高位卖出，只是把去年的赢利抹去一小部分。我很感谢《股市操练大全》创作团队，给了我股市悬念扑克这个炒股利器，让

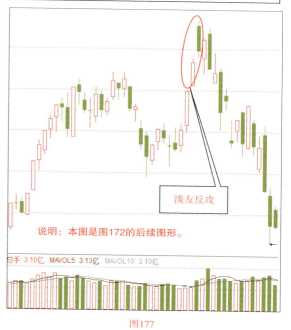

历史在不断地重演。上证指数在2021年春节后第一天交易结束时出现的"淡友反攻"K线组合，也充分展示了它对大盘的疯狂打压作用。它的出现，使大盘指数在后面出现了连续暴跌的走势。

淡友反攻

说明：本图是图172的后续图形。

总手: 3.10亿 MAVOL5: 3.13亿 MAVOL10: 3.10亿

图177

我逃过了2021年春节后这轮暴跌。我感到自己还是很幸运的。

小张接着说：事实告诉我们，做股票不能凭主观想象，也不能听别人的，尤其是股评家的忽悠，而最终要靠自己的分析判断，只要坚持用历史比较现实、用历史对照现实，就不会犯大错，就能找到一个正确的方向。因为历史会告诉你真相。"以史为鉴，可以知兴替"。不忘股市历史，牢记股市历史的经验与教训，就能成为股市中的一个佼佼者。

小张的故事讲完了。从小张的故事中，我们会充分认识、了解股市悬念扑克的重要作用。凡是重视它，充分利用它来指导当下炒股行为的投资者，都能体验到它确实会对投资者炒股带来很大的帮

助。

　　历史有惊人的相似之处。创业板指数在2021年春节后第一天交易结束时出现了"穿头破脚"K线组合。随即，创业板马上就见顶了。之后，一轮对多方绞杀的行动开始了，指数一路狂泻，留在里面的投资者或没有及时卖出的投资者损失十分惨重。

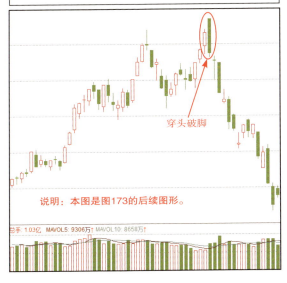

穿头破脚

说明：本图是图173的后续图形。

图178

　　其实，股市悬念扑克的妙用还有很多。无论是判断股市的顶还是底，也无论是做空还是做多，是选时还是选股，只要熟悉、了解股市历史，都有大量实例可参考。投资者在炒股时可以将现实与历史进行互相对照，这样就能大大提高股市操作的胜算率、成功率。

　　最后，我们把搜集到的一些非常有实用价值的炒股"金言"，奉献给大家，供投资者在股市操作中参考。

　　股市历史在不断重演。

　　学好股市历史是投资者走向成熟的必由之路。

　　玩转股市悬念扑克，下一个股市大赢家就是你。

　　我们衷心希望《股市操练大全》读者能铭记这些金言，并付诸行动，争取早日在股市中实现财富自由的梦想。

上海三联书店《股市操练大全》一天一练短视频新品发布会（问题解答摘要）

（1）问：该新品与普通图书有什么不同？

答：普通图书向读者提供的是纸质文字阅读内容，该新品除了以图书形式提供炒股知识的阅读内容外，还以短视频的形式提供了大量模拟股市实战场景的练习内容。也就是说，该新品除了保持以往的图书形式外，还增加了不少可观看的小视频。

（2）问：推出该新品的意义是什么？

答：有两个意义。

意义一：该新品将"静态的文字阅读"与"动态的短视频体验"相结合，能进一步激发、提高读者的读书兴趣。

意义二：针对当前股市培训中存在的学费贵、没有时间学、学习效果不佳的难题，该新品通过"廉价、简约、增效"的方式，来努力克服股市培训中的难题，为股市培训的良性发展探索出一条新路子。

（3）问：该新品既然是在探索股市培训的新路子，那么它与当下市场上的股市培训班的教学有什么不同？

答：第一个不同是，两者服务对象完全不一样。线下股市培训班是为少数人服务的，而《股市操练大全》的新品是为大多数人服务的。据了解，目前市场上的一些线下股市培训班动辄学费就要数万元。学费如此昂贵，绝大多数中小散户是学不起的。而上海三联书店推出的《股市操练大全》新品，除了正常的书价（仅88元）外，全部一天一练短视频的股市培训是完全免费的。读者购买了新书后，就可以扫书中的二维码，免费观看近百个一天一练短视频股市培训教学片。正因为上海三联书店推出的新品超廉价，才能让千千万万的普通投资者都有资格走进股市培训大门，系统地、有针对性地学习一些股市知识与炒股技巧。

第二个不同是，两者教学方法不一样。现在市场上的股市培训班所采用的教学方式是，以老师讲授为主，没有练习，或很少有练习。而《股市操练大全》一天一练短视频的股市培训，采用的教学方法是以学员的练习为主。以练促学，"练"字贯穿整个教学过程——悬念不断、思考不断、练习不断。通过模拟股市实战场景的各种练习，找到投资者操作中的盲点、弱点，以此弥补相关的股市知识，提升投资者的实战操作能力。

第三个不同是，两者学习时间、场所，安排上不一样。参加线下股市培训班，学习时间、场所都是固定的，如人不到场，或者开课时，无法准时出席，培训就无法进行下去。但参加《股市操练大全》一天一练短视频股市培训，不受场所、学习时间所限制，只要有一部手机，任何人，在任何场所、任何时间都可以扫码观看，每天一练，每次几分钟时间，十分方便。

（4）问：有很多投资者反映，学习炒股知识常常会出现"学不进、记不住、用不上"的现象，这个问题你们是如何解决的？

答：股市里很多知识晦涩难懂，一些初学者和新股民常常被其弄得晕头转向，所以很多人不想学，不愿学，即使有人学了一些股市知识，由于它与股市实践相脱节，这些知识、技巧也记不住，正确使用它更成了一种奢望。

其实，学习股市知识与学习其他知识有很大的区别。很多股市知识只有与股市实践活动相结合，才能正确认识它、理解它。比如头肩底、头肩顶，这是股市知识中两个极为重要的概念，如果不结合股市中的典型案例、典型图形加以比较、分析，光是从概念到概念的去讲解，听的时候稀里糊涂，似懂非懂，用的时候张冠李戴，不断出错。有鉴于此，《股市操练大全》一天一练短视频，坚持以练促学、以案促学、以史促学的思路，设计了大量股市实战题，让大家练习，通过股市实战模拟练习，加深对股市知识、概念的理解。真正理解了，就能触类旁通、举一反三，在日后的股市操作中发挥出它应有的作用。

很多看过《股市操练大全》一天一练短视频的股民说，参加一天一练短视频股市培训，感觉就是不一样。以前他们也参加过一些线下或线上的股市培训班，但都是光讲不练，犹如纸上谈兵，一到股市实战现场就犯糊涂了，往往分不清南北，根本不知道所学的股市知识怎么使用才好。现在一天一练短视频培训，练字当头，以练促学，不仅题目接地气，悬念十足，吸人眼球，让人想学、愿学，而且是边练边学，将股市知识与股市实战紧密结合在一起。因为是练习，觅得的答案是经过反复思考琢磨所获，所以印象深刻，记得住，用得上。真正到股市实战现场就不会犯糊涂，所学所练的股市知识、炒股技巧就能派上用场，对投资者炒股带来很大帮助。

（5）问：你们对这个新产品很自信，认为自己这样做是让利给读者、股民，别人很难做到。所以不怕与别人竞争，是这样吗？

答：是的。我们对这个新产品很自信。不说别的，就产品的制作成本来说，我们能做的，别人不一定能做到。我们这个新产品的制作成本包括两大块，图书制作成本与短视频制作成本。其中近百个短视频制作成本远远大于图书的制作成本。图书制作成本中包括图书印刷、作者版税，以及图书编辑、排版、加工等费用，最后确定图书定价是多少，而近百个短视频制作，除了作者版税外，七七八八其他的制作费用就更多。所以我们看到线上举办股市培训，有的仅十几讲短视频，观看它就要付费几百元、甚至几千元。如果按照制作成本计算，那么我们这个新产品近百个短视频，观看它要付费多少呢？有人说，按照正常的估价，至少要三四千元。但这个费用我们对外一分钱不收，完全由我们自己来承担。现在我们收取的只是图书的制作成本这个小头，该书有400多页，用的是高档纸彩印，定价88元，并不比其他图书定价高。而我们放弃的大头是近百个短视频的制作费用，也就是说，我们直接以零费用让利给普通读者了。我们这样让利的结果是，普通股民、读者参与一天一练短视频股市培训就不用担心学费贵的问题了，只要你想学，人人都能学得起。

当然，我们这样做也是有原因的，《股市操练大全》现已重印400多次，卖出了350多万册，销量在全国遥遥领先。读者如此关注、支持《股市操练大全》，难道我们不应该答谢他们吗？推出这个新产品，也是我们答谢广大读者所表达的一个心意。另外，更重要的是，作为一家知名的出版社，更注重它的社会形象、社会价值。我们将书中一天一练短视频的教学片，免费赠送给读者，也是我们对我国资本市场的建设所做出的一点贡献，承担了我们应该承担的社会责任。所以我们不惧市场竞争，如果真的有其他出版社、短视频制作机构跟上，推出一些价格低廉甚至不收费的短视频股市培训，真正让利给广大投资者，促进股市培训市场的健康发展，我们举双手鼓掌欢迎！

《股市操练大全》丛书特色简介

编者按：有人问：《股市操练大全》是如何成为畅销书的，它究竟有哪些特色？为什么它会受到广大读者的青睐？关于这个问题，《股市操练大全》第一册修订版序言作了详细解译，现将全文摘录于下，以飨读者。

附：《股市操练大全》第一册修订版序言

《股市操练大全》丛书是上海三联书店出版的重点品牌书。《股市操练大全》条理清晰、重点突出，分析问题深入浅出，易学易记，与同类书相比，有其独到之处。该书自问世以来（截至 2019 年 12 月），创下了骄人的成绩，单册重印总数达 422 次，总计 355 万册，市场销量遥遥领先（注：据了解，在证券图书市场，一本股票书能重印几次，印上几万册的已很少，总印数在 5 万册以上的则寥寥无几）。《股市操练大全》丛书出版已近 20 年，在这 20 年期间，它在图书市场上创造了诸多奇迹。

奇迹一：初出茅庐，一鸣惊人。众所周知，图书市场竞争十分激烈，这在证券图书销售上表现尤为突出。《股市操练大全》第一册、第二册问世时，市场上的股票书已多如牛毛，全国几百家出版社都在争抢出版股票书，几乎每天都有股票书面世。当时很多股票书的作者都大有来头，如券商老总、基金公司经理、财经节目主持人、股评家、经济学教授等等都不甘寂寞，纷纷撰写股票书，向投资者传道授业。但是因为市场容量有限，一个书店柜面上放不下多少股票书（当时主要还是书店销售，电商销售尚不成气候），大部分股票书面世后都很难在市场上站住脚，有的股票书出版后根本进不了大书店，有的即使进了大书店，但上架后销售情况不佳，马上就会被下架，打入冷宫。不过，令人意想不到的是，一家并非是专业从事证券图书出版的上海三联书店，却一鸣惊人，在其推出《股市操练大全》后，竟能在市场上一路领跑，把原本一些在市场上比较热销的股票书都挤到了台下，使它成为当时最畅销的股票书。《新民晚报》2002年2月26日以"《股市操练大全》去年销量全国第一"为题，报道了一个消息："在全国2001年证券图书销量排行榜中，《股市操练大全》第二册获得第一名，《股市操练大全》第一册获得第二名"。据了解，当时参加评比的出版社有数百家、涉及的证券图书有数千种，《股市操练大全》初出茅庐，竟包揽了2001年证券图书销售的冠亚军，确实让众人啧啧称奇。

　　奇迹二：反响热烈，好评如潮。一本图书出版后能得到读者普遍好评是很难的，如果这样的好评不是短期的，而是一种长期的现象，这就更难了。如果再进一步，这种好评不是被读者简单地说一声好而已，而是因为该书真正打动了读书人的心灵，从而使读者用发自肺腑的声音，用包含深情的语言，用激昂高亢、振聋发聩、甚至是很夸张的文字来赞美一本书，那就更是难上加难了。现在这样的事情竟然发生在一本普通的股票书——《股市操练大全》上，这在市场上极为罕见。

　　下面我们摘录一些读者阅读《股市操练大全》后的信息反馈，看看读者是如何评价它的。

　　1）"《股市操练大全》内容翔实、丰富、通俗易懂，是一本不可多得的股票操作实用工具书。""我如获至宝，极为珍爱。"

2）"读《股市操练大全》犹如进了重点中学，有了高级教师的面对面指导，股市操作水平顿觉进步明显。"

3）"我买了股市方面的书籍近百本。有比较才有鉴别。《股市操练大全》内容丰富详实，没有空虚浮华的花架子。该书完全是根据读者的需要编写的，是国内罕见的质量上乘的精品股票书。可以说，《股市操练大全》是我见到的最好、最实用的一本炒股书籍，可惜我买到它的时候已晚了。"

4）"我是一个新股民，以前在股市里四处碰壁。直到看了《股市操练大全》后才有改变，买卖顺手了，操作水平有了很大提高。""我对《股市操练大全》爱不释手，它就像是股海中一座长明的灯塔，为广大股民指明了走向成功的航线。"

5）"这几个月时间，我一直在认真阅读《股市操练大全》。《股市操练大全》是我入市几年以来，我所看过的有关股市的最好的书籍，我相信它也是中国最出色的股票书籍。我惋惜自己没有早点接触到这套书，不然就会在股市中少走几年的弯路。""我对《股市操练大全》作者佩服得五体投地。"

6）"今年初，我购得《股市操练大全》这套书，认真阅读后受益匪浅，我自己感到，就像唐僧西天取经一样，这次确实取到真经了。可以毫不夸张地说，《股市操练大全》的编辑出版，是我国千万股民的福音，是发展我国股市的精神食粮。"

7）"我是《股市操练大全》的忠实读者，这套书写得太好了。《股市操练大全》的面世是我们中小投资者的福音，把所有的赞美之词用在它身上都不为过。"

8）"我是一位老股民，回忆起这几年在股市中的摸爬滚打真是悲哀、沮丧、悔恨交加。自从阅读了《股市操练大全》丛书后，如同沙漠中遇到了绿洲，航海中看到了灯塔一样，心中豁然开朗，感激之情难以用汉语表达——Thank you very much！"（英语：非常感

激）

9）"上海三联书店出版社编辑先生，首先衷心地感谢你们呕心沥血为广大股民编辑出《股市操练大全》这样一套实用书籍。应该说，这套书对我个人而言，其价值在一套商品房之上。"

10）"《股市操练大全》从股市运行规律入手，总结经验，剖析失败，讲解投资大道，传授正确的投资理念，创意新颖而实用，是空前绝后之作。"

11）"《股市操练大全》可谓盖世之作。买点、卖点，上升趋势、下降趋势，介绍的既全面又清楚，易学易懂。我把其它所有股票书都封了，只留《股市操练大全》在身边。"

12）"《股市操练大全》是一套好书，内容极其丰富，既系统又实用。可以说它剖析了股市中方方面面的疑难问题，是其它股票书无可比拟的。去年我跑了几个新华书店，前后 3 次才买齐这套书。之后，我奋力攻读，真是越读越感兴趣，越读越眼明心亮。"

13）"我怀着无比感激和喜悦的心情给你们写这封信。感激作者能写出这样一套难得的好书；喜悦的是看完此书后，让我在股市投资中受益匪浅。之所以说《股市操练大全》是一本难得的好书，是因为它的内容翔实，通俗易懂，图文并茂，意义深远。尤其此书以习题的形式，有问必答，实实在在帮助广大股民指点迷津、把握方向、理顺思路，既掌握了基础知识，又提高了股市操作技巧，实为一本难得的上品佳作。"

14）"《股市操练大全》堪称经典，精炼又高度集中，令人拍案叫绝，读后有种茅塞顿开之感。""尽管本人在报社编辑部工作，但觉得此书的编写方式无可挑剔。"

15）"特别好！不是一般的好！本人研究股市 5 年多了，深感《股市操练大全》读得进去，百看不厌，非常实用。它已成为我天天读的书了。"

16）"《股市操练大全》是一套难得的好书。《股市操练大全》的每册书我至少读了 5 遍并做了笔记。如饥似渴，心情难以言表，它已成为我天天必读的精神食粮。如果没有这套书，我将退出股市。"

17）"《股市操练大全》让我越看越上瘾。许多操作中的失误、认识上的偏差，许多百思不解的疑难问题，《股市操练大全》都指点了迷津，作了详细解答。该书始终放在我的枕头旁和办公桌上，那怕出差、开会也带在身边，一有闲时便随手翻阅，现在《股市操练大全》已成为我不能离开的良师益友。"

18）"我是一名法律工作者，业余时间喜欢研究股市。《股市操练大全》每册书我必看，而且每册书至少看 3～5 遍，真的是受益匪浅。我对《股市操练大全》的评价是'严谨、认真、负责'。通过对《股市操练大全》系统学习，我觉得所有股市中的重要内容，该系列书籍都涉猎到了，而且深入浅出地讲得很明了。现在通过对它深入研读，我已基本上建立了自己的股市理论与操作体系，真的要好好谢谢作者。"

19）"我与家人以万分感谢的心情说，如果不是看到《股市操练大全》这本书绝对不能扭亏为盈（注：本人曾亏损 45%），《股市操练大全》是我们股民心中的航灯，是我们中小股民的救命大恩人。"

20）"我在股市中输得很厉害，真是没有勇气活下去了。读了《股市操练大全》后，感动万分。本来自己已经在股海中快被淹没了，现在找到了一盏指路明灯，看到了曙光。《股市操练大全》对我帮助很大，受益匪浅，大有相见恨晚之感！"

21）"《股市操练大全》就像一个救身圈，救起了一个快要沉到股海海底人的生命；《股市操练大全》就像一座灯塔，告诉我前面什么地方有激流险滩；《股市操练大全》就像一个指南针，指引我在股海里正确的前进方向！《股市操练大全》是我们散户真正的良师益友！"

22）"证券类的图书我看过不少，感觉就像吃了一锅大杂烩。这些书内容重复矛盾，让我无所适从。但《股市操练大全》不落俗套，通俗易懂清晰实用，结束了我的迷茫与疑惑。""《股市操练大全》是我所见过的同类书籍中最权威、最系统、最实用、最易记易学的宝书。我衷心感谢《股市操练大全》所有的编写人员。"

……

以上对《股市操练大全》的评价，只是读者信息反馈中的极小一部分（注：读者信息反馈的原件已保留存档）。若不是亲眼所见这些信息反馈，是很难相信读者会用如此饱含深情、振聋发聩的语言、文字，来评价《股市操练大全》的。但这些都是铁的事实，是无法更改的。

奇迹三：穿越牛熊，长销不衰。当下，若要在中国图书市场里找出一本 10 年前出版未经修订仍在热销的图书，是一件很难的事，即使有也属于百里挑一了。这样的情况如果换成是股票书，那就更难了。因为股票书主要靠天吃饭，只要熊市来了，股票书就鲜有人问津，而中国股市是牛短熊长。通常，一轮牛市的时间不超过二年，而熊市的时间则很长，一轮熊市少则三四年，多则要六七年。正因为如此，市场上很难找到已出版 10 年以上，仍在热销的股票书。换言之，一本股票书能连续热销 10 年几乎是不可能的事。但上海三联书店出版的《股市操练大全》却是一个例外，它们挑战了这个不可能。据了解，至今（截止 2019 年末）《股市操练大全》第一册、第二册、第三册、第四册、第五册出版时间都超过了 10 年，并且都没有修订过，现仍在热销，最少的一本重印数达到 35 次，印数达到 32 万册。其中，《股市操练大全》第一册出版时间是 1999年 11 月，至今已有 20 年了，它年年都在重印，至今已重印了 94次，印数达到 88 万册，成了一本名副其实穿越牛熊，长销不衰的畅销书。这在全国股票书市场中是极为罕见的。

《股市操练大全》创造了这么多的奇迹，受到了广大读者的青睐，说明《股市操练大全》在图书市场上绝对是一部经典之作。如今，要对这样的经典之作进行修订，就是一个很棘手的问题。

　　据了解，就普通图书而言，为了扩大市场影响力与销售额，在修订时，一般都要动大手术，进行脱胎换骨，以利它用崭新的面貌重现市场，这样就能吸引广大读者的眼球，提高市场销售份额。但作为经典之作的图书修订，最不适宜的恰恰就是进行大手术的修订。因为历史证明，经典作品的魅力，从来不会因为时间的推移而减弱。经典作品在修订时，若进行大改动，效果往往适得其反，从畅销书沦落为滞销书的现象并不鲜见，在这方面已经有过很多经验教训的。那么，这次《股市操练大全》究竟应该怎样修订呢？大家众说纷纭，一时很难抉择。

　　其实，《股市操练大全》作为经典之作，它能得到广大读者的青睐，最主要的原因是它的编写方式新颖、内容通俗易懂、简明实用。《股市操练大全》的风格与图书市场上绝大多数的股票书都不一样，作者运用现代教学的理论，在编写该书时，紧扣市场，并将股市知识学习与股市实战训练紧密地结合在一起。全书以问题为导向，在向读者介绍股市知识与炒股技巧时，更加注重的是对投资者的投资观念和实战技能的训练与提升。书中设计了很多实战场景、题题相联、案中有案、悬念不断。**很多读者反映，平时阅读其它股票书，往往有一种枯燥乏味的感觉，而阅读《股市操练大全》就像阅读一本侦探小说，十分引人入胜。因为读者是带着问题学，学练结合，所以阅读后印象特别深刻，学习效果显著。正因为如此，《股市操练大全》在市场上才能独树一帜，受到广大读者的特别关注与厚爱。**

　　既然，《股市操练大全》已经是股市中的经典之作，该书的基本内容与编排格式都已得到了广大读者的认可，修订时就不能对它进行大手术。如果修订时擅自进行大改，很可能就会把该书的原有体系打破，或者是改得不伦不类，或者是将该书的特色给磨平了，这样就会直接影响到该书的声誉和读者对它的满意度，最后反而会被市场所唾弃，如此就得不偿失了。

在对《股市操练大全》怎样修订的讨论中，有人提出《股市操练大全》每册书中都有大量的实例，修订时应该用新的实例代替书中旧的实例，因为这些旧的实例时间太长了。经过充分讨论研究后，大家一致认为，《股市操练大全》被定性为是一本思想深刻、内容丰富、系统完整的炒股工具书，书中的实例，无论新旧都不应该随便进行更换。理由是：首先，作为工具书，就根本不用改案例，因为工具书中的例子只要能把问题说清楚就行，无所谓新旧。关键要看书中介绍的方法与案例对投资者是否有启示作用，它对股市操作是否有参考价值。现在《股市操练大全》作为工具书的实际效果已得到市场验证，很多投资者已通过深入学习与研究《股市操练大全》走上了赢家之路。因此，如将书中的案例以新换旧，实属多此一举，大可不必。其次，因为《股市操练大全》的作用不仅仅是在向读者介绍炒股技巧、炒股训练方法，它还起到向广大投资者普及中国股市发展历史知识的重任。普及股市历史知识，就要尊重历史，书中老的案例就是股市历史的见证人。若把老的案例改为新的案例，股市历史知识就无法解释了。这样修改对读者了解股市历史知识是很不利的，甚至是一个伤害。

否定了修订时对《股市操练大全》进行大手术的方案，出版方与作者达成了共识，对《股市操练大全》的修订，必须将该书的原有风格与特色予以充分保留（也就是说，对该书的原有编排格式、基本内容都保持不变），修订该书只是对该书中过时的观点、书中表述不清楚或文字运用欠妥的地方进行修改，最重要的是对书中不清晰的图形进行更换（注：过去图形制作技术相对落后，所以原书中当时截下的图形质量相对较差）。现在需要更换成更清晰的图形，这个工作量很大。

总之，这次对《股市操练大全》的修订没有进行大手术，只是作一些局部的改动，它不会对原书造成重大冲击，它可以最大限度地将原书的精华保留下来，并让新版《股市操练大全》更加清晰、耐看，让人赏心悦目。这对维护《股市操练大全》的整体形象和其在市场上的声誉，将起到非常积极的作用。当然，《股市操练大全》修订后最终的效果如何，这一切都要由广大读者来作出评判。我们期待读者的信息反馈与回应。

最后，我们在此衷心祝愿每一位阅读《股市操练大全》修订版的读者都能交上好运，早日实现在股市中致富的梦想！

《股市操练大全》修订委员会

2020 年 5 月 30 日

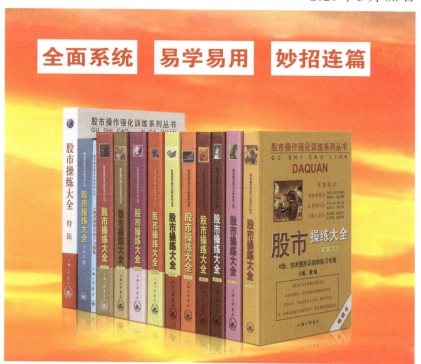

《股市操练大全》丛书各分册内容简介

　　《股市操练大全》丛书是上海三联书店出版的重点品牌书。它全面系统、易学易用，是国内图书市场中首次将股市基本面分析、技术面分析、心理面分析融为一体，并兼有学习、练习双重用途的炒股实战工具书。作为学习，它全面地、详尽地介绍了炒股的各种知识、实用技巧，以及防范风险的各种方法；作为练习，它从实战出发，设计了一套有针对性，并具有指导性、启发性的训练题，引导投资者走上赢家之路。

　　《股市操练大全》丛书是市场上少见的一套完整的用于炒股学习和训练的工具书。迄今为止，《股市操练大全》丛书一共出版了14本专辑，每本专辑都有一个主题。

　　下面，我们对《股市操练大全》丛书的各个品种作简要介绍。

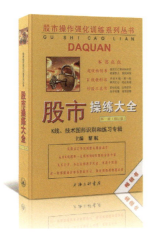

1.《股市操练大全》第一册 —— K线、技术图形的识别和练习专辑

　　【内容简介】本书对股市中最重要的K线形态与技术图形作了全面、简洁、清晰的解析。书中首先对K线与技术图形的起源、作用、图形类别作了介绍，然后将常见的73种K线与K线组合，以及常见的23种技术图形的特征、技术意义与操作策略，用表格形式呈现给读者，便于读者学习、查阅。本书在介绍K线与技术图

形的操作技巧时，采用了做练习题与正反形态对照的方式，结合案例，详细地解释了每一种 K 线形态与技术图形的技术意义、使用技巧，及其实用价值，这会给读者留下深刻印象。

此外，本书还设计了大量有关 K 线和技术图形识别与运用的综合练习，每章结束都安排了专项测验题，这对提高读者使用 K 线、技术图形技巧操作股票，将带来很大帮助。

2.《股市操练大全）第二册 —— 主要技术指标的识别和运用练习专辑

【内容简介】本书特点：一是把股市中常用的几十种技术指标压缩到几种，并将最有实用价值的指标，如移动平均线、趋势线列为一类指标，独树一帜地加以分类，用表格化呈现，并作了深入剖析和详细的论述。书中设计了大量有针对性的练习题和自考题，对读者作由浅入深的强化训练。二是针对主力利用技术分析制造骗线的行为，书中各章都增加了"难题分解练习"一节。读者通过该节学习和训练，就能识别和抵御主力反技术操作中的诱多或诱空行为，从而达到有效保护自己的目的。三是用股市操作经验漫谈形式，将心理分析、技术分析、基本分析融为一体。以此来加深读者对技术指标的要点和难点的理解，真正做到印象深、记得住、用得上，学有所获。

3.《股市操练大全》第三册 —— 寻找最佳投资机会与选股练习专辑

【内容简介】本书设计了大量场景式的对话，把原本枯燥无味的选股理论学习，变成了生动有趣的知识讨论。读者可以通过边学习、

边练习、边讨论的方式，来深入了解选股方面的知识与技巧。诸如，国家的经济政策、行业发展前景、上市公司的经营业绩，以及企业的成长性与选股究竟有什么内在联系等等。此外，书中还详细阐述了如何运用市场炒作题材、市场热点、股本结构、股东人数的变化等方面的选股要素，来寻找与把握市场的最佳投资机会，以及如何依据心理面、技术面、政策面、特殊板块等等来选股。

　　总之，本书是读者了解中国 A 股市场的选股知识与技巧的入门向导。读者通过该书的学习与练习，会真正知晓并掌握选股中的一些必备知识与技巧，这对做好股票与规避市场风险将起到很重要的作用。

4.《股市操练大全》第四册 —— 股市操作特别提醒专辑

　　【内容简介】本书针对投资者在股市操作中容易疏忽、容易出差错的问题，以及操作上的技术难点作了一次全方位、多层次、多角度的特别提醒。

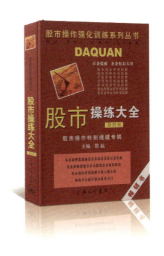

　　全书共分 10 章，总计 121 条"特别提醒"。内容包括：关于投资理念问题的特别提醒、关于投资策略问题的特别提醒、关于识底与抄底问题的特别提醒、关于识顶与逃顶问题的特别提醒、关于选股问题的特别提醒、关于避免炒股深套问题的特别提醒、关于股市战术技巧问题的特别提醒等等，几乎涵盖了股市操作的各个方面。

5.《股市操练大全》第五册 —— 股市操作疑难问题解答专辑

【内容简介】本书是一本专门针对投资者心中疑团进行释疑解惑的股票书。书中将股民在炒股中碰到的最棘手的问题，从理论和实践结合的高度上进行了详尽的解剖。全书共分上下两篇。上篇为技术篇，重点解答了K线、均线、趋势线等运用中的疑难问题；下篇为综合篇，重点解答了选股、识底炒底、识顶逃顶中的疑难问题。本书在选择和解答疑难问题时，坚持三个原则：①一般问题不选；②不能给读者启发、没有悬念的问题不选；③缺乏实战意义，缺少操作性的问题不选。

6.《股市操练大全》第六册 —— 技术分析、基本分析主要技巧运用实战强化训练专辑

【内容简介】本书根据当前股市实战要求，设计了100多道新颖、具有挑战性的题目，这些题目均来自股市实战第一线，实用性很强。全书分为上、下两篇。上篇为技术篇，下设五章：第一章，K线主要技巧运用实战强化训练；第二章，技术图形主要技巧运用实战强化训练；第三章，均线主要技巧综合运用实

战强化训练；第四章，其他技术、多项技术主要技巧运用实战强化训练；第五章，技术难点辨析技巧运用实战强化训练。下篇为综合篇，下设四章：第六章，大势分析主要技巧运用实战强化训练；第七章，

选股主要技巧运用实战强化训练；第八章，投资理念主要技巧运用实战强化训练；第九章，投资策略主要技巧运用实战强化训练。

7.《股市操练大全》第七册 —— 识顶逃顶特别训练专辑

【内容简介】本书是一本具有学习、训练双重用途的识顶、逃顶专著。全书分为上、中、下三篇。上篇为战术篇，主要介绍盘口技巧中各种识顶、逃顶的方法（比如，如何运用K线、均线、技术图形技巧进行识顶、逃顶）；中篇为战役篇，主要揭示主力（庄家）忽悠中小散户,诱多出货、震荡出货的各种手段与阴谋；下篇为战略篇，主要介绍一些股市高手运用基本分析、技术分析、心理分析成功识顶、逃顶的各种经验。应读者要求，本书还增加了"主力震荡出货与震荡洗盘的鉴别及应对策略"的内容（见本书附录），它从八个方面详细解析了两者之间的区别和投资者操作时应该注意的事项。

8.《股市操练大全》第八册 —— 图形识别技巧深度练习专辑

【内容简介】本书图形识别技巧深度练习不同于一般练习，它犹如对大案、要案的侦破。经验证明，经过对重点图形识别技巧的深度练习后，看盘能力与股市操作水平都会有显著提高。本书深度练习具有全新创意，其特点是：图形更典型，技巧性更强，训练方法更新颖，买点、卖点

及操作注意事项一目了然。全书由"大阳线、巨阳线图形识别技巧深度练习";"常见图形识别技巧深度练习";"大势分析图形识别技巧深度练习"三部分内容组成。书中所有典型案例、难题解析，都来自股市实战第一线，读者翻阅本书一定会有耳目一新之感。

9.《股市操练大全》第九册 —— 股市赢家自我测试总汇专辑

【内容简介】本书是一本全方位、高密度、大容量的股市实战强化训练题库。本书的出版，一方面是为了对《股市操练大全》一至八册中有关图形知识进行一次总复习，读者通过本书的全面复习——自我考核，可以消化、巩固前面的学习成果，为日后的成功打下扎实的基础；另一方面，本书也为投资者搭建了一个全面检测自身炒股水平的平台，投资者通过这个平台的检测，可以发现自己在看图识图、逃顶抄底、选时选股上究竟存在什么问题，今后该怎么努力。

本书在编排时采用了由浅入深、循序渐进的方式，从最基础的 K 线图形识别开始，一直延伸到高端的股市实战演练，对股市实战训练中的重点、难点图形几乎进行了全覆盖。全书分为上、中、下三个部分。上篇是 K 线与技术图形的基础知识自我测试；中篇是 K 线与技术图形一般实战技巧的自我测试；下篇是 K 线与技术图形实战难点解析的自我测试。

10.《股市操练大全》第十册 —— 捕捉黑马关键技巧特别训练专辑

【内容简介】捕捉黑马是股市中难度最高的一种实战技巧。与其

高收益相伴的是高风险，投资者如稍有闪失就会折戟沉沙。无数事实证明，当事人如事先缺乏严格的、有针对性的强化训练，在实战中就会处处受挫。为了普及捕捉黑马的知识与技巧，加强这方面的训练，作者精心编撰了这本贴近股市实战的捕捉黑马的特别训练专辑。全书分为上、中、下三篇。上篇为捕捉短线黑马关键技巧专题练习；中篇为捕捉中长线黑马关键技巧专题练习；下篇为捕捉黑马疑难问题解析专题练习。

本书在阐述捕捉黑马技巧时，摒弃了泛泛而谈的方式，只是对其中的关键技巧作深入剖析。比如，"双绳缚蛟龙"、"兜底擒马术"、"只差一点点"等是高手捕捉黑马的杀手锏，效果显著。本书对这样的技巧倾注全力，详细介绍了它们的特征、使用要点、注意事项，还列举了大量实例，力求给读者一个全面、科学的认识，真正做到知其然知其所以然。本书还介绍了"主力打压股价的心里底线"、"大阳线扎堆意味着什么"、"吉利数字背后隐藏什么秘密"等洞察主力（庄家）行踪的有效方法。这些核心技术将给投资者捕捉黑马时带来很大帮助。

11.《股市操练大全》特辑 —— 360°选股技巧深度练习

【内容简介】炒股什么最重要，选股最重要。选对股票，即使在熊市中也能赚钱，在牛市中能大赚；选错股票，即使在牛市，也会沦为"赚了指数贴了钱"的输家。

本书最大看点是：它通过《股市操练大

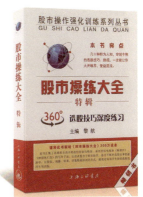

全》的强大社会影响力与人脉关系，收集到了国内外各路股市高手的选股绝招、选股秘诀，然后按照 A 股市场实战需要，经过严格筛选后，挑选出一批安全系数高、胜算率高的选股方法，并通过其最擅长的主题训练方法，将它们设计成一道道生动、形象，富有悬念的选股练习题，让读者通过这些饶有兴趣并能给自己带来深刻启发的训练，将这些顶尖、实用的选股方法印刻在自己的脑海中。

全书共分为上、中、下三篇与命题考核四大部分。上篇是技术面选股技巧深度练习；中篇是基本面选股技巧深度练习；下篇是市场面、心理面选股技巧深度练习。上、中、下三篇，每篇都有数个不为外界所知的选股独门秘笈向大家展示，读者可通过阅读与练习，分享到股市大师、股市高手的选股经验与独门秘笈带来的超额投资收益。

12.《股市操练大全》习题集①——熟读炒股七字经，圆你股市赢家梦专辑

【内容简介】全书分为四个单元：第一单元"熟读炒股七字经，圆你股市赢家梦"，将股市中的操作技巧，编成朗朗上口的顺口溜，读来令人印象深刻。第二单元"赢家操作示例"，汇集了沪深股市、美国股市、香港股市、国际汇市赢家操作的成功范例，读者阅读这些示例题后可以大大开拓自己的投资思路。第三单元"赢家操作实战强化训练系列练习"，设计了一百多个练习题，读者通过这些练习，可以体会到遵守"股市交通规则"是投资者趋利避险的根本保证。第四单元"股市游艺会"，能让读者在轻松、愉快的股市游戏中学到许多股市知识和操作技巧。

13.《股市操练大全》习题集② —— 完整版K线练兵试卷专辑

【内容简介】K线是股市中最重要的基础知识，也是股市中最实用的一种操作技巧。本书围绕K线设计了一套完整版K线练兵试卷，其中有形式各异的100多道测验题，它包括K线概念方面的测验练习、K线图形识别方面的测验练习、K线操作技巧方面的测验练习，以及K线难题解析方面的练习等。本书的K线测验练习，遵循由浅入深、由表及里的原则，全方位、多角度、多层次对投资者进行K线强化训练。全书安排了12张K线练兵试卷，每张试卷后面都附有一份试卷参考答案。

本书内容新颖、实用，很多测验练习题的形式与内容都是首次出现，市场上尚无同类品种与之相比。书中K线测验练习悬念多、密度高、针对性强，对投资者操作会带来很大的帮助，具有较高的参考价值。

14.《股市操练大全》一天一练短视频第一集

【内容简介】略（详见本书前页）。

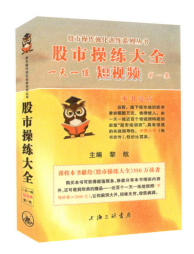

《股市操练大全》丛书（价格）一览

【基础知识系列】

《股市操练大全》第一册（修订版）
——K 线、技术图形的识别和练习专辑　　　　定价 49.00 元

《股市操练大全》第二册
——主要技术指标的识别和运用练习专辑　　　定价 32.80 元

《股市操练大全）第三册
——寻找最佳投资机会与选股练习专辑　　　　定价 28.00 元

《股市操练大全》第四册
——股市操作特别提醒专辑　　　　　　　　　定价 30.00 元

《股市操练大全》第五册
——股市操作疑难问题解答专辑　　　　　　　定价 35.00 元

【实战指导系列】

《股市操练大全》第六册
——技术分析、基本分析主要技巧运用实战强化训练专辑
　　　　　　　　　　　　　　　　　　　　　定价 35.00 元

《股市操练大全）第七册
——识顶逃顶特别训练专辑　　　　　　　　　定价 39.00 元

《股市操练大全）第八册
——图形识别技巧深度练习专辑　　　　　　　定价 45.00 元

《股市操练大全》第九册
——股市赢家自我测试总汇专辑　　　　　　　定价 48.00 元

《股市操练大全》第十册
——捕捉黑马关键技巧特别训练专辑　　　　　定价 48.00 元

《股市操练大全》特辑
——360° 选股技巧深度练习专辑　　　　　　　定价 68.80 元

【习题集系列】

《股市操练大全》习题集①
——熟读炒股七字经。圆你股市赢家梦专辑　　定价 15.00 元

《股市操练大全》习题集②
——完整版 K 线练兵试卷专辑　　　　　　　　定价 46.00 元

《股市操练大全》一天一练短视频第一集　　　定价 88.00 元

　　说明：以上图书全国各地新华书店与京东、天猫、当当网上书店有售。如书店缺货，读者可直接向上海三联书店出版社邮购（地址：上海市漕溪北路 331 号中金广场 A 座 6 楼，电话：021-22895545 联系人：陆小姐）。

《股市操练大全》读者信息反馈表

姓　　名		性　　别		年　　龄	
入市时间		文化程度		职　　业	
通信地址					
联系电话			邮　编		
微信号			QQ　号		

您认为本书内容如何？（欢迎附文）

您希望我们能为您提供哪方面的服务？

沿线撕下

图书在版编目（CIP）数据

股市操练大全一天一练短视频. 第一集 / 黎航主编.
——上海：上海三联书店，2022.9
ISBN 978-7-5426-7607-8

Ⅰ. ①股… Ⅱ. ①黎… Ⅲ. ①股票市场—基本知识—
中国 Ⅳ. ①F832.51

中国版本图书馆CIP数据核字（2021）第230378号

股市操练大全一天一练短视频 第一集

主　　编 / 黎　航
策　　划 / 朱美娜

责任编辑 / 程　力　陆雅敏
装帧设计 / 上海宝联电脑印刷有限公司
监　　制 / 姚　军
责任校对 / 徐　峰

出版发行 / 上海三联书店
　　　　　（200030）中国上海市徐汇区漕溪北路331号A座6楼
邮　　箱 / sdxsanlian@sina.com
邮购电话 / 021-22895540
印　　刷 / 上海南朝印刷有限公司

版　　次 / 2022年9月第1版
印　　次 / 2022年9月第1次印刷
开　　本 / 850mm×1168mm　1/32
字　　数 / 350千字
印　　张 / 13.125
印　　数 / 1-10000
书　　号 / ISBN 978-7-5426-7607-8 / F·849
定　　价 / 88.00元

敬启读者，如发现本书有质量问题，请与印刷厂联系：021-62213990

专有出版权声明

本人徐宇洋律师系上海三联书店有限公司的常年律师, 应上海三联书店有限公司的委托, 本律师特此出具声明如下:

《股市操作大全一天一练短视频第一集》系上海三联书店有限公司拥有专有出版权的作品, 包括但不限于该书籍中的文字内容、视频文案、内容创意、表现手法等均受法律保护。任何单位及个人未经上海三联书店有限公司的许可不得以任何方式及理由复制、抄录、剪辑、传播、出版、发行或与其他产品捆绑复制、抄录、剪辑、传播、出版、发行涉及《股市操作大全一天一练短视频第一集》的文字或视频内容。凡有上述侵权行为之单位及个人, 上海三联书店有限公司必将依据《著作权法》等相关法律、法规追究其法律责任, 情节严重的, 将依法采取刑事报案的方式追究其法律责任。

 徐宇洋律师

2022 年 8 月 18 日